행복의 전도자

전도서 주해

이 태 훈 지음

그리심

The Preacher of Happiness
A Commentary on the Book of Ecclesiastes

by Lee, Tae-Hoon

행복의 전도자 전도서 주해

2013년 9월 1일 초 판 1쇄 인쇄
2013년 9월 5일 초 판 1쇄 발행

저 자 • 이 태 훈
발행인 • 조 경 혜
발행처 • 도서출판 그리심
156-763 서울시 동작구 사당5동196 인정 B동(B01)

등록번호 • 제 7-258호(1998. 4. 23)
출 판 사 • 전화 523-7589 팩스 523-7590
홈페이지 • http://grisim.biz
전자우편 • grisimcho@hanmail.net

값: 표지 뒷면에

ISBN 978-89-5799-336-1 93230

이 태 훈

한국항공대학교에서 기계공학을 전공하고,
아세아연합신학대학원과 합동신학교에서 신학을 공부한 후,
독일 뮌스터 대학에서 뮐러(H.-P. Müller) 교수를 지도교수로
구약과 아카디아 시편의 장르 비교를 주제로
구약학 박사학위(Dr.Theol.)를 취득했다.
개혁신학교와 에스라성경대학원대학교 교수를 역임하고,
현재는 국제신학대학원대학교에서 구약을 가르치고 있다.
시편과 지혜서에 관심을 가지고 연구하며,
"시편 어떻게 읽을 것인가, 성서유니온선교회 2006"과
다수의 구약에 관한 글들이 있다.

서 문

이 책이 나오는데 에스라성경대학원대학교와 국제신학대학원대학교에서 한 전도서 강의가 기반이 되었다. 필자의 강의에 참석하여 간접적으로 도움을 준 학생들에게 감사를 드린다. 전도서는 내용과 구성면에서 이해하기 어려운 책이다. 모든 것이 헛되다는 허무주의적인 내용이 우리 기독교인에게 생소하고, 또 전도서에서 형식과 주제를 가지고 단락들을 나누기도 매우 어렵다. 그런데 Michel의 연구가 전도서를 이해하도록 필자의 눈을 뜨게 해줬다. 필자는 전도서를 강의하면서 전도서는 허무주의가 아니라, 오히려 "행복"을 적극적으로 누리라는 긍정적인 사고를 말한다는 것을 깨달았다. 전도서를 하나의 주제로 요약하고 일관된 내용전개로 서술하기가 어려운데, 필자는 "행복"이란 주제로 전도서를 해석해 보았다. 이것이 독자들에게 전도서를 일목요연하게 이해하도록 도움이 되기를 바란다.

이 책을 내면서 누구보다 고생하면서도 말없이 내조하는 아내 조경희에게 감사한다. 그리고 언제나 힘이 되는 딸 하나와 아들 단일에게도 고마움을 전한다. 개혁신학교와 에스라성경대학원대학교 그리고 국제대학원대학교에서 함께 지냈고 지내는 동료교수들이 생각난다. 이들에게도 감사를 전하며, 특히 평생 친구 이승구 교수, 다애

교회의 이순근 목사(교수)에게 늘 빚지고 살고 있음을 감사로 전한다. 책을 내도록 도와주신 서요한 교수 그리고 원고를 기꺼이 맡아 준 그리심출판사에게도 감사를 드린다.

2013년 무더운 여름에

이태훈

차 례

제 2 부 본문주해

제1장

제 2장 행복: 소득인가 몫인가?(1:3-3:22)

전도서 본문

1장

머리말(1:1)

1 다윗의 아들인 예루살렘의 왕 전도자의 말들이다.

주제어(1:2)

2 전도자가 말한다.
"헛됨 중 가장 헛되고, 헛됨 중 가장 헛되니, 모든 것이 헛되다."

소득이 있는가?(1:3-11)

3 사람이 해 아래서 애쓰는 모든 수고에 무슨 소득이 있는가?
4 세대가 가고 세대가 오지만,
땅은 영원히 그대로 있다.
5 해가 뜨고 해가 지면서,
자기가 떴던 곳으로 열심히 돌아간다.
6 바람은 남쪽으로 불다,
돌아서 북쪽으로 분다.
바람은 돌고 돌면서 불다가,
결국 자기가 돌았던 곳으로 되돌아간다.
7 모든 강들이 바다로 흘러가지만,
바다는 넘치지 않는다.
강들은 자기가 흘러가는 그곳으로
계속해서 흘러간다.
8 사람이 모든 말로 애를 써도
다 설명할 수 없다.

눈은 보는데 만족함이 없고,
귀는 들음으로 넘치지 않는다.
9 있던 것이 다시 있을 것이고,
행해졌던 것이 다시 행해질 것이다.
해 아래 새것은 없다.
10 사람들이 "보라, 이것이 새것이다!"라고
말하는 경우가 있다.
그러나 그것은 이미 오래전부터
우리 이전에 있었던 것이다.
11 사람은 이전 것들에 대해 기억하지 못하고,
일어날 나중 것들에 대해서도 기억하지 못한다.
마지막에 오는 사람에게는 어떤 기억도 없을 것이다.

전도자는 이스라엘의 왕(1:12)

12 나 전도자는 예루살렘에서 이스라엘을 다스리는 왕이 되었다.

인식의 한계(1:13-15)

13 나는 내 마음을 다해 하늘아래서 일어나는 모든 것을
지혜로 탐구하고 또 연구했다.
그러나 그것은 하나님께서 인생들에게
고생하라고 주신 고된 과업이었다.
14 내가 해 아래서 일어난 모든 일들을 살펴보았다.
그런데 보라, 모든 것이 헛되어 바람을 잡는 것이다.
15 "굽은 것은 곧게 펼 수 없고,
없는 것은 셀 수 없다."

지혜의 한계(1:16-18)

16 나는 내 마음속으로 말했다.
"보라, 나는 나 이전에 예루살렘을 다스리던 누구보다
지혜를 더 크고 많게 했다.
내 마음이 지혜와 지식을 넘치도록 깨달았다."

17 나는 지혜를 깨닫고,
미친 것과 어리석은 것을 깨닫는데
내 마음을 두었다.
나는 이것도 역시 바람을 잡는 것임을 깨달았다.
18 "지혜가 많아지면 근심도 많아지고,
지식이 늘어나면 걱정도 늘어나기" 때문이다.

2장

즐거움의 한계(2:1-2)

1 나는 내 마음속으로 말했다.
"자 가서, 즐거움을 시험하고, 좋은 것을 보자!"
그러나 보라, 이것도 역시 헛되다.
2 나는 웃음에 대해 "미쳤다!"고 말하며,
즐거움에 대해 "무슨 소용이 있는가?"라고 말한다.

지혜, 즐거움, 사업의 총체적 실험(2:3-11)

3 나는 인생들이 평생 하늘아래서 행하는 것 가운데
무엇이 그들에게 좋은지 깨달을 때까지,
내 육체는 포도주로 이끌지만,
내 마음은 지혜로 인도하면서,
어리석음을 잡아보기로 내 마음으로 결심했다.
4 나는 내 사업을 크게 벌였다.
나는 나를 위해 집들을 짓고,
또 포도원들을 가꿨다.
5 나는 나를 위해 동산과 정원들을 만들고,
거기에 온갖 종류의 과일 나무를 심었다.
6 나는 나무들이 자라는 숲에 물을 대기 위해 연못들을 만들었다.
7 나는 종들과 여종들을 사기도 했지만,
내게는 집에서 태어난 종들도 있었다.

이것뿐 아니라 내게는 소 떼와 양떼도
내 이전에 예루살렘에 있었던 그 누구보다 넘쳤다.
8 나는 또 은과 금, 왕들의 보화와 여러 지방의 보화도 모았다.
나는 나를 위해 가수와 여가수들과,
인생의 쾌락인 온갖 여인들을 두었다.
9 나는 내 이전에 예루살렘에 있었던
그 누구보다 더 크고 풍성해졌다.
그럼에도 내 지혜는 여전히 내게 머물렀다.
10 나는 내 눈이 요구하는 어떤 것도 멀리하거나,
내 마음의 어떤 즐거움도 거부하지 않았다.
내 마음이 내 모든 수고의 열매로 즐거웠고,
이것이 내 모든 수고에서 온 내 몫이었다.
11 나는 내 손이 행한 모든 일들과
내가 애쓴 모든 수고를 돌아봤다.
보라, 모든 것이 헛되어 바람을 잡는 것이니,
해 아래서는 소득이 없다.

지혜와 후계자의 문제에 대한 연결구(2:12)

12 나는 돌이켜 지혜와 미친것과 어리석음을 살펴봤다.
왕 뒤에 오는 사람이 무엇을 행하는가?
그도 이미 사람이 오래전에 한 것을 행한다.

현자나 어리석은 자나 같은 운명(2:13-15)

13 나는 다음의 말들을 살펴봤다.
"빛이 어둠보다 유익하듯이,
지혜가 어리석음보다 유익하다."
14 "현자는 머리에 눈이 달려있지만,
어리석은 자는 어둠 속을 다닌다."
그러나 나는 또 그들이 다 같은 운명을
맞게 된다는 것을 알았다.
15 그래서 나는 내 마음으로 말했다.

"어리석은 자의 운명처럼 그것이 내게도 닥친다.
그렇다면 왜 내가 지혜를 넘치도록 가지려 했는가?"
나는 이것도 헛되다고 내 마음으로 말했다.

망각(2:16-17)

16 현자도 어리석은 자와 같이
영원히 기억되지는 않는다.
미래에는 이미 모든 것이 잊히기 때문이다.
어떻게 현자가 어리석은 자와 같이 죽는가?
17 이에 나는 삶을 미워했으니,
내가 해 아래서 행하는 일이
괴로웠기 때문이다.
모든 것이 헛되니 바람을 잡으려는 것이다.

어리석은 후계자(2:18-19)

18 나는 내가 해 아래서 수고하여 얻은
나의 모든 수고의 열매를 미워했다.
내가 그것을 내 뒤를 이을 사람에게
물려줘야 하기 때문이다.
19 그가 지혜로울지 어리석을지 누가 알겠는가?
그는 내가 해 아래서 수고하고,
지혜를 써서 얻은 모든 수고의 열매에
권한을 가지게 되니, 이것도 역시 헛되다.

수고 없는 상속자(2:20-21)

20 나는 돌아서서, 내가 해 아래서 수고한
모든 수고 때문에 내 마음이 절망하게 되었다.
21 이는 어떤 사람이 지혜와 지식과 능력으로 수고하고,
수고하지 않은 사람에게 자기 몫을 물려줘야 하기 때문이다.
이것도 역시 헛되니 큰 불행이다.

즐거움 없는 수고(2:22-23)

22 사람이 해 아래서 애쓴 모든 수고와
그의 마음의 노력에서 무엇이 남겠는가?
23 참으로 그의 모든 날이 고통이고,
그의 하는 일이 근심이 되어,
밤에도 그의 마음이 쉬지 못한다.
이것도 역시 헛되다.

수고 없는 즐거움(2:24-26)

24 사람이 먹고 마시며, 수고로 얻은 좋은 것을
스스로 볼 수 있다면 그에게 더 좋은 것은 없다.
그런데 내가 이것도 살펴보니, 그것이 하나님의 손에서 나온다.
25 "나 없이 누가 먹을 수 있고,
누가 즐거울 수 있겠는가?"
26 그런데 그분은 자신에게 좋은 사람에게는
지혜와 지식과 기쁨을 주시지만,
죄인에게는 일을 주셔서 모으고 쌓게 하셨다가
하나님 자신에게 좋은 사람에게 넘겨주게 하신다.
이것도 역시 헛되니 바람을 잡는 것이다.

3장

소득이 있는가?(3:1-9)

1 하늘 아래 모든 것에 제시간이 있고,
모든 일에 제때가 있다.
2 낳는 때가 있고 죽는 때가 있으며,
심는 때가 있고 심은 것을 뽑을 때가 있으며,
3 죽일 때가 있고 고칠 때가 있으며,
허물 때가 있고 지을 때가 있으며,
4 울 때가 있고 웃을 때가 있으며,

통곡할 때가 있고 춤출 때가 있으며,
5 돌들을 던질 때가 있고 돌들을 모을 때가 있으며,
포옹할 때가 있고 포옹을 멀리 할 때가 있으며,
6 찾을 때가 있고 잃을 때가 있으며,
간직할 때가 있고 버릴 때가 있으며,
7 찢을 때가 있고 꿰맬 때가 있으며,
침묵할 때가 있고 말할 때가 있으며,
8 사랑할 때가 있고 미워할 때가 있으며,
전쟁의 때가 있고 평화의 때가 있다.
9 사람이 수고하며 일하는 것에 무슨 소득이 있는가?

수고는 인생의 본질(3:10-11)

10 내가 살펴보니, 수고는 하나님이
인생들에게 애쓰도록 주신 것이다.
11 그분은 모든 것을 제때에 맞게 아름답게 만드시고,
또한 그들의 마음에 영원도 두셨다.
그런데 사람은 하나님이 하신 일을
처음부터 끝까지 알아내지는 못한다.

사람의 본질(3:12-13)

12 나는 사람이 생애에서 즐거워하며
행복하게 지내는 것보다
그들에게 더 좋은 것은 없다는 것을 깨달았다.
13 만일 어떤 사람이 먹고 마시며,
그의 모든 수고에서 행복을 느낀다면,
그것은 하나님의 선물이다.

하나님의 본질(3:14-15)

14 나는 하나님이 행하시는 모든 것이
영원하다는 것을 깨달았다.

거기에 더하거나 거기서 뺄 것이 없다.
하나님이 행하시면 그분을 경외할 수밖에 없다.
15 있는 것도 이미 있었던 것이고,
있을 것도 이미 있었던 것이다.
하나님만 사람이 좋는 것을 찾아내실 수 있다.

미래보다 현재에 있는 행복(3:16-22)

16 나는 다시 해 아래서 다음의 말을 살펴봤다.
"악은 심판의 자리, 거기로 갈 것이다!
악은 정의의 자리, 거기로 갈 것이다!"
17 나는 내 마음속으로 말했다.
"하나님이 의인과 악인을 심판하시리니,
모든 하는 일에 때가 있고
모든 행위에 거기가 있음이다."
18 나는 인생들의 문제에 대해 마음속으로 말했다.
"하나님이 사람들을 구별하셨으나,
그들은 서로가 짐승이라는 것을 깨닫는다."
19 이는 인생들의 운명과 짐승의 운명이
하나의 같은 운명이기 때문이다.
이도 죽는 것처럼 저도 죽으니
모두 똑같이 호흡을 한다.
사람이 짐승보다 나은 것이 없으니,
모두 없어질 존재이기 때문이다.
20 모두 같은 곳으로 간다.
모두 흙먼지에서 나서,
모두 흙먼지로 돌아간다.
21 인간의 영은 위로 올라가고,
짐승의 영은 땅 아래로 내려가는지 누가 아는가?
22 내가 살펴보니,

사람이 자기 일을 즐기는 것보다
더 좋은 것은 없다.
이것이 그의 몫이기 때문이다.
누가 그의 미래에 있을 일에 대해
그를 데려다 보여줄 수 있겠는가?

4장

해 아래에서의 압제(4:1-3)

1 나는 돌이켜, 해 아래서 행해지는
모든 압제들을 살펴보았다.
보라, 압제받는 자들의 눈물은 있었지만,
그들을 위로하는 자는 없었다.
압제자가 손으로 권력을 휘둘러도,
그들을 위로하는 자는 없었다.
2 이에 나는 아직 살아있는 산 자들보다
이미 죽은 망자들을 더 부러워했다.
3 그러나 아직 태어나지 않아
해 아래서 행해지는 악한 일을
보지 않은 자가 그 둘보다 낫다.

시기(4:4-6)

4 내가 사람의 모든 수고와 모든 일의 성취를 살펴보니,
각자 이웃에 대해 서로 시기가 있다.
이것도 역시 헛되니 바람을 잡는 것이다.
5 "어리석은 자는 손은 팔짱끼고
자기 살을 뜯어먹는다."
6 "한 손에 평안이 가득한 것이
두 손에 수고가 가득하며
바람을 잡는 것보다 낫다."

동료(4:7-12)

7 내가 돌이켜, 해 아래서 헛된 것을 살펴보았다.
8 한 사람이 있는데 그에게는 옆 사람,
즉 아들도 형제도 없다.
그는 끝없이 모든 수고를 하고,
그의 눈도 재물에 만족이 없다.
그가 "내가 누구를 위해 수고하며,
스스로 좋은 것을 멀리하는가?" 한다면,
이것도 역시 헛되니 불행한 일이다.
9 두 사람이 한사람보다 나으니,
그들의 수고에 더 나은 보수가 있다.
10 만일 그들이 넘어진다면,
한 사람이 자기 동료를 일으켜준다.
한 사람이 넘어졌는데,
그를 일으켜줄 옆 사람이 없다면 불행하다.
11 또한 만일 둘이 눕는다면 서로 따뜻해지지만,
한 사람이면 어떻게 따뜻해지겠는가?
12 만일 누가 한 사람은 이길 수 있어도,
두 사람이라면 그에게 대항할 수 있고,
세 겹줄은 쉽게 끊어지지 않는다.

왕에 대한 헛된 기대(4:13-16)

13 가난해도 지혜로운 아이가
더 이상 조언을 들을 줄 모르는
늙고 어리석은 왕보다 낫다.
14 그가 감옥에서 나와 왕이 되었지만,
그의 통치 때도 역시 가난한 자가 태어난다.
15 나는 왕위를 이어받을 후계자 소년과 함께 있는

해 아래서 사는 모든 사람들을 살펴보았다.
16 모든 백성들이 끝도 없이 그 앞에 서있지만,
후세들은 역시 그에게 만족하지 못할 것이다.
이것도 역시 헛되니 바람을 잡는 것이다.

5장

하나님에 대한 올바른 태도(5:1-7)

1 네가 하나님의 전으로 갈 때,
너의 발걸음을 조심하라!
어리석은 자들처럼 제물을 드리기보다,
듣기 위해서 전으로 나아가라!
이는 그들이 알지 못하고 악을 행함이다.
2 네가 하나님 앞에서 말을 낼 때,
너의 입으로 서두르거나
너의 마음이 조급하지 마라!
하나님은 하늘에 계시고,
너는 땅위에 있기 때문이다.
그러므로 너는 말을 적게 하라.
3 이는 일이 많으면 꿈이 생기고,
말이 많으면 어리석은 소리가 되기 때이다.
4 네가 하나님께 서원을 드렸다면
갚는 것을 미루지 마라!
그분은 어리석은 자들을 기뻐하지 않으시니,
너는 서원한 것을 갚아라.
5 네가 서원하고 갚지 않는 것보다
차라리 서원하지 않는 것이 낫다.
6 너는 네 입으로 육신이 죄짓게 하지 말지니,
사자 앞에서 서원은 실수였다고 말하지 마라.

왜 하나님이 너의 소리에 진노하고,
너의 손이 한 일을 멸하셔야 하는가?
7 이는 꿈이 많아서 헛된 것이 많으면,
말이 많아지기 때문이다.
너는 하나님을 경외하라!

왕에 대한 헛된 기대(5:8-10)

8 만일 당신이 지방에서 가난한 자가 압제받고
공법과 정의가 탈취되는 것을 보아도,
그 일에 대해 놀라지 마라!
이는 높은 자를 더 높은 자가 지키며,
또 그들 위에 더 높은 자들이 있음이다.
9 "땅의 소득은 무엇보다도 이것이니,
경작되는 땅에 왕이 있다는 것이다."
10 돈을 사랑하는 자는 돈에 만족치 못하고,
재물을 사랑하는 자는 이득에 만족치 못하니,
이것도 역시 헛되다.

재산에 대해 부정적인 격언(5:11-12)

11 "좋은 것(재산)이 많아지면,
그것을 먹는 자들이 많아진다.
그 주인이 눈으로 보기만 한다면,
그에게 무슨 이득이 있겠는가?"
12 "적게 먹든지 많이 먹든지
일꾼의 잠은 달콤하다.
그러나 부자의 배부름은
그에게 편안한 잠을 주지 못한다."

재산의 부정적인 경우: 누릴 재산이 없음(5:13-17)

13 내가 해 아래서 본 뼈아픈 불행이 있으니,
주인이 아끼던 재산이 불행이 된 경우이다.
14 그는 이 재산을 잘못된 사업으로 잃었다.
그가 아들을 낳았는데,
그의 수중에 아무 것도 없다.
15 그는 어머니 배에서 나왔던 것처럼,
맨몸으로 온 것처럼 돌아갈 것이다.
그는 자기가 수고하여 얻은 것 중에서
아무 것도 손에 들고 가지 못할 것이다.
16 그리고 이것도 뼈아픈 불행이니,
사람이 온 그대로 가게 되는 경우이다.
그가 바람을 잡기위해 수고했다면
그에게 무슨 소득이 있겠는가?
17 더욱이 그는 평생 어둠 속에서 먹으며,
수많은 분노와 병과 화가 있다.

재산의 긍정적인 경우: 누릴 재산이 있음(5:18-20)

18 보라, 내가 좋게 보는 것이 있다.
사람이 하나님이 주신 평생 동안
해 아래서 애쓴 그의 모든 수고 가운데,
먹고 마시고 좋은 것(재산)을 누린다면,
그것은 아름다운 것이다.
이는 이것이 그의 몫이기 때문이다.
19 또 하나님이 어떤 사람에게 재산과 재물을 주셔서
그것으로 먹고, 자기 몫을 지니고,
수고 중에 즐길 수 있게 하셨다면,
이것은 하나님의 선물이다.

20 이는 그가 자기 생애에 너무 많은 걱정을 않아도 되니,
하나님이 그로 마음의 즐거움에 몰두하게 하심이다.

6장

재산의 부정적인 경우: 재산이 있어도 누리지 못함(6:1-6)

1 내가 해 아래서 본 불행이 있는데,
사람이 견디기 어려운 경우이다.
2 하나님이 재산과 재물과 명예를 준 사람이 있다.
그는 자기가 원하는 모든 욕구대로 부족함이 없다.
그러나 하나님이 그것을 먹지 못하게 하시고,
엉뚱한 사람이 그것을 먹게 하시니,
이것도 역시 헛되며 뼈저린 불행이다.
3 만일 어떤 사람이 아이 백을 낳고,
오랫동안 장수하여 나이가 많아도,
그가 좋은 것(재산)을 만족하게 누리지 못하면,
그가 무덤 근처에조차 가보지 않는다 해도,
나는 유산된 아기가 그 사람보다 낫다고 말한다.
4 이는 유산된 아기는 헛되이 왔다 어둠 속에 가버려,
어둠 가운데 그의 이름이 덮여지기 때문이다.
5 그는 해를 보거나 알지도 못했지만,
이 아기가 저 사람보다 더 평안하다.
6 만일 그가 천년의 두 배를 살면서,
좋은 것(재산)을 보지(누리지) 못해도,
결국 모두 같은 곳으로 가는 것이 아닌가?

재산에 대해 부정적인 격언(6:7-9)

7 "사람의 모든 수고가 자기 입을 위한 것이어도,
그의 욕구는 결코 채워지지 않는다."

8 현자가 어리석은 자보다 무엇이 더 나은가?
사람들 앞에서 올바로 행할 줄 알아도 가난하다면 무엇이 나은가?
9 욕구로 헤매는 것보다 눈으로 보는 것이 낫다.
이것도 역시 헛되니 바람을 잡으려는 것이다.

지혜의 한계에 대한 서론의 말(6:10-12)

10 그 이름이 무엇이었는지 오래전부터 불렸고,
사람이 무엇이었는지도 이미 알려졌다.
사람은 자기보다 강한 자와 다툴 수 없다.
11 헛된 것을 증가시키는 많은 말들이 있다.
그것들이 사람에게 무슨 이득이 되는가?
12 사람이 그림자처럼 살아가는 헛된 생애동안,
사람의 삶에서 무엇이 좋은 것인지 누가 알겠는가?
해 아래서 그 미래가 어떻게 될지 누가 알려줄 수 있겠는가?

7장

지혜에 대한 비판(7:1-10)

1 "좋은 이름이 좋은 기름보다 낫고,
죽는 날이 태어난 날보다 낫다.
2 초상집에 가는 것이
잔칫집에 가는 것보다 나으니,
그것이 모든 사람의 종착지임이다.
산 자는 마음에 새겨야할 것이다!
3 근심이 웃음보다 나으니,
심각한 얼굴이 마음에 좋음이다.
4 현자들의 마음은 초상집에 있고,
어리석은 자들의 마음은 잔칫집에 있다.
5 사람이 현자의 책망을 듣는 것이,

어리석은 자들의 노래를 듣는 것보다 낫다.
6 솥 밑에서 타는 가시나무 소리같이,
어리석은 자가 똑같이 웃기 때문이다."
이것도 역시 헛되다.

7 이는 압제가 현자를 어리석게 만들고,
선물이 마음을 타락시키기 때문이다.
8 어떤 일의 끝이 그 시작보다 낫고,
인내의 영이 교만의 영보다 낫다.
9 너는 성급한 마음으로 화내지 마라!
근심은 어리석은 자들의 가슴에 머무는 것이다.
10 너는 어째서 옛날이 지금보다 낫냐고 말하지 마라.
네가 이와 같이 묻는 것은 지혜롭지 않기 때문이다.

무능력한 지혜(7:11-14)

11 "지혜는 재산처럼 좋은 것이니,
해를 보는 자들에게 유익이다.
12 지혜가 그늘이 되어주듯이,
돈도 똑같이 그늘이 되어준다.
그러나 지식으로 얻게 되는 소득은
지혜가 그 주인을 소생시키는 데 있다."
13 하나님이 하시는 일을 보라!
그분이 구부리신 것을 누가 펼 수 있겠는가?
14 행복한 날에는 좋은 대로 놔두고,
불행한 날에는 관망하라!
하나님은 이것도 저것도 함께 만드셨다.
사람은 미래의 일에 대해 전혀 알 수 없다.

지혜보다 하나님 경외(7:15-18)

15 나는 모든 것을 내 허무한 생애에서 살펴보았다.
자기의 의 가운데 망하는 의인도 있고,
자기의 악 가운데 장수하는 악인도 있다.
16 너는 지나치게 의롭지도 말고,
넘치게 지혜롭지도 마라!
왜 너는 놀람을 스스로 자초하는가?
17 너는 지나치게 악하거나 미련하지 마라!
왜 너는 네 때가 아닌데 죽으려하는가?
18 너는 이것을 붙들고, 또 저것에서도
네 손을 놓지 않는 것이 좋다.
하나님을 경외하는 자는 모든 것을 벗어남이다.

불완전한 지혜(7:19-22)

19 "성안에 있는 열 명의 권력자보다,
지혜가 현자에게 더 큰 힘이 된다."
20 선만 행하고 죄를 짓지 않는 의인은
이 땅에 아무도 없다.
21 또한 너는 사람들이 하는 모든 말에
네 마음을 두지 마라!
그러면 네 종이 네게 하는
험담을 듣지 않게 될 것이다.
22 너도 수없이 다른 사람들을 험담한 것을
너의 마음이 잘 알고 있음이다.

지혜의 한계에 대한 서론의 말(7:23-24)

23 이 모든 것을 내가 지혜로 시험했다.
"나는 지혜롭게 될 것이다"고 말했으나,

그것은 내게 먼 일이다.
24 무슨 일이 일어났는지,
지혜는 멀며, 깊고 또 깊으니,
누가 그것을 찾을 수 있겠는가?

지혜에 대한 비판(7:25-29)

25 나는 내 마음을 돌이켜서,
지혜와 그 결과를 깨닫고, 탐구하고, 발견하며,
또 악이 어리석음이고 미련함이 미친 것임을 깨달으려 했다.
26 나는 여인이 죽음보다 무섭다는 말을 발견했다.
여인은 그물이며, 그녀의 마음은 올가미며,
그녀의 손은 포승줄이라는 것이다.
하나님 앞에서 선한 자는 그녀에게서 벗어날 것이나,
죄인은 그녀에게 사로잡힐 것이라는 것이다.
27 살펴보라, 내가 이것을 발견했다.
나 전도자가 말한다.
나는 하나씩 하나씩 결과를 찾아나갔다.
28 내가 여전히 찾지만 그런 여인을 발견하지 못했다.
내가 천명 가운데 한 남자는 찾았어도,
이 모든 이들 가운데 여자는 찾지 못했다.
29 내가 혼자 발견한 이것을 살펴보라.
하나님은 사람을 분명하게 만드셨는데,
그들이 많은 이론들을 추구했다는 것이다.

8장

무능력한 지혜(8:1-9)

1 "누가 현자와 같으며,
누가 사물을 해석할 줄 아는가?

사람의 지혜가 그의 얼굴을 빛나게 하고,
그의 굳은 얼굴이 부드럽게 변한다.
2 왕의 명령을 지켜라,
하나님께 맹세한 일이니라!
3 그 면전에서 조급히 물러나지 말며,
나쁜 일에는 끼어들지 말라!
그는 자기가 원하는 모든 것을 할 수 있음이다.
4 왕의 말에는 권위가 있으니,
누가 그에게 '당신이 무엇을 합니까!'라고 말하겠는가?
5 명령을 지키는 자는 나쁜 일을 겪지 않으니,
현자의 마음은 때와 질서를 안다."

6 참으로 모든 일에는 때와 질서가 있다.
그럼에도 사람의 불행은 그에게 무겁게 닥친다.
7 이는 앞으로 어떻게 될지 그가 알지 못함이다.
앞으로 어떻게 될지 누가 그에게 알려줄 수 있겠는가?
8 바람을 통제하여 바람을 멈출 수 있는 사람은 없다.
죽음의 날을 통제할 수 있는 사람도 없다.
전쟁에서는 면제가 없고,
악이 자기 주인을 구하지 못한다.
9 내가 이 모든 것을 살펴보면서,
해 아래서 행해지는 모든 일에
내 마음을 기울였다.
사람이 사람을 지배하는 때는
자신에게 불행이 된다.

지혜보다 하나님 경외(8:10-15)

10 다음과 같은 것을 나는 살펴보았다.
악인들은 장사되어 무덤에 들어가지만,

올바로 행한 자들은 성소로부터 쫓겨나고,
성읍에서 잊어진다.
이것도 역시 헛되다.
11 악한 일에 대한 판결이 속히 시행되지 않기 때문에,
그러므로 인생들이 악을 행하려는 마음으로 가득 찼다.
12 죄인이 백번 악을 행하고도 장수한다.
그럼에도 나는 역시 하나님을 경외하는 자들,
그의 앞에서 두려워하는 자들이 잘된다는 것을 안다.
13 악인은 잘되지 않으리니,
그림자같이 장수하지 못할 것이다.
그가 하나님 앞에서 두려워하지 않음이다.
14 땅위에서 행해지는 헛된 일이 있으니,
악을 행한 자들처럼 되는 의인들이 있고,
의를 행한 자들처럼 되는 악인들이 있다.
나는 이것도 역시 헛되다고 말한다.
15 내가 즐거움을 칭송하니,
먹고, 마시고, 즐거워하는 것보다
해 아래서 사람에게 더 좋은 것은 없다.
하나님이 해 아래서 그에게 주신 평생 동안
즐거움이 수고가운데 그와 동행할 것이다.

불완전한 지혜(8:16-17)

16 내가 내 마음을 쏟아 지혜를 깨닫고,
땅 위에서 행해지는 일을 살펴보았다.
밤이나 낮이나 자기 눈을 감고
잠을 청하지 않았다.
17 나는 하나님이 하신 모든 일을 살펴보았다.
사람은 해 아래서 행해지는 일을 알아낼 수 없다.
사람이 아무리 찾으려고 애써도 알아낼 수 없다.

현자가 안다고 말을 할지라도,
실제로 그가 알아낼 수는 없다.

9장

죽기 전에 행복을 누려라(9:1-10)

1 내가 이 모든 것을 내 마음에 두고,
이 모든 말을 시험해보았다.
"의인들과 현자들, 곧 그들의 하는 일은
하나님의 손에 달려있다."는 것이다.
사람은 사랑일지 미움일지 알지 못하니,
둘 다 모두 그들 앞에서 가능하다.
2 모든 사람에게 둘 다 가능하다.
의인이든지 악인이든지, 혹은 선인이든지,
정결한 자든지 부정한 자든지,
제사를 드리는 자든지 제사를 안 드리는 자든지,
누구에게나 똑같은 운명이 닥친다.
즉 선인이 악인과 같고,
맹세하는 자가 맹세를 두려워하는 자와 같다.
3 해 아래서 행해지는 모든 것 중에 이것이 불행이니,
모든 사람에게 같은 운명이 닥친다는 것이다.
또한 인생들의 마음은 악으로 가득 차있고,
그들은 사는 동안 마음에 우둔함을 품고 있다가,
그 후에는 죽은 자들에게로 합류하게 된다.
4 누구든지 살아있는 자들에 속하면 소망이 있다.
살아있는 개가 죽은 사자보다 낫기 때문이다.
5 살아있는 자들은 자기가 죽는다는 것을 알지만,
죽은 자들은 아무 것도 모른다.
그들에게는 더 이상 어떤 보상도 없으니,
그들에 대한 기억이 사라졌기 때문이다.

6 그들의 사랑도, 미움도, 질투도 오래 전에 사라졌으니,
그들에게는 해 아래서 행해지는 모든 것에
더 이상 어떤 몫도 영원히 없을 것이다.

7 너는 가서 즐겁게 너의 빵을 먹고,
행복한 마음으로 네 포도주를 마셔라!
하나님은 이미 오래 전부터 너의 이런 일을 기뻐하신다.
8 언제나 너의 옷을 하얗게 빨고,
네 머리에 기름을 모자라게 마라!
9 너는 사라져버릴 네 평생 동안,
곧 그분이 해 아래서 네게 주신,
사라질 평생 동안,
사랑하는 아내와 함께 삶을 누려라!
이것이 네가 해 아래서 애쓰는 너의 수고,
곧 너의 삶에 대한 몫이기 때문이다.
10 네 손이 하려는 모든 것을
네 힘을 다해서 하라!
네가 가게 될 스올에는
활동도, 추론도, 지식도, 지혜도 없기 때문이다.

보장할 수 없는 성공(9:11-12)

11 내가 돌이켜 해 아래를 살펴보았다.
빠른 자라고 경주를 이기는 것은 아니며,
용사라고 전쟁을 이기는 것도 아니다.
또 지혜자라고 양식을 얻거나,
또 명철한 자라고 재물을 얻거나,
또 지식인이라고 영예를 얻는 것이 아니다.
때와 기회는 누구나 다 만나기 때문이다.
12 그런데 사람은 자기 때를 알지 못한다.

재앙의 그물에 잡히는 물고기처럼,
새덫에 걸리는 새들처럼,
그것들이 인생들 위에 갑자기 떨어지면,
그들은 재앙의 때에 사로잡히게 된다.

조그만 어리석음보다 약한 지혜(9:17-10:1)

17 조용히 들리는 현자의 말이
어리석은 통치자의 외침보다 낫다.
18 지혜가 전쟁무기보다 낫지만,
한 죄인이 좋은 것을 많이 망친다.

10장

1 죽은 파리들이 잘 섞은 향유를 악취와 거품 나게 만드니,
조그만 어리석음이 지혜와 명예보다 영향력이 더 크다.

분별력이 없는 어리석은 자(10:2-3)

2 "현자의 마음은 오른쪽으로,
어리석은 자의 마음은 왼쪽으로 향한다."
3 어리석은 자도 길을 가지만,
그는 마음(분별력)이 모자라,
모든 사람에게 어리석은 자라고 말한다.
(모든 사람에게 자기의 어리석음을 말한다.)

권력자의 실수보다 약한 지혜(10:4-7)

4 "만일 통치자의 화가 네게 솟구쳐도,
너는 네 자리를 떠나지 마라!
침착함이 큰 잘못들을 막을 수 있기 때문이다."
5 내가 해 아래서 본 불행이 있으니,

권력자가 행하는 실수 같은 것이다.
6 어리석은 자가 높은 자리에 임명되고,
부자가 낮은 자리에 앉는다.
7 나는 종들이 말을 타고 가는 것과
고관들이 종들처럼 땅위를 걷는 것을 보았다.

써보지도 못한 무익한 지혜(10:8-11)

8 "구덩이를 파는 자는 거기에 빠질 수 있고,
담을 허무는 자는 뱀에게 물릴 수 있다.
9 돌을 깨내는 자는 돌에 다칠 수 있고,
장작을 패는 자는 장작의 위험에 빠질 수 있다.
10 쇠가 무뎌졌는데도,
날을 갈지 않는다면,
더 많은 힘이 든다.
지혜를 제대로 써야 소득이 있다."
11 뱀이 주문을 외기도 전에 물어버린다면,
주문을 외는 자에게 소득이 없다.

미련한자는 말이 많음(10:12-14)

12 "현자의 입의 말은 은혜가 되나,
어리석은 자의 입술은 그것을 삼켜버린다.
13 그의 입의 말의 시작은 미련함이며,
그의 입의 끝은 심각한 우둔함이다."
14 미련한 자는 말이 많다.
사람은 앞으로 어떻게 될지 알지 못한다.
자기 미래가 어떻게 될지 누가 알려줄 수 있겠는가?

어리석은 자의 피곤한 말(10:15-20)

15 어리석은 자들이 다음같이 가르치는 수고는

성에 갈 줄도 모르는 자까지 피곤케 한다.
16 "왕이 어린아이고,
고관들이 아침부터 잔치하는 나라여,
네게 화가 있을 것이다!
17 왕이 고귀한 귀족이고,
고관들이 취하지 않고 용사답게
제 때에 식사하는 나라여,
네게 복이 있을 것이다!
18 게으르면 서까래가 내려앉고,
두 손이 태만하면 집이 샌다.
19 웃기 위해 음식을 하는 것이고,
포도주가 삶을 즐겁게 하며,
돈이 모든 해답을 준다.
20 네 생각으로도 왕을 욕하지 말고,
네 침실에서도 부자를 욕하지 마라!
하늘의 새가 소리를 나르고,
날짐승이 말을 전하기 때문이다."

11장

예측할 수 없는 성공(11:1-8)

1 너의 빵을 물위에 던져라!
오랜 후에 네가 그것을 찾을 것이다.
2 몫을 일곱이나 여덟으로 나눠라!
너는 어떤 불행이 땅에 일어날지 알지 못한다.
3 만일 구름이 가득 차면, 땅에 비를 퍼부을 것이다.
만일 나무가 남쪽이나 북쪽으로 쓰러지면,
나무는 자기가 쓰러진 곳에 그대로 있다.
4 바람만 관찰하는 자는 씨를 뿌리지 못하고,

구름만 바라보는 자는 추수하지 못할 것이다.
5 바람이 어느 길로 불지 네가 알지 못하고,
임신한 뱃속의 뼈에 대해 네가 알지 못하듯이,
너는 모든 것을 지으시는 하나님의 일을 알지 못한다.
6 너는 아침에 씨를 뿌리고,
저녁에도 네 손을 쉬지 마라!
어느 것이 잘 자라게 될지,
이것인지 저것인지,
아니면 둘 다 똑같이 잘될지
네가 알지 못하기 때문이다.
7 빛은 달콤한 것이니,
눈으로 해를 본다면 좋은 일이다.
8 사람이 많은 햇수를 산다면,
사는 모든 날 동안 즐거워야 한다.
그리고 어둠의 날들을 기억해야 하니,
그 날들이 길 것이기 때문이다.
오는 모든 것은 사라진다.

죽기 전에 행복을 누려라(11:9-12:7)

9 젊은이여, 네 젊음을 즐기고,
젊은 날 동안 네 마음을 행복하게 하라!
너는 네 마음에 따른 길에서 행하고,
네 눈이 보는 현실 가운데 행하라!
그리고 이 모든 것으로 하나님이 너를
재판정으로 데려가신다는 것을 알아라!
10 네 마음에서 근심을 없애버리고,
네 육신에서 나쁜 것을 멀리하라!
젊음과 검은 머리는 지나가기 때문이다.

12장

1 너는 불행한 날들이 오기 전에,
"내게 더 이상 낙이 없다"고 말하는 때가 이르기 전에,
곧 네가 젊을 때 너의 창조주를 기억하라!
2 해와 빛과 달과 별들이 어두워지기 전에,
비온 후 구름이 되돌아오기 전에,
3 그 날에 집의 파수꾼들이 덜덜 떨고,
힘센 남자들이 구부러지며,
맷돌질하는 여인들이 적어져서 일을 멈추고,
창으로 보는 것들이 침침해지며,
4 길로 난 문들이 닫히고,
맷돌질하는 소리가 약해질 때,
새들의 소리에도 일어나고,
노래의 딸들이 모두 약해질 것이다.
5 또한 사람이 높은 곳을 두려워하고,
길 가는데 두려움이 있을 것이다.
아몬드나무가 만발하고,
메뚜기가 힘들게 움직이며,
풍조목이 터져 없어질 것이다.
이는 사람이 영원의 집으로 가고,
곡하는 자들이 길에서 돌아다님이다.
6 은줄이 끊어지고,
금 그릇이 부서지며,
우물의 두레박이 깨지고,
도르래가 부서져 우물에 빠지기 전에,
7 흙먼지가 원래 있던 땅으로 돌아가고,
영이 자신을 주신 하나님께 돌아가기 전에 기억하라!

주제어(12:8)

8 전도자가 말한다.
"헛됨 중 가장 헛되니, 모든 것이 헛되다."

첫째 추기: 전도자는 현자였다(9-11절)

9 추기.
전도자는 현자였는데,
계속해서 백성에게 지식을 가르치며,
많은 잠언들을 심사하고, 연구하고, 편집했다.
10 전도자는 맘에 드는 말들을 찾으려했고,
진리의 말들을 바르게 기록했다.
11 지혜로운 자들의 말은 채찍 같고,
수집된 잠언들은 박힌 못과 같다.
이것들은 한 목자에게서 주어졌다.

둘째 추기: 하나님을 경외하라(12-14절)

12 이것들 외의 추기.
내 아들아, 정신 차려라!
많은 책을 쓰는 것은 끝이 없고,
많은 공부는 육신을 피곤케 한다.
13 모든 일의 결론을 들어보자.
"너는 하나님을 경외하고,
그분의 계명을 지켜라!
이것이 모든 사람의 본분이다."
14 하나님이 모든 일, 곧 선하든지 악하든지
숨겨진 모든 것까지 재판정에 가져가실 것이다.

제1부

전도서 입문

제1부 전도서 입문

1. 전도자란 이름

이 책의 저자로 코헬렛(קֹהֶלֶת)이라는 이름이 나온다(1:1, 2, 12; 7:27; 12:8, 9, 10). 코헬렛이라는 단어는 "모이다"라는 동사인 카할(קָהַל)에서 파생된 여성 분사이다.[1] 이 단어는 "회중, 공동체"란 의미의 카할(קָהָל)에서 파생된 것으로, 아마도 회중에서 어떤 직분을 맡은 사람을 가리키는 것으로 보인다. 이 단어가 여성형의 형태를 가질지라도 남성 동사를 받고(전 1:2; 12:8, 9), 또 "다윗의 아들"과 동치어로 사용되는 것으로 보아 남성을 가리키는 말이 분명하다. 코헬렛과 같은 형태의 여성명사로 직분을 나타내는 경우를 우리는 "서기관"(소페렛 סֹפֶרֶת, 스 2:55; 느 7:57)과 "노루 사냥꾼"(포케렛 핫처빔 פֹּכֶרֶת הַצְּבָיִים, 스 2:57; 느 7:59)에서 볼 수 있다. 이런 맥락에서 미헬(Michel)은 코헬렛을 회중과 관련된 어떤 직분을 가진 사람으로 추측한다.[2]

칠십인역은 코헬렛을 ἐκκλησιαστής(회중에 속한 자)로, 라틴역은 liber ecclesiastes(회중의 참여자들)로, 제롬은 concionator(회중연설가)로 번역한다. 이와 연관해서 우리는 코헬렛을 "회중의 인도자" 혹은 "회중의

---

1) 이 동사는 구약에서 칼형이 아닌, 니팔형이나 히필형에서만 사용되지만 이 단어가 칼형 분사형으로 사용됨에 틀림없다(D. Michel, *Qohelet*, Darmstadt 1988, 1쪽).

2) Michel, *Qohelet*, 1988, 4쪽; 쉰베르거는 "코헬렛은 이름이 아니라, 후에 이름으로 사용된 기능을 표시하는 말이다"고 한다(Elisabeth Birnbaum/Ludger Schwienhorst-Schönberger, *Das Buch Kohelet*, Verlag Katholisches Bibelwerk, Stuttgart 2012, 11쪽).

연설자"로 이해할 수 있다.[3] 반면에 코헬렛을 직분이 아니라 사람의 이름을 나타내는 고유명사로 생각하기는 어렵다. 왜냐하면 이 단어 앞에 정관사가 오는 경우가 있는데(전 12:8; 참조 7:27) 고유명사 앞에는 정관사가 올 수 없기 때문이다.

루터(Luther)는 코헬렛을 "Prediger(설교자)"로 번역했다. 영어성경은 전통적으로 "the Preacher(설교자)", "the Teacher(교사)"로 번역한다. 우리는 코헬렛에 대한 전통적인 번역뿐 아니라 칠십인 역이 보여주듯이 코헬렛을 교회(ecclesia)와 같은 회중 앞에서 설교하거나 가르쳤던 지혜교사로 생각할 수 있다. 전도서 자체도 코헬렛을 지혜교사로 소개한다: "코헬렛은 현자였는데, 그가 계속해서 백성에게 지식을 가르치며, 많은 잠언들을 심사하고 연구하고 편집했다. 코헬렛은 맘에 드는 말들을 찾으려했고, 진리의 말들을 바르게 기록했다(12:9-10)." 쥐옹(Joüon)은 코헬렛을 백성을 가르치던 선생이며 철학자로 정의하고,[4] 로레츠(Loretz)도 코헬렛을 지혜가 뛰어나 다른 사람을 가르치고, 백성 가운데서 중요한 역할을 했던 현자를 의미하는 존경스런 이름이었다고 말한다.[5] 한편 코헬렛은 보수적으로 전통적인 교훈을 가르치는 사람들과는 다르기 때문에, 그는 지혜학교에서 전통적인 교훈을 새로운 관점으로 가르치던 학자였을 것이다.

2. 전도서의 저자

2.1. 전통적 견해

전통적으로 전도서는 솔로몬의 작품으로 여겨져 왔다. 따라서 전도서는

---

3) 코헬렛에 대한 다양한 해석에 대해, Michel, *Qohelet*, 1988, 2-4쪽을 보라.

4) P. Joüon, *Sur le nom de Qohelet*, Biblica 2(1921), 53-54쪽.

5) O. Loretz, *Qohelet und der Alte Orient. Untersuchungen zu Stil und theologischer Thematik des Buches Qohelet*, Freiburg 1964, 147-48쪽.

솔로몬이 하나님에게서 떠난 이후의 삶을(왕상 11:1-3) 노년에 회개하면서 되돌아보는 내용으로 여겨져 왔다. 이런 전통적인 해석은 어느 정도 합당한 것처럼 보이는 것이 사실이다. 그 이유는 첫째로 1:1절의 표제가 솔로몬이 전도서의 저자라는 것을 나타내기 때문이다. 전도서에서 솔로몬이라는 이름이 명시적으로 나오지는 않지만, "다윗의 아들"을 다윗이 직접 낳은 후계자로 본다면, 그 아들은 분명히 솔로몬이어야 한다. 둘째로 1:12절은 전도자가 자신을 스스로 예루살렘에서 통치하는 왕으로 소개한다. 예루살렘에서 다스리던 통치자는 다윗과 솔로몬인데 그렇다면 다윗외의 통치자는 솔로몬 밖에 없다. 셋째로 전도서에 나오는 왕은 엄청난 부를 누리고(2:4-9) 위대한 지혜를 가진(1:16) 사람으로 소개되는데, 이것은 역사서에 나타나는 솔로몬에 대한 묘사와 가장 유사하다(참조 왕상 3:1-10:29).

열왕기상 8장에서 솔로몬 왕이 성전을 헌당하기 위해 백성을 모으는데, 여기서 카할(קָהָל 모으다)이라는 말이 많이 나온다(1, 2, 14, 22, 55절). 백성을 "모으는 자"로서의 솔로몬이 코헬렛의 전도자와 연관되는 것으로 추측한다. 카멘츠키(Kamentzky)도 역대기에서 솔로몬을 서술할 때 카할이라는 단어가 많이 사용되는데(대상 28:1, 8; 29:1; 대하 1:3, 5; 5:2, 3; 6:3, 12; 7:8), 이것이 솔로몬과 코헬렛과의 관계를 보여준다고 말한다.[6] 이같이 전통적으로 솔로몬이 전도서의 저자로 인식되어 왔다. 그러나 전도서가 기원전 10세기에 살았던 솔로몬의 작품이라는 것에 의문을 제기하는 여러 근거들이 제기된다.

2.2. 전통적 견해의 문제점

전도서에는 1인칭 단수인 "나"로 기술하는 형식이 많이 나온다. "나"로 기술하는 문장들을 "고백적" 형식이라고 부르는데, 이런 형식은 객관

6) A. S. Kamentzky, *Das Kohelet-Rätsel*, ZAW 29(1909), 63-69쪽.

적 기술을 하기도 하고 교훈을 주는 경고의 말을 하기도 한다.[7] 그러나 전도서에서 "나"가 솔로몬인 것처럼 등장하기도 하지만(1:12), 전도서 후반부는 솔로몬 왕이 말하는 것으로 보기 어렵다(참조 5:8-10). 그리고 전도서 자체도 처음부터 끝까지 솔로몬이 썼다고 주장하지 않는다. 솔로몬을 전도서의 저자로 여길 수 있는 곳은 1:12-2:26절뿐이다.[8] 3장 이후로는 전도자가 왕으로 서술되지 않고 현자의 입장에서 말을 한다. 그리고 전도서의 저자가 왕과 관련된 금언들을(8:1-8; 10:4) 주저 없이 신하의 입장에서 서술하는 것도 이런 입장을 뒷받침한다. 우리는 솔로몬이 전도서의 저자라는 전통적인 입장에 제기되는 문제들을 내적증거와 외적증거로 나누어 볼 수 있다.

2.2.1. 내적 증거

우리는 전도서에서 솔로몬이 저자라는 증거에 사용되는 구절들에 문제점을 보게 된다. 먼저 전도자는 스스로를 "예루살렘에서 이스라엘을 다스리는 왕이다"고 말한다(전 1:12). 그런데 여기서 "be(...이다)" 동사로 완료형이 사용된다(하이티 הָיִיתִי). 히브리어에서 동사의 시제가 불분명한 것이 사실이지만, 완료형은 일반적으로 과거형의 의미를 갖는 것으로 번역된다. 그런데 이 동사를 과거형으로 번역하면 전도자는 예루살렘을 다스리던 왕이었고, 이제는 더 이상 왕위에 있지 않다는 것을 의미한다. 다시 말해 전도자가 전도서를 기록할 때에는 더 이상 왕위에 있지 않았던 것이 된다. 그래서 탈굼은 솔로몬이 왕위를 물려준 후에 전도서를 기록한 것으로 해석한다.[9] 그러나 왕상 11장은 솔로몬이 죽기 전에 왕위에서 물러났다고

---

7) Michel, *Qohelet*, 1988, 76쪽.

8) 이미 델리취가 "1, 2장은 솔로몬 왕이 쓴 것처럼 보이나 이후로는 솔로몬의 흔적이 사라진다."고 말했다(F. Delitzsch, *Hoheslied und Koheleth*, Leipzig 1875, 195쪽).

9) T. Longman III, *The Book of Ecclesiastes*(NICOT), Eerdmans: Grand Rapids 1998, 5쪽.

기술하지 않는다. 솔로몬은 왕위에 재위하다가 왕으로서 죽었다.

그리고 전도자는 자기보다 앞선 예루살렘의 그 어떤 통치자보다 더 크고 많은 지혜를 얻었다고 스스로 말한다(전 1:16). 만일 전도자가 솔로몬이라면 예루살렘에서 그보다 앞선 왕은 아버지 다윗 왕 밖에 없다. 물론 다윗이 예루살렘을 점령하기 전에 여부스 왕들이 그곳을 다스리고 있었던 것이 사실이다. 그러나 솔로몬이 이방의 왕들까지 언급하며 자신이 얻은 지혜가 그들보다 크다고 말하는 것은 부자연스럽게 보인다. 그렇다면 여기서 솔로몬은 자기 아버지 다윗보다 더 큰 지혜를 가진 위대한 왕이라고 자랑하는 것인가? 솔로몬이 친아버지 다윗보다 자신을 더 위대하다고 자랑하는 것은 자연스럽게 보이지 않는다.

전도자가 왕이라고 여겨지는 이야기는 전반부의 3장까지만 나오고, 이후에는 솔로몬 왕의 말이라고는 볼 수 없는 구절들이 나온다. 예를 들어 전도자는 살아있는 자보다 죽은 자가, 그리고 죽은 자보다 태어나지 않은 자가 더 낫다고 말한다(4:1-3). 그런데 이런 염세주의적인 말이 솔로몬이 한 말이라고는 생각하기 어렵다. 그는 당시에 세상에서 가장 큰 권력을 가지고, 온갖 부귀영화를 누렸던 사람이다. 이런 사람이 어떻게 압제받는 사람만이 말할 수 있는 삶의 아픔을 스스로 고백할 수 있겠는가? 이런 말은 가난과 압박 속에서 삶의 무게를 견디기 어려운 사람만이 할 수 있는 고백이다. 오히려 솔로몬은 왕궁과 성전을 건축하기 위해 많은 사람들에게 노역의 큰 짐을 지워 인생을 괴롭게 만든 당사자였다(왕상 12장).

전도서에는 "네 마음으로도 왕을 저주하지 마라."는 경고의 말이 나온다(10:20). 그런데 왕에 대한 태도를 교훈하는 말을 왕 스스로가 했다고 보기 어렵다. 이런 말은 (솔로몬) 왕에 대해서 다른 사람이 주는 교훈이지, (솔로몬) 왕이 스스로 왕에 대해 한 말로 보기 어렵다.

2.2.2. 외적 증거

고대근동에서 책의 저자를 말할 때 유명한 사람의 이름을 비는 경우가 많다. 이것은 흔한 일이었다. 그리고 이스라엘에서도 후기 유대 문학이나 솔로몬의 시편 등에서 이런 경우를 볼 수 있다. 아마도 전도서의 저자도 이와 같이 붙여졌을 것이다. 전도서의 저자로 지혜에 가장 뛰어난 솔로몬 왕이 가장 적합한 인물이다(잠언도 마찬가지이다). 그리고 전도서는 1:3-12:7의 본문에 표제와 끝말이 나중에 첨가된 것으로 여겨지는데, 이것은 후에 다윗의 아들(솔로몬 왕)이 전도서의 저자로 부가된 증거가 된다.

롱맨은 전도서의 이런 특징을 메소포타미아의 아카드어 문헌들과 비교한다.[10] 그는 전도서의 본문이 아카디아의 일련의 문헌들과 구성이 유사한데, 아카드어 문헌들도 가상적인 자서전의 형식으로 기록되었다고 말한다. 아카드어의 가상적인 자서전은 후에 다른 사람에 의해 유명한 사람의 저작으로 지칭된다. 그는 전도서의 저작도 이와 같은 맥락으로 생각해야 한다고 주장한다. 롱맨은 전도서의 최종 완성자로 추기를 기록한 현자(12:9-14)를 생각한다.

전도서에는 아람어와 후기히브리어에서 사용되는 말들이 많이 나온다.11) 후기히브리어는 나중에 유대문헌인 미슈나에서 사용되는 언어로 발전했다. 이런 면에서 전도서는 포로기 이후에 편집되었다고 볼 수 있다. 그리고 전도서에는 페르시아어가 외래어로 나온다. 2:5절에 파르데심(פַּרְדֵּסִים, 파라다이스; 개역개정은 과원으로 번역)과 8:11절에 피트감(פִּתְגָם, 선고, 징벌)이란 페르시아어가 나온다. 이런 이유로 전도서는 포로기 이전에 완성되었다고 보기 어렵다. 페르시아 시대 이전에 이스라엘이 페르시아어를 외래어로 받아들였다고 보기는 어렵기 때문이다. 그렇다면 전도서는 B.C. 500년 이후에나 완성되었을 것이다.

2.3. 새로운 관점

전도서는 저자로 솔로몬이 아니라 "코헬렛"이라는 다른 명칭을 사용한

10) Longman, *Ecclesiastes*, 8-9쪽.

다. 그러면 전도서의 저자가 솔로몬이라면 왜 솔로몬이라고 확실한 이름을 사용하지 않는가? 전도서의 저자가 솔로몬인데도 코헬렛이라는 다른 명칭을 사용하여 나타내고자 하는 특별한 의도가 있는 것인가?[12] 다른 말로 솔로몬이 코헬렛이라는 별칭으로 자신을 감춰야 할 어떤 이유가 있는가? 솔로몬이 전도서의 저자라면, 저자의 이름인 코헬렛과 관련하여 이런 질문들이 제기된다.

우리는 솔로몬과 코헬렛이라는 이름과 관련하여 오히려 역으로 생각해 볼 수 있다. 솔로몬이 자신을 코헬렛이라고 부르기보다, 오히려 어떤 사람이 자신을 솔로몬과 연관시키기 위해 코헬렛이라는 이름을 사용하는 것은 아닐까? 그가 솔로몬 왕이 아니지만 코헬렛이라는 별칭을 사용하면서, 자신을 솔로몬 왕인 것처럼(Königstravestie) 보이게 하려는 것이다. 고디스가 이런 관찰을 한다. 그는 전 2:12을 해석하며 "전도자는 자신을 솔로몬 왕처럼 보이게 하여, 자신이 지혜와 즐거움에서 최고의 경험을 했고, 더 이상 다른 어떤 체험도 필요 없다는 것을 독자들이 확신하기를 원한다." 고 말한다.[13]

전도자는 자신을 세상에서 가장 지혜롭고, 엄청난 부와 권력을 누렸던 솔로몬과 연관시킨다. 그 이유는 솔로몬과 같은 사람도 세상의 지혜를 다 깨닫지 못했다고 한다면, 평범한 사람이 어떻게 지혜를 깨달았다고 감히 말할 수 있겠냐고 반문하기 위해서이다.[14] 그는 사람의 지혜의 한계성을 지혜의 왕인 솔로몬을 통해 확인시키려는 것이다.

---

11) 전도서의 언어의 특징에 대해 "Michel, Qohelet, 1988, 46-51쪽", "L.S. Schönberger, *Kohelet*(HTKAT), Herder 2004, 109-11쪽", "T. Krüger, *Kohelet*(BK XIX), Neukirchen 2000, 62-64쪽"을 참조하라.

12) 참조 Longman, *Ecclesiastes*, 4-5쪽.

13) R. Gordis, Kohelet- *The Man and his World. A Study of Ecclesiastes*(3판), New York 1968, 221쪽.

14) 참조 N. Lohfink, *Kohelet*(Neuer Echter Bibel), Würzburg 1980, 23-24쪽.

전도서의 저자가 솔로몬 왕은 아니다. 단지 전도자가 솔로몬의 옷을 입고, 솔로몬인 것처럼 보이는 것이다. 그러나 전도자의 이런 역할도 앞의 세 장에서만 발견된다. 전도자는 지혜(1:16-18; 2:12-16), 부(2:7-11), 여인(2:8), 사업(2:4-6)을 통해 세상의 이치를 깨달으려 시도한다. 이런 실험을 할 수 있는 조건에 가장 맞는 사람이 솔로몬이다. 솔로몬은 가장 부유했고(왕상 10:14-29), 지혜로웠고(왕상 4:29-34), 많은 건축을 했고, 여인도 많이 얻었다(왕상 11:3). 그리고 솔로몬은 부와 권력의 정상에 올랐다가 여호와를 떠나 배신한 사람이다. 솔로몬보다 전도서의 이야기와 더 잘 맞는 사람은 없을 것이다.

전도서 1:1-11절과 12:8-14절의 서문과 끝말에서는 전도자가 3인칭으로 기술된다. 반면에 본문부인 1:12-12:7절에서는 전도자가 1인칭으로 나타난다. 전통적으로 전도자에 대한 이런 인칭의 변화를 젊은 솔로몬(본문), 늙은 솔로몬(서문, 끝말)으로 나누나 부자연스럽다. 그럴만한 객관적인 이유가 발견되지 않는다. 이것은 전도자를 솔로몬 왕(1:1-11)과 현자(12:8-14)로 소개하기 위해 편집자가 후에 첨가한 것이다.

2.4. 코헬렛은 어떤 사람인가?

폭스(Fox)는 전도자는 실제 인물이 아닌 가상의 인물이라고 주장한다.[15] 그러나 우리가 전도자가 어떤 사람인지 그 정체를 찾아내기 어려울지라도, 그를 역사 속에서 현존했던 실제 인물로 보아야 할 것이다. 전도서가 구약의 지혜서에 속한 것이 분명하듯이, 전도자도 구약의 현자에 속한 것이 분명하다.[16] 지혜란 수많은 일들이 사람에게 닥치는 혼란한

---

15) M. Fox, *Frame Narrative and Composition in the Book of Qohelet*, HUCA 48(1977), 83-106쪽.

16) 참조 Michel, *Qohelet*, 1988, 66쪽.

세상에서 경험을 바탕으로 그 일들의 규칙을 발견하거나 세워서, 자신 뿐 아니라 다른 사람도 성공적인 삶을 살 수 있도록 도와주려는 학문적인 노력이라고 말할 수 있다.[17] 다시 말해 지혜란 사람의 행위가 인과응보의 과정을 통해 어떤 결과로 나타날지 예측해내는 학문이다. 어떤 결과는 어떤 원인에 의해 나오는 것이며, 또 그 반대도 성립된다. 지혜는 이런 인과응보의 과정에서 어떤 규칙을 알아내는 것이다. 전통적인 지혜의 가르침은 사람이 분별력을 가지고 세상의 질서를 파악해 낼 수 있다고 낙관적인 생각을 했다.

전도자는 이런 낙관적 입장의 전통지혜에 대해 의문을 제기한다(참조 전 1:3). 우리는 전도자가 전통적인 지혜교사와 토론을 전개하는 것을 추정할 수 있다. 전도서에서 지혜교사인 전도자가 전통적인 지혜교사와 토론과 대화를 전개한다. 전도자는 전통적인 지혜를 인용하고, 그것에 대한 자신의 생각을 개진하는 방식으로 토론을 벌인다. 전통적인 지혜가 세상의 질서를 파악하여 성공적인 삶을 획득하는 것이 목표였다면, 전도자는 성공적인 삶보다 사람의 삶의 의미자체에 관심을 갖는다. 전도자는 전통적인 지혜의 교훈을 살펴보고("보다"라는 말이 이런 행위에 속한다), 그 지혜의 말이 전적으로 옳은지 판단한다. 그리고 전도자는 사람이 모든 것을 다 알아낼 수 없다는 지혜의 한계성으로 결론을 맺는다.

전도서는 어떤 교훈을 일방적으로 가르치려 하지 않는다. 전도자가 깨달은 교훈을 가르치거나 혹은 전통적으로 내려오는 지혜의 교훈을 일방적으로 가르치지 않는다. 전도자는 대화나 토론의 상대방을 가지고 자신의 의견을 개진한다. 따라서 전도서에 기술된 전도자의 대화는 다분히 논쟁의 성격을 띤다. 전도자의 토론의 상대는 "이 세상(해 아래)에서 일어나는 모든 일을 안다고 주장하는 현자"인 것이 분명하다(참조 8:17).

---

17) 참조 G. von Rad, *Die ältere Weisheit Israels*, KuD 2(1956), 54-72쪽; G. von Rad, *Weisheit in Israel*, Neukirchen 1970.

전도서를 연구하는 학자들은 전도자를 비관론자(Pessimist)라고 불렀다.[18] 전도자를 비관론자로 오해한 것은 전도서의 틀을 이루는 1:2절과 12:8절에서 "모든 것이 헛되다"고 결론을 내리기 때문이다. 그리고 그가 제기했던 질문마다 "이것도 헛되다"고 비관적으로 결론을 내리기 때문이다. 이것이 전도자를 삶에 회의를 가진 비관론자로 오해하게 만들었다. 그러나 그가 겉으로는 비관적으로 보이지만 실제로는 삶의 즐거움을 예찬하고 있는 사람이다. 전도자는 사람들에게 인생에서 즐거움을 누리는 것이 최고의 덕이라고 권고한다. 이런 의미에서 전도자는 사실 낙관론자(Optimist)로 불려야 한다. 만일 전도자를 비관론자라고 부르려면, 동시에 그를 낙관론자라고도 불러야 할 것이다.[19] 쇤베르거는 전도서를 모든 것이 "헛되다"는 말이 아닌, "행복을 누리라(전 5:17-19; 9:7-10; 11:9)"는 말을 중심구절로 삼고, 하나님이 선물로 주신 "행복(3:13; 5:19)"이 허무하게 사라질 수 있는 삶에 의미를 주는 개념이라고 말한다.[20]

미헬이 말하듯이 전도자를 비관론자보다 회의론자(Skeptiker)로 부르는 것이 합당할 수 있다.[21] 전도자는 서두에서 사람이 해아래서 수고하는 일에 대한 소득에 대해 질문한다. 이런 질문은 현자들이 흔히 하는 것으로, 전통적인 현자는 세상에 감춰져 있는 규칙을 발견하여, 사람의 삶에서 어떤 소득을 얻을 수 있다는 낙관적인 입장을 갖는다. 그러나 전도자는 이와 반대로 사람은 이 세상의 규칙을 끝까지 파악할 수 있는 능력이 없다고 말한다. 그 이유는 사람은 단지 자기가 사는 순간의 일만 파악할 수 있으며, 그 순간을 넘어서는 영원한 것은 알 수 없기 때문이다(참조 3:11).

사람에게 미래란 모든 가능성을 가지고 열려있는 것으로, 사람이 자기가 사는 순간을 넘어서는 미래에 대해 알아낼 수 없다. 그러나 전도자가

---

18) 참조 C.C. Forman, *The Pessimism of Ecclesiastes*, JSSt 3(1958), 336-343쪽.
19) Michel, *Qohelet*, 1988, 87쪽.
20) Schönberger, *Kohelet*, 2012, 24쪽.
21) Michel, *Qohelet*, 1988, 88쪽.

세상의 모든 일에 대해 회의론적인 입장을 취하는 것은 아니다. 그는 모든 일을 주관하시는 하나님에 대해서는 전혀 의문을 제기하지 않는다. 전도자는 사람이 인식의 능력에서 유한한 존재라고 말하기 때문에, 인식과 연관해서만 그를 회의론자라고 부를 수 있다. 전통적인 지혜가 사람의 인식의 능력에 대해 낙관적인 입장을 가졌다면, 전도자는 사람이 모든 것을 알 수는 없다는 회의적인 입장을 나타낸다.

3. 정경과 전도서

3.1. 정경에 포함되는 문제

전도서가 정경에 포함되는데 문제가 됐던 이유 중의 하나가 성경의 다른 책에서 말하는 것과 대치되는 내용이 나타나기 때문이다. 예를 들어 율법에는 "방종케 하는 네 마음과 눈의 욕심을 따르지 말라"(민 15:39)고 말하며 이스라엘 백성에게 절제의 생활을 요구한다. 반면에 전도서는 청년에게 "네 마음이 기뻐하는 대로 마음에 원하는 길들과 네 눈이 보는 대로 행하라(11:9)"고 하며 하고 싶은 대로 마음대로 하라는 방종의 삶을 권고하는 것처럼 보인다. 얼핏 보기에 두 말은 서로 모순되는 것처럼 보인다.[22)]

잠언의 가르침은 온힘을 다해 지혜를 배울 것을 권고하는 데 반해, 전도서는 "지나치게 현자가 되지 말라"고 가르친다(7:16). 심지어 전도서는 사람이 죽음 앞에서는 현자나 어리석은 자나 다 마찬가지가 된다고 하며 지혜의 무용성을 말하기도 한다(2:12-16). 이런 이유로 유대성경학자들은

---

22) 이외에도 바빌로니아 탈무드는 2:2절은 웃음을 권장하나 7:3절은 근심을 웃음보다 낫게 여기고, 8:15절은 즐거움을 칭송하나 2:2절은 무의미한 것으로 말하고, 4:2절은 죽은 자가 산자보다 낫다고 하나 9:4절은 살아있는 개가 죽은 사자보다 낫다고 말한다(Michel, *Qohelet*, 1988, 118쪽에서 재인용).

전도서를 정경에 포함시키는데 반대하기도 했다.[23]

이런 모순이 전도서가 정경에 포함되는데 장애가 되었다. 미헬은 전도서에 추가된 두 개의 추기가 전도서가 정경에 포함되는데 중요한 역할을 했다고 말한다.[24] 첫째 추기자(12:9-11)에 의해 전도서는 전통적인 지혜교훈의 범주에 속하게 되었고 또 "한 목자"(하나님)에 의해 주어진 책이라는 것이 명백해졌다. 둘째 추기자(12:12-14)에 의해서는 전도서에 언급되지 않았던 "하나님의 계명"의 중요성과 "하나님의 경외"라는 것이 강조된다. 이것을 통해 전도서는 "회당에 합당한(synagogenfähig)"[25] 책이 되었고, "정경에 합당한(kanonfähig)"[26] 책이 되었으며, "가르침에 합당한(schulfähig)"[27] 책이 되었다. 그러나 추기자가 이런 의도를 가졌는지에 대해서는 학자들마다 의문을 가진다. 미헬은 전도서가 정경에 포함되게 한 일등 공신은 솔로몬을 저자로 만든 것이고, 둘째는 후대에 전도서의 추기를 오해했기 때문이라고 말한다. 그렇지 않았다면 전도서는 정경에 포함되지 못하고 사라졌을 것이라고 말한다.[28]

그러나 전도서는 성경의 다른 책들과 모순되는 책이 아니다. 성경의 다른 책과 모순되는 것처럼 보이는 것은 전도서가 다른 현자들과 토론을 벌이는 책이기 때문이다. 우리는 전도서의 이런 성격을 감안해야 한다. 특별히 전도서는 전통적인 지혜의 교훈, 일반적으로 통용되는 교훈의 말을 다시 살펴보며 토론하는 책이다. 전통적인 지혜의 교훈에 잠언서가 대표적

---

23) 힐렐 학파는 전도서가 손을 부정케 한다고 주장한 반면에, 삼마이 학파는 그렇지 않다고 주장했다. 책이 "손을 부정케 한다."는 말은 그 책이 거룩하다는 의미로, 책을 읽은 후에는 반드시 손을 씻어야 했다.

24) Michel, *Qohelet*, 1988, 116-17쪽.

25) K. Galling, *Stand und Aufgabe der Kohelet-Forschung*, ThR. NF 6(1934), 359쪽.

26) S. Holm-Nielsen, *The Book of Ecclesiastes and the Interpretation of it in Jewish and Christian Theology*, ASTI 10(1975/76), 53쪽.

27) 이런 과정에 대해 "N. Lohfink, *Kohelet*, 1980, 12-14쪽"을 참조하라.

28) Michel, *Qohelet*, 1988, 118쪽.

으로 속한다. 따라서 잠언의 교훈과 전도서의 말이 대치되는 것처럼 보인다. 전도서가 전통적으로 잘못된 교훈과 토론을 벌이는 것만은 아니다. 전도서는 옳은 교훈과도 토론을 벌인다. 그리고 이런 과정을 통해 그런 교훈을 확증하는 역할도 한다. 이런 면에서 쇤베르거(Schönberger)는 "전도서는 잠언에 대한 비평적인 평가로 읽혀져야 한다."고 말한다.[29)]

전도자는 전통적인 교훈에 대한 평가를 하면서 "헛되다"라는 말을 30번 이상 사용한다. 사람들은 성공하기 위해 열심히 일한다. 그러나 전도자는 이런 수고가 헛되다고 말한다(2:17-23). 사람이 죽은 뒤에 그 성공의 결과가 누구에게 주어질지 알지 못하기 때문이다. 잠언은 인생에서 지혜가 중요하다는 것을 매우 강조한다(잠 2:1-22; 8:1-36). 그러나 전도서는 지혜가 주는 유익이 매우 제한적이라고 말한다. 물론 지혜가 어리석음보다 유익이 되는 것은 사실이지만(2:13), 사람에게 죽음이 닥칠 때는 그 지혜가 소용이 없기 때문이다. 이런 면에서 전도자는 현자나 어리석은 자나 마찬가지라고 말한다(2:15-16). 잠언은 미련한 자와 달리 지혜를 가지고 대답할 때와 대답하지 않을 때를 구별하라고 가르친다(잠 26:4-5). 때를 올바로 구별하는 것이 큰 유익과 성공을 가져다주기 때문이다. 그러나 전도서는 세상의 모든 일에 합당한 때가 있다는 것은 인정하지만(3:1), 사람이 그 합당한 때를 알지 못해 그냥 운명에 내버려질 때가 있다고 말한다(8:7; 9:12; 10:14).

3.2. 정경속의 전도서

히브리 정경은 토라(율법), 네비임(선지서), 케투빔(성문서)의 세 부분으로 나뉜다. 전도서는 이 중에 케투빔(성문서)에 속한다. 그리고 좀 더 자세히 언급하자면 전도서는 다섯 두루마리(5 Megillot[두루마리])에 속하며, 유

---

29) Schönberger, *Kohelet*, 2012, 13쪽.

대인의 예배전통에서 초막절 때 낭독되었다. 초막절은 광야 생활을 기억하며 초막에 거하는 의식인데, 전도서가 인생의 허무함(지나감)을 말하는 동시에 포도주를 마시며 즐거움을 예찬하기 때문이다(9:7). 초막절은 임시 거주인 초막에서 살다 그 후에 포도추수 축제를 즐기는데, 이것이 전도서와 잘 맞는 것으로 이스라엘 사람들이 생각했기 때문이다.[30)]

전통적으로 전도서는 지혜서에 속하는데, 특히 토론문학의 범주에 속한다. 전도서는 잠언과 달리 어린 학생("내 아들", 잠 1:8, 10, 15; 2:1; 3:1, 11, 21 등)이 대상이 아니라, 젊은이(전 11:9)가 교훈의 대상이다. 잠언이 어린 학생에게 기본적이고 근본적인 교훈을 전달하려는 것이라면, 전도서는 전통의 교훈에 대해 비판적인 토론의 기능을 한다. 잠언이 어린 미성년자에게 주는 기본교훈을 가르친다면, 전도서는 성년이 된 젊은이에게 세상의 모든 것은 영원하지 않으며 사라질 것을 가르친다.[31)]

우리가 정경의 구성으로 볼 때 선지서가 율법에 대한 주석의 기능을 한다면, 성문서는 율법을 적용하는 책으로 볼 수 있다. 이런 맥락에서 전도서는 우선적으로 율법을 적용하는 책으로 읽을 수 있다. 이런 의미에서 전도서에는 율법과 연관된 구절들이 많이 언급된다(창 1-2장과 전 7:29; 신 31:11-13과 전 12:13 등).[32)] 그리고 전도서는 세 개의 솔로몬 저작 중 하나이다(잠언, 전도서, 아가서). 교회전통은 칠십인 역의 순서를 받아 잠언 · 전도서 · 아가서의 순서로 읽는다.[33)] 이런 순서는 전도서가 잠언에 대한 비평적인 토론의 책이고, 아가서는 전도서에 대한 적용의 책으로 읽게 해준다. 전도서에서 "사랑하는 아내와 함께 삶을 누리라(9:9)"는 명령을 아가

30) 참조 Schönberger, *Kohelet*, 2012, 12쪽; Schönberger, *Kohelet*, 2004, 43쪽.

31) Schönberger, *Kohelet*, 2012, 13쪽.

32) 율법 뿐 아니라 선지서와 연관되는 자세한 구절에 대해, "Schönberger, *Kohelet*, 2004, 43-44쪽"을 참조하라.

33) 이런 순서는 탈무드가 속한 유대의 "동방전통(östliche Ordnung)"을 통해 칠십인역에 전해진 것이다(Schönberger, *Kohelet*, 2004, 44쪽).

서가 실행하기 때문이다.[34)]

4. 전도서의 구성

미헬은 전도서에서 계획된 구성이나 일관적인 사상의 전개를 찾는 것은 거의 헛된 일이라고 말한다.[35)] 전도서에는 모순된 것처럼 보이는 많은 구절들이 나오는데, 이것을 어떻게 이해해야 할지 큰 과제로 남아있기 때문이다. 예를 들면 "근심이 웃음보다 나으니, 심각한 얼굴이 마음에 좋음이다(7:3)"는 말과 "너는 성급한 마음으로 화내지 마라! 근심은 어리석은 자들의 가슴에 머무는 것이다(7:9)"는 말은 서로 반대되는 말처럼 보인다. 전자는 근심을 긍정적으로 후자는 근심을 부정적으로 언급하기 때문이다. 그리고 "지식으로 얻게 되는 소득은 지혜가 그 주인을 소생시키는데 있다(7:12)"는 말과 "또 현자라고 양식을 얻거나, 또 명철한 자라고 재물을 얻거나, 또 지식인이라고 영예를 얻는 것이 아니다(9:11)"는 말이 어떻게 조화를 이루겠는가? 전도서에서 이런 예들은 더 많이 찾아볼 수 있다.

전도서의 구성에 대해 수많은 견해들이 있다. 전도서의 구성에 대해 다양한 견해들이 존재한다는 것은 그만큼 전도서의 구성을 파악하기 어렵다는 증거가 된다. 우리는 전도서의 다양한 구성에 대해 두 가지의 대조적인 견해로 요약해볼 수 있다.[36)]

4.1. 부정적인 견해

전도서에는 사상이 일관되게 전개되거나 발전하는 논리적인 구성을 찾

34) Schönberger, *Kohelet*, 2012, 13쪽.

35) Michel, *Qohelet*, 1988, 9쪽.

36) 미헬은 전도서가 원래는 잘 구성된 책이었는데, 후에 다른 말들이 첨가되면서 변질된 것이라는 주장도 소개한다(Michel, *Qohelet*, 1988, 9-10쪽).

아보기 어렵다는 것이다. 전도서는 독립적인 문장들이나 주제들을 나란히 열거한 책으로, 이것이 전도서에서 모순처럼 보이는 말들이 생겨나는 이유이다. 우리가 전도서에서 일목요연한 구성을 찾는 것은 불가능하며, 전도서는 단지 다양한 독립적인 말들의 모음집에 불과하다.

미헬은 전도서가 독립적인 "문장들이나 평가나 주제들"로 구성되었다고 주장하는 여러 학자들을 우리에게 소개한다.[37] 그는 먼저 델리취(Delitzsch)가 전도서에 대해 다음과 같이 한 말을 인용한다. "전도서는 전체적으로는 동일한 세계관을 보여주는 구성을 갖는 책이다. 그러나 전도서가 그것을 기술하는데 있어서 체계적이거나 발전적인 논증을 보여주지 못한다. 전체적으로 사상의 통일성이나 전개과정, 혹은 전체를 지배하는 구성이나 유기적인 관계들을 지금까지 증명하지 못했고 또 앞으로도 그러할 것이다."[38]

갈링도 델리취에 전적으로 동의하며, "전도서의 저자는 자기사상을 개별적인 문장으로 기술하고, 이것들을 후에 이차적으로 조합했기 때문에 전도서에서 계획적인 구성을 찾을 수 없다"고 말한다.[39] "전도서는 확실하게 인식할 수 있는 어떤 구성이나 하나의 특정한 주제를 가진 책이 아니다. 전도서는 여러 문장들이 느슨하게 모인 모음집이라는 인상을 간과할 수 없다"고 말하는 침멀리나[40], "전도서는 다소간 서로 독립적인 생각들을 모은 교훈적인 책이다. 전도서에서는 사상의 논리적인 전개과정을 결코 찾을 수 없다"고 말하는 라우하도[41] 이런 맥락에 서 있다.

미헬은 델리취부터 라우하까지의 견해를 다음과 같이 요약한다.[42]

---

37) Michel, *Qohelet*, 1988, 10-16쪽.
38) F. Delitzsch, *Koheleth*, 1875, 195쪽.
39) K. Galling, *Der Prediger: Die Fünf Megillot*, Tübingen 1969(2판), 76쪽.
40) W. Zimmerli, *Das Buch Kohelet - Traktat oder Sentenzensammlung?*, VT 24(1974), 230쪽.
41) A. Lauha, *Kohelet*, Neukirchen 1978, 4쪽.
42) Michel, *Qohelet*, 1988, 16쪽.

가) 전도서에서는 논리적인 사상의 전개를 찾을 수 없다.

나) 그럼에도 전도서는 잠언과 같이 개별적인 말들이 우연히 모인 책이 아니고, 내용적으로 통일성을 갖는 책이다.

다) 각 문장들이나 주제들에 사상의 발전과정이 결여된 가운데, 이것들이 좀 더 큰 연합체에 속하는지 관찰하거나 확인하는 것은 가)와 나)의 관찰에 비교할 때 큰 의미를 갖지 않는다."

4.2. 긍정적인 견해

전도서의 구성을 일목요연하게 설명하기는 어렵지만, 그래도 이 책은 분명한 사상의 흐름을 가지고 기록되었다는 것이다. 따라서 우리가 자세히 살펴보면 전도서에서 잘 계획된 구성을 발견할 수 있다는 것이다.

우리는 전도서에서 많은 격언들과 함께, 속담이나 금언들이 벽돌을 쌓아놓은 것처럼 모인 것을 볼 수 있다(3:1-8; 11:8-12:7). 이 격언들의 특징은 앞뒤에 오는 구절들과 밀접한 논리관계를 가지지 않는다는 것이다. 따라서 전도서에서는 잠언과 마찬가지로 어떤 논리적인 발전이나 체계를 찾아보기 어렵다. 전도서를 읽는 사람들은 뚜렷한 논리전개나 사상의 발전을 찾는 것을 포기하고, 대신에 각각의 격언들이나 금언들에서 의미를 발견하고, "모든 것이 헛되다"는 대전제를 확인하는 것이 최선이라고 생각하기도 한다. 전도서의 모든 말들은 결국 "모든 것이 헛되다"는 대전제로 귀결되기 때문이다. 그럼에도 우리는 전도서의 구조와 사상이 발전하는 체계를 찾는 것을 포기해서는 안 될 것이다.[43)]

---

43) 한편 문학비평의 방법으로 전도서의 모순을 해결하려는 시도들이 있었다(그 역사에 대해, "Michel, *Qohelet*, 1988, 17-12쪽"을 참조하라). 그러나 미헬은 "문학비평의 도움으로 전도서의 어려운 문제들을 해결하려는 시도는 완전히 실패했다. 이런 시도는 현재 어떤 중요한 주석가도 주장하지 않는다."고 결론짓는다(Michel, *Qohelet*, 1988, 20-21쪽).

4.3. 인용이론

인용이론(Zitatentheorie)은 전도서에 나오는 모순처럼 보이는 말들의 문제를 해결하려는 시도 중 하나이다. 인용이론의 전제는 전도자가 자기말만 서술하는 것이 아니라, 다른 사람의 말을 인용하며 토론을 전개한다는 것이다. 다시 말해 전도자는 옳다고 생각하는 교훈을 일방적으로 기술하지 않고, 다른 지혜교사가 주장하는 교훈(대체로 전통적인 지혜의 교훈)을 인용하고 살펴보면서 그 교훈에 새로운 평가를 덧붙인다.

미헬은 인용이론의 선두주자로 멘델스존을 소개한다.[44] 그는 멘델스존의 관찰이 오늘날에도 유효하다고 말하며 다음과 같이 그의 주장을 요약한다.[45]

1) 전도자는 자신의 생각을 기술할 때 자신에게 생소하거나 모순되는 의견들을 인용하고, 인용된 구절을 사용하여 그 의견들을 검토하고 반박한다는 것을 감안해야 한다.

2) 따라서 우리는 전도자가 자신의 생각을 기술하는 곳과 다른 의견을 인용하는 곳을 구별하려는 노력을 해야 한다.[46]

미헬은 인용이론에 고디스(Gordis)가 기여한 바가 크다고 평가한다.[47]

---

44) Moses Mendelssohn, *Der Prediger Salomo mit einer kurzen und zureichenden Erklärung nach dem Wortverstand zum Nutzen der Studierenden von dem Verfasser des Phädon*. Aus dem Hebräischen übersetzt von dem Uebersetzer der Mischnah, Anspach, bey Jacob Christoph Posch, 1771.

45) Michel, *Qohelet*, 1988, 23쪽.

46) 멘델스존과 같은 맥락에 힛치히도 포함된다. 그는 "전도서의 저자에게 그 책의 모든 내용을 전도자 자신의 확실한 생각으로 짐 지우는 것은 악의적인 오해일 것이다."라고 말한다(F. Hitzig, *Der Prediger Salomo's*, Leipzig 1847, 124쪽). 한편 이와는 달리 헤르더는 "전도서에 나오는 모순적인 생각들은 인용으로 설명할 것이 아니라, 저자가 마음속으로 대화하는 것으로 이해해야 한다."고 말한다." (J. G. Herder, *Briefe, das Studium der Theologie betreffend*, 1790, 179쪽).

고디스는 전도서에 나오는 인용들을 구별하기 어렵다고 말하며, 그 이유는 "이런 인용들은 오직 내적 증거나 저자의 성격과 동질감을 가지고 이해할 때 인식되기" 때문이라고 설명한다.[48] 그는 후에 쓴 전도서 주석에서 전도서에 나오는 인용을 분별하기 어려운 이유를 좀 더 구체적으로 설명한다. "이 인용들은 그들이 자리하고 있는 본문과의 진정한 관계를 나타내는 어떤 도입적인 형식도 없이 인용되기 때문에 그동안 일반적으로 간과하거나 오해한 것이다.… 어떤 문장이 정말 인용에 속하는지는 독자가 스스로 판단할 수밖에 없다."[49]

미헬은 와이브리(Whybray)[50]와 자신[51]을 인용이론을 본질적으로 연구하여 체계적으로 설명한 사람으로 꼽는다. 와이브리는 지혜서에서 인용을 구별할 수 있는 네 가지 잣대를 다음과 같이 제시한다.

1) 문맥에서 독립적으로 자기 생각을 온전히 드러내고 그 자체로서 완전한(self-contained) 말들,
2) 형식으로 볼 때 잠언과 가까운 말들,
3) 주제가 잠언과 비슷하고, 동시에 자신의 문맥 안에서나 전도서의 다른 곳과 표현이나 생각이 부분적 혹은 전적으로 충돌과 긴장을 갖는 말들,
4) 언어가 전도서의 언어와 달리 후기의 성격이 아니고, 고전 히브리어나 초기 지혜문학에 가까운 말들.

그는 이런 기준을 적용해 전도서에 나오는 인용을 연구했다. 그리고 전

---

47) 인용이론의 연구사에 대해 "Michel, *Qohelet*, 1988, 27-33쪽"을 참조하라.
48) R. Gordis, *Quotations in Wisdom Literature*, JQR 30(1939/40), 129쪽.
49) R. Gordis, *Kohelet*, 1968, 95쪽.
50) R. N. Whybray, *The Identification and Use of Quotations in Ecclesiastes*, in : Congress Volume Vienna 1980, Leiden 1981(VTS 32), 435-451쪽.
51) D. Michel, *Untersuchungen zur Eigenart des Buches Qohelet*(BZAW 183), Berlin 1989.

도서에서 인용으로 여겨질 수 있는 말들의 성격을 살펴본 후 다음과 같은 결론을 내린다.

1) 전도자가 사용한 인용을 살펴보면, 그가 이스라엘의 전통에 서있다는 것을 알 수 있다.
2) 그가 인용이란 형식을 사용하는 것은, 잘못된 것을 밝히기 위함이 아니라 참된 것을 확인하려는 의도인 것을 알 수 있다."[52)]

와이브리와 거의 동시에 그러나 다른 방법으로 미헬이 전도서에 나오는 인용에 대해 연구한다.[53)] 미헬은 전도서에서 서로 모순처럼 보이는 이질적인 말들은 전도자가 다른 말을 인용하기 때문이라는 것이 확실하다고 말한다. 그러나 문제는 전도자가 인용하는 말과 전도자가 스스로 하는 말을 어떻게 구별하느냐는 것이다. 전도자 자신의 말과 다른 말의 인용을 구별할 수 있는 잣대가 있는가? 미헬은 인용을 구별할 수 있는 내용적인 잣대는 거의 없을 것이라고 말한다.[54)]

그는 인용이론의 출발점으로 전 1:3-3:15절이 통일된 구성단위(Einheit)를 이룬다는 관찰에서 출발한다. 그는 여기서 사용되는 "보다(라아 רָאָה)"라는 말에 주목하고(전 1:14; 2:12; 2:13; 2:24 등), 이 단어가 "살펴보다(betrachten)"는 의미를 갖는다고 주장한다. 전도자가 관찰의 대상으로 삼는 말은 자기가 깨달은 것이 아니라, 자기와 다른 의견들의 인용이다. 이같이 전도자는 다른 의견들을 인용하고, 살펴보고, 자기 주석을 다는 형식을 쓴다. 이런 면에서 전도자는 세상에서 다양하고 모순된 것들을 체험한 경험론의 주장자가 아니라, 그 당시에 해악을 끼칠 수 있는 다양한 사상들에 뚜렷한 자기 입장을 가졌던 사상가(정확히 말해 인식론에 있어서의 회의론자)

52) Michel, *Qohelet*, 1988, 31쪽에서 재인용.
53) Michel, *Qohelet*, 1988, 32-33쪽.
54) Michel, *Untersuchungen*, 1989, 1쪽.

였다고 말할 수 있다.

4.4. 전도서의 구성을 밝히려는 시도들

전도서 1-3장의 구성을 밝히는 것은 다른 부분에 비해 그다지 어렵지 않다. 문제는 1-3장 이외의 부분이 어떻게 구성되었는가를 밝히는 데 있다. 심지어 솔터스(Salters)는 "전도서의 첫 부분에는 질서가 있지만 후반부로 갈수록 질서가 결여된다. 전도자가 책을 쓰다가 죽었고 후에 그가 선생으로 있던 지혜학교에서 전도자가 쓴 것을 모으고 편집한 것일 수 있다."라고까지 말한다.[55] 전도서의 구성에 대해서는 매우 다양한 의견들이 있기 때문에, 여러 학자들의 주장을 살펴보기로 한다.[56]

4.4.1. 긴스버그(H. L. Ginsberg)[57]

그는 전도서를 4개의 주요 부분으로 나눈다.

1) A 1:2-2:26
2) B 3:1-4:3
3) A′ 4:4-6:9(여기서 4:9-5:8은 이질적이다)
4) B′ 6:10-12:8(여기서 9:17-10:14절상, 15-19절은 이질적이다)

전도서에서 A와 A′, B와 B′의 부분이 서로 상응한다. A-A′는 모든 것이 의미 없고, 사람이 얻을 수 있는 한 가지 소득은 세상을 즐거움으로

55) R. B. Salters, *Qohelet and the Canon*, ET 86(1975), 340쪽.

56) 1982년까지는 "Michel, *Qohelet*, 1988, 33-45쪽"의 도움을 받았다.

57) H. L. Ginsberg, *The Structure and Contents of the Book of Kohelet*, in: Wisdom in Israel and in the Ancient Near East (FS H. H. Lowley) Leiden 1955(VTS 3), 138-149쪽 = A. Altmann(ed.), *Biblical and other Studies*, Harvard 1963(STLI 1), 47-59쪽.

누릴 수 있다는 내용이다. 그리고 B-B′ 는 사람의 일이나 활동이나 감정 등은 종말까지 끝없이 반복되는 것들이라는 내용이다.

4.4.2. 카스텔리노(G. R. Castellino)[58]

그는 전도서를 1:1-4:16절과 4:17-12:7절의 두 부분으로 나눈다. 그는 전도서의 서술형식을 통해 이렇게 구분하는데, 첫째 부분에서는 일인칭(나)의 형식으로 개인적인 체험이 서술되고, 둘째 부분에서는 명령형으로 서술형식이 바뀌는데 4:17이 전환을 이룬다. 첫째 부분에서는 "헛된(헤벨)", "바람을 잡는 것", "수고(아말)"라는 단어가 주로 나오는 반면에, 둘째 부분에서는 이런 말들 대신에 "악한, 나쁜, 심각한(라, 라아)"이라는 단어가 주를 이룬다. 첫째 부분에서는 전도자가 사람이나 사람이 하는 일에 대해 비판적이고 부정적인 시각을 보인다면, 둘째 부분에서는 전도자의 부정적인 시각이 완화되어 긍정적이고 정통적인 말로 다른 지혜서와 같은 교훈을 준다.

4.4.3. 라이트(A. G. Wright)[59]

그는 전도서의 구성을 파악하기 위해 "주관적 방식(subjective method)"과 "객관적 방식(objective method)"을 구별해서 사용해야 한다고 말한다. 주관적 방식은 내용적인 구성을 파악하는 것이고, 객관적 방식은 내용보다 형식을 우선적으로 살피는 것이다. 이런 방식을 통해 그는 전도서를

---

58) G. R. Castellino, *Qohelet and his Wisdom*, CBQ 30(1968), 15-28쪽.

59) A. G. Wright, *The Riddle of the Sphinx: The Structure of the Book of Qohelet*, CBQ 30(1968), 313-334쪽 = Studies in Ancient Israelite Wisdom, ed. J.L. Crenshaw, New York 1976, 245-266쪽; A. G. Wright, *The Riddle of the Sphinx Revisited: Numerical Patterns in the Book of Qohelet*, CBQ 42(1980), 38-51쪽; 라이트의 구성은 "J.S.M. Mulder, *Qohelet's Division and also its Main Point*, in: Von Kanaan bis Kerala(FS J.P.M. van der Ploeg 1979) Kevelaer/Neukirchen 1982(AOAT 211), 153-54쪽"가 거의 그대로 수용한다.

두 부분으로 나눈다. 첫째 부분에서는 "헛된(바람을 잡는 것)"이라는 결론이 특징적이고, 둘째 부분에서는 "찾지 못한다.", "누가 찾겠는가?", "알지 못한다."라는 말이 주를 이룬다. 그는 6:9절이 전환을 이룬다고 말한다.

제목(1:1)
수고에 대한 시(1:2-11)
I. 삶에 대한 전도자의 탐구(1:12-6:9)
II. 전도자의 결론들(6:10-11:6)
청춘과 노년에 대한 시(11:7-12:8)
종결부(12:9-14)

4.4.4. 로핑크(N. Lohfink)[60]

그는 전도서를 동심원 구조에 맞춰 다음과 같이 나눈다.

1:2-3	틀
1:4-11	우주론(시형)
1:12-3:15	인간론
3:16-4:16	사회비판 I
5:1-5:7	종교비판(시형)
5:8-6:10	사회비판 II
6:11-9:6	이데올로기 비판
9:7-12:7	윤리(끝부분이 시형)
12:8	틀

그는 전도서의 내용과 형식을 조합하여 살핀 후 이런 구성에 도달한다. 시형으로 서술된 "우주론"(1:4-11)에 이어 "인간론"을 다루는 부분이 나오는데(1:12-3:15) 마지막에 신론(2:24-3:15)으로 끝난다. 인간론의 부분에서

60) N. Lohfink, *Kohelet*, 1980, 10쪽.

는 전도자가 "나"의 형식으로 자기 사상을 전개한다. 여기서는 사람이 최상의 가능성과 실현성을 가진 존재로 출발하나 결국 부정적인 결과로 끝맺는다.

이어서 전도자는 "사회비판"에서 사람이 사회에서 겪는 부조리한 현실들에 대해 다룬다(3:16-4:16; 5:7-6:10). 이들에는 "재판에서의 불의(3:16-22)", "착취와 경쟁(4:1-6)", "독신(4:7-12)", "변덕스러운 백성(4:13-16)", "관리의 부패(5:8-9)", "재산의 문제(5:9-6:10)" 등의 주제들이 속한다. 전도자는 두 개의 사회비판 사이에 하나님에 대한 바른 태도를 가르치는 "종교비판"에 대해 다룬다(5:1-7). 원래 종교비판은 내용적으로 마지막 "윤리부분(9:7-12:7)"에 속하지만, 두 사회비판 사이에 위치하며 전도서의 중심을 이루게 되었다고 말한다.

4.4.5. 롱맨(T. Longman)[61]

롱맨은 전도서를 세 부분으로 나눈다. 전도서의 주제와 사상을 도입하는 짧은 서문과(1:1-11), 전도자의 긴 독백으로 이루어지는 본문(1:12-12:7), 그리고 끝맺는 역할을 하는 결말부분(12:8-14)이다. 서문과 결말부는 전도자가 3인칭으로 불린다는 면에서 본문부와 구별된다. 롱맨은 본문부가 문학적으로 완전히 독립된 통일체를 이루고, 본문부의 틀을 이루는 서론부와 결말부는(1:1-11과 12:8-14) 전도서의 이해를 돕기 위해 나중에 첨가된 것으로 본다. 그러나 이 틀로 싸여진 본문부가 통일된 문학형태로 독자적인 위치를 갖는다.

롱맨은 이 책의 일반적인 구성은 뚜렷하지만, 전체본문이 세부적으로 어떻게 구성되었는가를 이해하는데 학자들이 거의 좌절감을 느낀다고 말한다. 그럼에도 전도서의 구성을 발견하는데 좌절해서는 안 될 것이라고 말한다. 재스트로우(Jastrow)가 "전도서는 불연속의 짐을 두려워하지 않는

---

61) Longman, *Ecclesiastes*, 21-22쪽.

다. 그는 자신의 대답을 갖고 있을 것이다. 인생이란 불연속으로 가득 찬 것이 아니겠는가?" 라고 말하는 것이 이런 태도를 대변한다.[62)]

롱맨은 본문부를 다음과 같이 나눈다.

I. 자서전적 서론(1:12)
II. 인생의 의미에 대한 솔로몬의 탐구(1:13-2:26)
III. 탐구의 계속(3:1-6:9)
IV. 전도자의 지혜로운 조언(6:10-12:7)

전도자는 1:12절에서 "나는 … 왕이다"는 자기소개로 그의 말을 시작한다. 그는 문학적인 왕의 역할을 하면서 해 아래서 수고하는 인생의 의미에 대해 탐구한다(1:13-2:26). 전도자는 더 이상 왕의 역할은 안하지만 계속해서 그의 탐구를 이어간다(3:1-6:9). 6:10-12절이 본문의 두 번째 부분으로 넘어가는 연결역할을 하는데, 두 번째 부분에서는 조언과 교훈의 말이 주를 이룬다(6:10-12:7). 여기서 12:1-7이 결론의 말을 이루는데 죽음의 문제에 대해 생각한다.

4.4.6. 크뤼거(T. Krüger)[63)]

전도서는 1:1(제목)과 12:9-14(추기)에서 전도자가 3인칭으로 서술되는 것을 통해 본문과 구별된다. 그리고 전도자의 말을 인용하는 1:2절과 12:8절의 "주제어(Motto)"를 통해, 이 말이 본문의 틀의 역할을 하는 것을 알 수 있다. 이런 관찰을 통해 전도서의 구성이 다음과 같이 분명하게 드러난다.

---

62) Morris Jastrow, Jr., *A Gentle Cynic, Being a Translation of the Book of Koheleth*, Philadelphia: Lippincott, 1919, 189쪽.

63) Krüger, *Kohelet*, 19-21쪽.

1:1	제목
1:2	주제어
1:3-12:7	전도서의 본문
12:8	주제어
12:9-14	추기

그런데 1:3-12:7절의 본문부가 어떻게 체계적으로 구성되는지 학자들마다 의견이 분분하다. 한절 이상의 문장들이 작은 연합체를 이룬다는 것은 분명하나, 그런 연합체들의 전체구성을 분명하게 규정하기가 어렵다. 크뤼거는 여러 문장의 연합체들을 관찰하는데, 형식이나 주제에서 유사한 연합체들이 큰 본문을 감싸고 있는 것을 관찰한다.

1) 1:12-2:26절의 본문 앞뒤로 시형의 본문(1:3-11; 3:1-9)이 자리하는데, 이들은 각각 "소득"에 대한 질문으로 시작하고 끝을 맺는다.
2) 5:1-7절의 종교적인 태도에 대한 전도자의 교훈은 통치자와의 관계에 대한 본문으로 둘러싸인다(4:13-16절과 5:8-9절).
3) 5:10-6:9절은 5:10-12절과 6:7-9절의 각각 세 개의 잠언을 가진 연합체로 둘러싸여 있다.
4) 6:10-12절과 8:16-17절은 전통적인 윤리적 금언에 대해 반대의견을 나타낸다.
5) 9:1-12절의 주제들(1-6절[죽음], 7-10절[즐거움], 11-12절[불확실성])이 11:1-12:7절에서 반대순서로 반복된다(11:1-6[불확실성], 11:7-10[즐거움], 12:1-7[죽음]).

이런 관찰을 통해 크뤼거는 전도서가 1) 1:3-3:9절, 2) 4:13-5:9절, 3) 5:10-6:9절, 4) 6:10-8:17절, 5) 9:1-12:7절의 5 부분으로 구성된 것으로 나눈다. 그리고 각각의 구성들은 (전도서 전체도 마찬가지지만) A-B-A'의 대칭 형식을 갖는다. 여기서 3:10-4:12절이 제외되었는데, 이 부분은 분명한 자신의 틀 본문을 갖지 못하고, 또 앞의 본문과 밀접하게 연관되기 때문이다. 이로서 크뤼거는 1:3-4:12절을 전도서의 첫 부분으로 본다(A-B-A'-B'의 형식). 이것을 기초로 크뤼거는 전도서의 구성을 다음과 같이 서술한다.

1:1	제목
1:2	주제어
1:3-4:12	왕과 전도자(현자)
4:13-5:9	왕과 하나님
5:10-6:9	가난과 부
6:10-8:17	통상적인 지혜에 대한 비판적 토론
9:1-12:7	우연과 허무의 관점에서 본 삶
12:8	주제어
12:9-14	추기

4.4.7. 쇤베르거(L. S-Schönberger)[64]

1:1 표제

1:2 틀과 주제어(헛됨)

1:3-3:15 서술(propositio): 사람의 행복의 가능성에 대한 내용과 조건

3:16-6:9 전개(explicatio): 행복의 관점에 대한 토론

6:10-8:17 방어(refutatio): 다양한 행복의 관점에 대한 토론

9:1-12:7 적용(applicatio): 즐거움과 행위실천에 대한 권고

12:8 틀과 주제어(헛됨)

12:9-14 종결의 말

64) Schönberger, *Kohelet*, 2012, 16-17쪽; 그는 이전에 주장했던 구성(*Kohelet*, 2004, 52쪽)을 약간 교정했다.

첫째 부분(1:3-3:15)에서는 전도자의 행복에 대한 철학이 서술적으로 그려진다. 둘째 부분(3:16-6:9)에서는 행복에 대해서 새로 얻은 가르침을 전개한다. 셋째 부분(6:10-8:17)에서는 전도자의 행복에 대한 가르침을 전통적인 지혜교훈과 대립시키며, 차례차례로 전통적인 행복개념과 토론하며 그의 근간을 무너뜨린다. 넷째 부분(9:1-12:7)에서는 전도자가 자기의 가르침으로부터 실천적인 교훈을 이끌어낸다. 사람의 실천적인 행동에서 즐거움과 하나님에 대한 경외가 중요한 영향을 미친다.

4.4.8. 전도서의 구성

우리는 먼저 전도서의 전체구성을 다음과 같이 볼 수 있다. 전도서의 중심본문(1:3-12:7)을 "모든 것이 헛되다"는 주제어(1:2; 12:8)가 감싸는 구조(inclusio)를 보인다. 전도서의 중심주제가 "헛되다"는 것임을 보여준다. 여기에 머리말(1:1)과 두 개의 추기(12:9-11; 12:10-14)가 편집자에 의해 첨가되어 전도자와 전도서에 대한 정보를 준다.

1:1	머리말
1:2	주제어
1:3-12:7	본문
12:8	주제어
12:9-11	첫째 추기
12:12-14	둘째 추기

전도서의 주본문은(1:3-12:7) 형식과 주제를 통해 모두 5 단락으로 나뉜다.

1) 1:3-3:22 행복: 소득인가 몫인가?
2) 4:1-5:10 행복: 왕이냐 하나님이냐?
3) 5:11-6:9 재산과 행복
4) 6:10-8:17 지혜와 행복
5) 9:1-12:7 죽음과 행복

1) 1:3-3:22절은 소득이 있는가라는 질문(1:3)으로 시작해서 소득이 있는가라는 질문(3:9)으로 마친다. 이 부분에서는 소득에 대한 문제를 다룬다. 전도자는 소득에 대해서는 부정적인 견해를 갖는다. 소득은 영원 지속적인 성격을 가기 때문이다. 반면에 하나님은 사람에게 몫을 주셨다. 몫은 하나님이 누리라고 사람에게 선물로 주신 현실이다. 사람에게 영원한 소득은 없지만, 행복을 누리라고 주신 몫(현실)은 있다.

2) 4:1-5:10절에서는 먼저 사람이 행복을 누리는데 전제가 되는 요소들이 언급된다(4:1-12). 그것은 세상에서의 압제(4:1-3)와 시기(4:4-6)와 동료(4:7-12)의 문제이다. 이것들은 사람에게 행복을 방해하는 요인이 될 수 있다. 그리고 사람이 세상에서 행복을 얻는 것은 세상의 통치자(통치제도)를 통해서인지 아니면 하나님을 경외함으로 오는 것인지에 대한 문제를 제기한다(4:13-5:10). 이것은 왕에 대한 헛된 기대(4:13-16; 5:8-10)를 나타내는 본문이 하나님에 대한 올바른 태도(5:1-7)를 감싸는 구조를 통해 행복은 하나님이 주시는 것임을 명백히 한다.

3) 5:11-6:9절에서는 재산과 행복과의 관계를 다룬다. 전도자는 동심원 구조를 통해 행복에 있어서 재산의 중요성을 강조한다.

5:11-12 재산에 대해 부정적인 격언
    5:13-17 재산의 부정적인 경우: 누릴 재산이 없음
        5:18-20 재산의 긍정적인 경우: 누릴 재산이 있음
    6:1-6 재산의 부정적인 경우: 재산이 있어도 누리지 못함
6:7-9 재산에 대해 부정적인 격언

전도자는 가장 외틀에서 재산 대해 부정적인 격언을 인용한다(5:11-12; 6:7-9). 그리고 재산이 행복에 부정적인지 이런 교훈에 대해 평가한다. 전도자는 내틀에서 재산의 부정적인 경우들을 살펴본다(5:13-17; 6:1-6). 사람

에게 누릴 재산이 없을 때(5:13-17), 재산이 있어도 누리지 못하는 경우(6:1-6)는 불행한 경우이다. 따라서 사람이 세상에서 행복을 누리기 위해서는 재산이 중요한 것이며, 하나님이 재산을 선물로 주셨다면 적극적으로 누릴 것을 권고한다(5:18-20).

4) 6:10-8:17절에서는 지혜와 행복과의 관계를 다룬다. 이 부분은 서로 대응되는 두 부분으로 나뉜다(6:10-7:22; 7:23-8:17). 전도자는 사람의 지혜가 행복을 줄 수 있는지 살펴본다. 전도자는 사람의 지혜에는 한계가 있다는 전제를 가지고 출발한다(6:10-12; 7:23-24). 그리고 전통적으로 내려오는 지혜의 교훈에 대해 비판한다(7:1-10; 7:25-29). 전도자는 사람의 지혜는 하나님의 뜻을 알 수 없기 때문에(7:11-14; 8:1-9), 하나님을 경외하며 현실에서 즐거움을 누리라고 말한다(7:15-18; 8:10-15). 사람의 지혜는 불완전하여 하나님의 일을 결코 알 수 없기 때문이다(7:19-22; 8:16-17).

5) 9:1-12:7절에서는 죽음과 행복과의 관계를 다룬다. 전도자는 동심원 구조를 통해 죽기 전에 현실에서 행복을 누릴 것을 강조한다.

9:1-10 죽기 전에 행복을 누려라
    9:11-12 보장할 수 없는 성공
        9:13-10:20 지혜가 무능력한 경우들
    11:1-8 예측할 수 없는 성공
11:9-12:7 죽기 전에 행복을 누려라

전도자는 사람은 죽을 수밖에 없으니, 죽기 전에 세상에서 행복을 누리라고 말한다(9:1-10; 11:9-12:7). 사람은 세상에서 성공해야 행복을 누릴 수 있다고 생각한다. 그러나 성공은 보장된 것도 아니고(9:11-12), 예측하여 기대할 수 있는 것도 아니기 때문에(11:1-9), 삶에서 행복을 누리는 것을 미뤄서는 안 된다. 사람의 지혜는 많은 경우 무능력하여 행복을 보장하지 못하기 때문이다(9:13-10:20). 결론적으로 전도자는 주어진 현실에서 최선을 다해 일하고, 행복을 누리며 사는 것이 최선이라고 말한다.

5. 전도서의 서술형식

전도서는 다른 교훈을 인용하여 토론하는 책이다. 이런 이유로 전도서는 "zwar-aber"(yes, but; ...하기는 하나 ...하다)라는 중요한 서술형식을 갖는다.[65] 이 말은 둘 다 긍정하는 형식이나, 앞의 말에 대해 다시 재고하는 의미를 갖는다. 전도자는 전통적인 다른 사람의 교훈을 인용하며 그것을 부정하지 않는다. 그러나 일반적으로 옳다고 생각하는 전통교훈을 다시 한 번 살펴보며 그에 대해 재평가를 한다. 그리고 그것에 대해 자기의 결론을 내리며 주석을 단다.

전도서의 많은 부분이 일인칭으로 "자서전적으로" 서술된다. 전도자는 직접화자로서 자신의 경험과 회상들을 서술한다. 이런 서술 방법이 긴장관계에 있는 본문들을 서로 관련된 문맥으로 해석할 수 있게 해준다. 전도서는 일반적으로 1) 다른 교훈의 인용, 2) 그 교훈에 대한 전도자의 관찰, 3) 전도자의 비판적인 주석, 4) 전도자의 결론(헛됨, 바람을 잡는 것), 5) 결론에 대한 이유 등의 형식으로 기술된다. 이런 논리의 전개가 전도서를 서술하는 기본형식이 된다. 전도자는 전통적인 지혜에 대해 비판적인(그러나 부정적은 아닌) 입장을 표명하는 또 다른 현자이다.

크뤼거는 이런 형식의 예로 2:13-15; 4:7-12; 8:10-15를 든다.[66] 먼저 2:13-15절은 1) 지혜가 어리석음보다 낫다는 말을 인용하고(13-14절상), 2) 전도자가 다른 관점에서 지혜가 어리석음보다 낫다는 것을 비판하며(14절하), 3) 결론적으로 너무 지나치게 지혜를 추구하는 것에 의문을 제기하고(15절상), 4) 이것도 헛되다는 결론을 내린다(15절하).

4:4-6절에서 전도자는 자기가 관찰한 것들과 확신을 나란히 열거한다. 전도자는 1) 세상에서의 성공에 대해 근본적인 의문을 제기하고(4절), 2) 그렇다고 아무 일도 안하는 것은 어리석은 것이며(5절), 3) 성공과 평안이

---

65) 참조 Hertzberg, *Der Prediger*, 29-30쪽; R.E. 머피, *전도서*, 솔로몬 2008, 148-149쪽.

66) Krüger, *Kohelet*, 25-27쪽.

균형을 이뤄야한다는 결론을 내린다(6절).

8:10-15절에서는 하나님의 경외와 인과응보가 1) 서로 모순되는 것처럼 보이는 현상들을 관찰하며(10, 13절), 2) 이런 이유로 사람들이 악을 행하는데 담대해도(11-12절상), 3) 하나님의 인과응보의 통치는 확고하니(12절하-13절), 4) 따라서 인과응보의 기대보다 하나님이 주신 현실에서 행복을 누리는 것이 하나님을 경외하는 것이라는 결론을 내린다(15절).

6. 전도서의 주제어들

6.1. 헤벨(הֶבֶל)

헤벨이란 단어는 창 4장의 아벨이라는 이름까지 포함해서 구약에서 73번 나오는데, 그중 38번이 전도서에서 사용된다. 이렇게 헤벨이 많이 사용되는 것은 이 말이 전도서에서 중심단어(Leitwort)라는 것을 보여준다. 그리고 전도서의 틀을 이루는 1:2절과 12:8절의 주제어를 통해서도 헤벨이 전도서에서 가장 중심적인 말이라는 것도 알 수 있다.[67] 따라서 헤벨이란 단어의 이해가 전도서에서 필수불가결하나, 학자들마다 이 단어를 어떻게 해석할지 논란의 여지가 많다.

원래 헤벨은 "입김, 숨"이란 의미를 갖는데, 이 의미가 새로운 의미로 발전한다. 먼저 헤벨은 "허무(vanity)"라는 의미를 갖게 된다. 그리고 헤벨은 긍정적인 의미에 의문을 제기하는 부정어의 의미를 갖게 된다. 헤벨의 이러한 의미변화는 이 단어의 기본의미로부터 설명될 수 있다. "입김"이란 뜻을 가진 헤벨은 없어지는 것, 허무한 것에 대한 상징뿐 아니라 무의미함의 상징으로 사용될 수 있다. 이렇게 발전된 의미들이 본문들에서 새로운 의미를 갖게 되고, 새로운 의미들이 문맥에서 독립적으로 사용된

67) Schönberger, *Kohelet*, 2004, 82쪽.

다.[68] 그러므로 헤벨을 단순하게 "입김, 숨"의 의미로 번역하는 것은 불가능하다.

로레츠(Loretz)는 구약 뿐 아니라 바빌로니아에서 헤벨은 "입김"이란 의미로 광범위하게 사용된다는 것을 밝혔다. 그리고 이 단어가 "일시적인, 가벼운, 가치 없는, 텅 빈, 힘없는" 등을 표현하는데 사용되는데, 따라서 "허무한 것, 무너질 것(Nichtiges, Hinfälliges)"의 의미를 갖는다고 주장한다.[69] 라우하(Lauha)는 헤벨이 지속적이지 못하고 사라진다는 의미를 갖는데, 전도자는 무엇인가 왜곡되고 불의한 것을 드러낼 때 이 말을 사용한다고 말한다. 그는 전도자의 이런 의도를 잘 나타내기 위해 "Eitelkeit(공허, 무가치)"란 단어로 번역한다.[70]

폴크(Polk)는 헤벨이 이상과 현실 사이의 괴리를 나타내는 말로 이해하여 "아이러니(irony)"로 번역한다.[71] 그는 지혜가 지금까지 준 교훈이 사람의 현실과 다르다는 것을 전도자가 드러내어 새로운 교훈을 준다고 말한다. 미헬은 폴크처럼 전도서에서 헤벨이란 단어가 갖는 기능을 연구했다. 그는 전도자가 어떤 것의 의미를 묻는 질문에 대답할 수 없는 경우 이 단어를 사용한다고 관찰했다. 이런 의미에서 그는 헤벨을 "불합리한, 부조리한(absurd)"으로 번역한다.[72]

전도자는 헤벨을 루아흐(רוּחַ, 바람)와 평행하게 사용하는데, 루아흐와 헤벨이 "입김"이라는 공통의 의미를 가진다는 것을 알려준다. 전도자는

---

68) "최창모, *전도서의 수사적 기능과 헤벨의 상징적 기능에 관한 연구*, 신학사상 104(1999), 112-145쪽"은 헤벨이 전도서에서 하나의 의미가 아니라, 문맥마다 다의적 의미로 사용됨을 강조한다; 참조 하경택, "*전도서의 '헤벨' 연구*", 전도서 어떻게 설교할 것인가? 두란노아카데미 2009, 89-98쪽(특히 95쪽).

69) O. Loretz, *Qohelet und der Alte Orient*, 1964, 223쪽.

70) A. Lauha, *Kohelet*, 1978, 24쪽.

71) T. Polk, *The Wisdom of Irony: A Study of Hebel and its Relation to Joy and the Fear of God in Ecclesiastes*, Studia Biblica et Theologica(1976), 3-17쪽.

72) Michel, *Qohelet*, 1988, 86-88쪽.

헤벨을 두 가지 발전된 의미로 사용한다. 그가 헤벨을 "허무함"이란 의미로 사용하는 곳에서는 기본의미를 사용하는 것처럼 보인다. 그러나 헤벨을 긍정적인 의미를 부정하는 부정어로 사용하는 곳에서는, 이와는 반대로 "전도자의 세계관과 철학"을 엿보게 해준다. 그는 하나님이 세상에 감추신 법칙을 사람이 깨닫고, 그것을 통해 소득을 얻을 수 있다는 지혜의 기본적인 주장을 부정한다. 지혜가 소득을 줄 수 있다는 주장에 반하여, 전도자는 인식론에 있어서 회의론자의 입장을 취한다. 그는 지혜의 이런 주장에 한계가 있다고 말하는 곳에서 항상 헤벨이란 단어를 사용한다.

헤벨의 의미가 1:12-2:26절과 3:10-12:7에서 조금 다르게 사용된다.[73] 1:12-2:26절이 삶의 전체를 부정적으로 해석한다면(허무하다, nichtig), 3:10절이하는 모든 피조물(특히 사람)의 사라짐(vergänglich)을 좀 더 강조한다. 이것은 1:3-12:7절의 전도서 본문이 1:2절과 12:8에 나오는 똑같은 헤벨의 의미를 다양하게 변용하는 것을 볼 수 있다.

1:12-2:26절에서는 헤벨이 주로 서술적인 명사문으로 사용된다. 여기서 헤벨은 대체로 사람의 활동이나 가치를 상대화한다(참조 "바람을 잡으려는 것이다"; 1:14, 17; 2:11, 17, 26). 그리고 "모든 것이 헛되다"는 포괄적인 판단은(1:14; 2:11, 17) "이것도 헛되다"는 제한적인 판단에 의해(2:1, 15, 19, 21, 23, 26) 확인되고 강화된다. 3:10절부터는 이런 정형적인 헤벨의 사용이 중단된다. 부정적인 의미를 표현하는 서술적 명사문은 특별하고 제한적인 현상들과 연관된다. 그러면서 헤벨은 점점 가치중립적인 "사라짐, 덧없음"의 의미로 사용된다. 3:11절에서 "하나님이 모든 것을 제 때에 맞게 아름답게 창조하셨다"고 하는데, 온 세상을 부정적으로 판단하는 말과 대조된다. 그리고 3:19절의 "모든 것이 헛되다"는 일반적인 판단은 생명의 사라짐과 연관된다. 마찬가지로 11:8절의 노년에 "오는 모든 것이 헛되다"는 말은 인생의 사라짐을 의미하며, 이것은 "젊은 때와 흑발의 때"

---

73) 참조 Krüger, *Kohelet*, 103-04쪽.

(11:10)와 연관된다.

쇤베르거는 전도서에 나오는 헤벨의 용도를 네 가지로 분류한다.[74] 1) 사람들의 전통적인 가치나 덕목을 상대화할 때, 2) 사람들의 행위나 상황의 결과가 부정적일 때, 3) 전도자와 다른 주장을 반박할 때, 4) 사라져 없어짐을 상징할 때 이 단어를 사용한다. 우리는 간단히 요약해서 헤벨을 "불합리, 모순(Absurdität)", 혹은 "사라짐, 없어짐(Vergänglichkeit)"의 의미로 이해할 수 있다.

6.2. 이트론(יִתְרוֹן)

스테이플스(Staples)는 전도서에서 소득(이트론/요테르 יִתְרוֹן/יֹתֵר)이 절대적 의미와(1:3; 2:11; 3:9; 5:15;/ 2;15; 6:8; 6:11) 상대적 의미(2:13; 5:8; 7:12; 10:10; 10:11; 7:11)의 두 가지로 사용된다는 것을 증명하려고 했다. 이 단어가 절대적 의미로 사용되는 경우에서는, 사람은 하나님의 피조물로서 하나님의 뜻대로 행할 수밖에 없기 때문에, 실제적으로 어떤 "소득"도 보장할 수 없다는 것을 의미한다. 그 이유는 사람은 각각의 때(에트 עֵת)를 넘어서 미래까지 보장되는 안전한 소득을 얻을 수 없고, 따라서 사람은 자기 때에(버이토 בְּעִתּוֹ) 닥치는 것을 받아들일 수밖에 없기 때문이다.

전도서의 본문 부분은 사람들이 해아래서 하는 모든 수고에 무슨 이트론(יִתְרוֹן, 소득)이 있는가라는 질문으로 시작한다(1:3). 그런데 사람의 소득의 여부에 대한 대답은 부정적이다. 따라서 세상에서 어떤 소득도 없이 헛되이 수고하며 사는 사람에게 과연 어떤 생의 의미가 있는가라는 질문이 생기게 된다.

이트론은 전도서에서만 사용되는 단어이다. 이트론은 יתר에서 파생된 명사로, 이 동사는 니팔형에서 "남겨지다, 남다", 히필형에서 "남기다, 넘

74) Schönberger, *Kohelet*, 2012, 32-33쪽; Schönberger, *Kohelet*, 2004, 86-87쪽.

치게 주다, 우선하다" 등의 의미를 갖는다.[75] 따라서 이트론은 어떤 "결과"로 나타나는 것, 즉 "소득", "이익", "우월" 등의 의미를 갖는 것으로 이해된다.[76]

이트론은 전도서에서 두 가지 경우로 사용된다. 전도자는 이트론의 여부에 대해 부정적인 입장을 취하지만, 그러나 전도서에서 이트론이 항상 부정적으로만 사용되는 것은 아니다.[77] 전도서에서 이트론에 대해 긍정적으로 사용될 때도 있다. 이트론에 대해 부정적으로 사용되는 경우는 전도자가 탐구하는 이트론에 대한 개념이고, 긍정적인 경우는 일반사람들이 지혜로 추구하는 이트론에 대한 개념이다.[78] 따라서 우리는 이트론에 대한 질문이 전도자가 제기하는 것인지 아니면 일반적인 지혜에서 추구하는 것인지 구분해야 한다. 그렇지 않으면 전도서에 나오는 이트론의 용법에 대해 혼돈에 빠질 수 있다.

전도자가 제기하는 이트론[79]에 대한 질문은 1:3-11; 2:3-11; 2:22-23;

---

75) HAL II, 431쪽; 윌리암 할러데이(손석태, 이병덕 공역), *히브리어 · 아람어 사전*, 솔로몬 1994, 195쪽.

76) T. Kronholm, יתר, ThWAT III, 1087쪽; HAL II, 432쪽; 할러데이, 195쪽 등; Lohfink는 이 말을 시장에서 상인이 쓰는 세속어라고 말한다(N. Lohfink, *Kohelet*, Würzburg 1993, 20쪽).

77) 전도서에서 서로 모순되는 말처럼 보이는 경우 등 전도서의 문체에 대한 논의를 위해, "Michel, *Qohelet*, 9-45쪽"을 참조하라.

78) 전도서는 서로 모순이 되는 말들이 공존한다. 우리가 이것을 모두 전도자의 말로 이해하면 혼란에 빠지게 된다. 전도자의 어조와 다른 말은 전도자가 비판의 대상으로 삼는 다른 사람의 주장의 인용으로 이해해야 할 것이다. 이같이 이트론에 대한 구절도 그것이 전도자에게 속하는지 일반적인 지혜의 말인지 구분해야 한다. 인용이론에 대해서, R. Gordis, *Quotations in Wisdom Literature*, JQR 30(1939/40) 127-147쪽; R.F. Johnson, *A Form Critical Ananlysis of the Sayings in the Book of Ecclesiastes*, Diss. Emory 1973; W. Zimmerli, *Das Buch Kohelet - Traktat oder Sentenzensammlung?*, VT 24(1974), 221-230쪽; R.N. Whybray, *The Identification and Use of Quotations in Ecclesiastes*, VT.S 32, Leiden 1981, 435-451쪽; D. Michel, *Qoheletprobleme*, ThViat 15(1982), 81-103쪽 등을 참조하라.

79) 그리고 이트론과 유사한 의미를 갖는 יֹתֵר가 2:15; 6:8, 11; 7:11에서 사용된다.

3:1-9(그리고 5:13-17)의 문단에서 다루어지며, 이트론에 일반적인 이해는 2:13-15; 5:8-10; 7:11-14; 10:8-11에 나온다.[80] 일반적인 지혜의 말을 인용하는 문단에서는 이트론에 대해 긍정적이나, 전도자가 탐구한 이트론에 대한 결과는 대단히 부정적이다. 전도자는 일반지혜와 다른 관점에서 이트론에 대해 관찰하는 것을 볼 수 있다.

전도서는 사람이 해 아래서 수고하는 모든 것이 헛되다는 말로 인해 염세주의적인 책으로 오해를 받기도 한다. 그러나 전도자가 세상의 모든 것이 헛되다고 말하는 것은 허무를 말하기보다, 세상의 모든 일에는 사람이 이해하기 어렵게 모순처럼 보이는 불합리한 일들이 일어난다는 의미이다. 이트론에 대한 말도 이와 같은 맥락에서 이해해야 할 것이다. 전도자가 사람이 해 아래서 행하는 모든 수고에 어떤 이트론(소득)도 없다고 말하는 것은, 사람이 세상에서 행하는 일이 무의미하다고 말하는 것이 아니다. 전도자가 이트론에 대해 부정적인 이유는 두 가지 관점에서이다. 첫째는 이트론이 영원지속적인가하는 시간적인 개념에서이고, 둘째는 사람의 인식과 관련된 지혜의 영역에서이다.

전통적인 지혜는 사람이 이트론을 얻을 수 있다고 가르친다. 그러나 전도자는 전통적인 지혜가 이트론을 얻을 수 있다고 하는 긍정적인 견해에, 사람이 추구하는 이트론이 과연 영원 지속적인가라는 면에서 부정적인 입장을 피력한다. 사람의 지혜로는 영원한 이트론을 획득할 수 없는 것이고, 이런 의미에서 사람의 지혜는 유한성을 가지게 되는 것이다. 이같이 전도자는 하나님의 무한한 지혜에 비교할 때, 사람의 지혜가 제한적이라는 면

---

80) Staples도 절대적 의미의 이트론(1:3; 2:11; 3:9, 19; 5:15)과 상대적 의미의 이트론(2:13; 5:8; 7:12; 10:10, 11; 7:11)으로 나눈다. 그는 절대적 의미의 이트론의 획득에는 부정적인데, 피조물이 언제나 창조주의 뜻을 행할 수는 없기 때문이다(W.E. Staples, *"Profit" in Ecclesiastes*, JNES 4(1945), 87-96쪽). 그의 이트론의 분류에는 동의하지만, 절대적 의미의 이트론이 부정적인 이유에 대한 그의 설명은 만족치 못하다. 이에 대한 설명은 본문을 참조하라.

에서 부정적이다. 전도자는 세상에 대한 염세주의자라기보다, 사람의 지혜에 대한 회의주의자라고 말할 수 있을 것이다.

6.3. 헬렉(חֵלֶק)

전도서의 여덟 구절에서(2:10; 2:21; 3:22; 5:17; 5:18; 9:6; 11:2) 헬렉(חֵלֶק)이란 단어가 나오는데, "내 분복"(2:10), "네 분복"(9:9), "그의 분복"(2:21; 3:22; 5:17-18; 참조 9:6)이라고 표현한다. 그러나 우리가 이 구절들을 살펴보면 전도자가 탄식하고 있다고 말하기 어렵다. 이 단어가 나오는 구절들은 대부분 긍정적인 분위기를 갖는다. 예를 들어 "참으로 내 마음은 내 모든 수고로 인해 즐거워하며, 그것이 내 모든 수고에 있어서 나의 헬렉이다(2:10)." 우리가 2:21에서 탄식이라고 할 수 있는 부정적인 분위기를 느낄 수 있지만, 그러나 그것은 헬렉과 관련되어 부정적인 것이 아니라, 전체문맥에서 그러한 것이다. "누군가 지혜, 즉 지식과 능력에 불평하며, 불평하지 않는 다른 사람에게 자신의 분복(헬렉)을 넘겨야 할 때가 있다." 그럼에도 여기서의 문제는 누군가 "자기 분복"을 받는다는데 있지 않고, 그에 대해 노력하지도 않은 다른 사람에게 자신의 분복을 넘겨야 한다는 데 있다.

과연 전도서는 비관적이고 염세주의적인 책인가? 우리는 전도서에서 낙관적이고 긍정적으로 사용되는 헬렉이란 말을 살펴볼 필요가 있다. 그래야 우리가 전도서에 대해 균형 잡힌 시각을 가질 수 있기 때문이다. 전도서에서 헬렉은 이트론과 대조되는 말로 나오는데, 두 단어가 서로 상대적이면서 보충적인 의미를 갖는다. 윌리엄스(Williams)는 이트론과 헬렉은 구별되어야 하는데, 이트론의 여부는 사람들에게 계속 부정적이지만, 반면에 헬렉은 사람이 수고를 통해 얻을 수 있는 직접적인 '몫'이다고 주장한다.[81]

헬렉은 동사 할락(חָלַק)[82]에서 파생된 명사이다.[83] 동사 할락은 "분배하다, 몫에 참여하다, 몫을 나눠주다" 등의 의미를 갖는다.[84] 헬렉은 일반적으로 사람에게 주어지는 "몫"이란 개념으로 사용되는데, 전리품에서 받는 몫이나(민 31:36; 삼상 30:24 등), 이스라엘 지파들이 가나안 땅을 정복하고 나눠받는 몫 등으로 사용된다(수 15:13; 19:9 등).[85] 헬렉은 본질적인 의미에서 공동체와 연관되는 개념이다. 체밧(Tsevat)은 " '몫' 이란 개념에는, 수여자와 수혜자, 개인과 소수와 공동체가 다 연관된다. 몫은 (경제적이든지 어떤 종류의 것이라도) 개인이나 소수가 받는데, 이 모든 몫들의 총체 위에 사회가 서 있다." 고 말한다.[86] 이런 의미에서 사회에서 어떤 땅의 몫도 갖지 못하는 레위인들은 오직 하나님이 그들의 몫이 되신다(민 18:20; 신 10:9; 12:12; 14:27; 수 14:4; 18:7 등).

사람에게 소득에 대한 질문은 이 세상에서 살아가는 인간 실존의 존재 의미를 묻는 중요한 질문으로,[87] 이트론과 헬렉이 그에 대한 대답의 중요한 열쇠가 된다. 그런데 전도서에서 헬렉은 사람에게 주어지는 땅이나 유산 등 구체적인 유형의 의미로부터 사람들이 이 세상에서 살아가면서 어떤 유무형의 소득을 얻을 수 있느냐는 질문과 연관된다.[88]

---

81) J.G. Williams, *What does it profit a man: The wisdom of Kohelet,* Judaism20(1971) 188: "It is a portion, thus a joy, that is found 'immediately' in the activity itself, for who can store it up or can see what happen later?"

82) חָלַק은 두 개의 어근을 갖는데 חָלַק I은 "매끄럽다, 거짓되다" 의 의미를 가지며, 우리가 논의하는 동사는 חָלַק II이다.

83) 구약성경에서 할락이란 동사는 56번, 헬렉이란 명사는 66번 사용된다(H. H. Schmid, THAT, 576쪽).

84) 윌리엄 L. 할러데이(손석태 · 이병덕 공역), "*히브리어, 아람어 사전*", 솔로몬 1994, 140쪽.

85) 그리고 헬렉은 개인이 소유하는 "땅" 이나 "밭" 을 의미하기도 한다(호 5:7; 암 7:4).

86) ThWAT, Bd. II, 1016쪽.

87) Tsevat은 전도서에서 헬렉은 "인간의 실존에 부여된 공간" 이라고 말한다(ThWAT, 1019쪽).

88) 참조 H. H. Schmid, THAT, 578쪽.

침멀리는 "코헬렛은 인간적인 지혜의 시도가 산산조각 나버린 자리에 서있다. 그는 전체(das Ganze)가 거부되고 단지 한 부분(Teil), 곧 언제나 '내 부분' (2:10), '네 부분' (9:9), '그의 부분' (2:21; 3:22; 5:17-18; 9:6도 참조)인 것에 한숨 쉰다."고 말한다."[89] 침멀리는 전도자가 헬렉에 대해 말할 때 한숨짓는다고 말하지만, 우리가 이 구절들을 살펴보면 전도자가 탄식하고 있다고 말하기는 어렵다. 오히려 전도자는 이 구절들에서 즐거움을 강조하며 대부분 긍정적인 분위기를 갖기 때문이다.[90]

헬렉이 "부분"을 의미한다는 침멀리에 반대하는 쉬미트(H.H. Schmid)는 다음과 같이 말한다. 헬렉(몫)은 전체(Ganzen)에 대한 일부라는 의미의 대조개념이 아니다. 헬렉은 세상과 세상의 모든 것에 관계된다는, 즉 세상에 참여한다는 의미에서의 몫(Anteil)을 가리킨다. 따라서 '헬렉' 에 대한 질문은 세상에서 살아가는 사람의 '자리(Ort)' 에 대한 질문이 된다. 이런 쪽.면에서 '헬렉' 은 산술적 개념이 아니라, 실존적 개념으로 이해되어야 한다. 이 세상에서 살고 행동하는 사람의 자리가 어디인가라는 전도자의 질문은 고대지혜의 근본 질문중 하나이다.[91]

헬렉은 일반적인 의미로 사람이 사회 속에서 몫으로 얻는 재물이나 땅 등 구체적인 것을 의미한다. 그러나 전도서에서 헬렉은 독자적인 의미로 사용된다. 이트론이 시간적으로 "영원"과 연관된 소득이라면, 헬렉은 일

---

89) W. 침멀리, *전도서*, 한국신학연구소 1992, 215쪽(번역을 새로 교정했다).

90) 예를 들어 "나는 내 눈이 요구하는 어떤 것도 멀리하거나, 내 마음에 어떤 즐거움도 거부하지 않았다. 참으로 내 마음이 내 모든 수고로 즐거웠고, 이것이 나의 모든 수고에서 온 내 몫이었다"(2:10)는 구절에서 잘 찾아볼 수 있다. "이는 지혜와 지식과 능력으로 수고한 사람이 있는데, 그가 수고하지 않은 사람에게 그의 몫을 주게 된다. 이것도 헛되니 큰 불행이다."(2:21)는 구절에서 탄식이라고 할 수 있는 부정적인 분위기를 느낄 수 있지만, 그러나 그것은 헬렉과 관련된 불행이 아니다. 전체문맥으로 볼 때 여기서의 불행은 사람이 자신의 헬렉(몫)을 노력하지도 않은 다른 사람에게 넘겨야 하는 것이다(Michel, *Untersuchungen*, 119쪽).

91) H.H. Schmid, *Wesen und Geschichte der Weisheit*, 188쪽.

시적인 "때"와 연관된 소득이다. 그리고 "영원"이 하나님에 속한 시간이라면, "때"는 사람이 살아가는 인생을 가리키는 말이다. 전도서는 하나님과 사람 사이의 엄격한 거리를 강조하며, 사람이 하나님의 일에 대해 알 수 없다고 말한다. 이와 같은 맥락에서 사람은 영원에 속한 이트론을 얻을 수 없다. 반면에 헬렉은 하나님이 사람에게 주신 선물로, 사람은 헬렉으로 받은 인생의 "때"를 행복하게 누려야 한다. 병, 가난, 사고 등 인생을 불행하게 만드는 많은 재앙들이 있지만, 하나님이 모든 헬렉을 "제 때"에 맞게 합당하게 주셨다는 믿음으로 어떤 처지에서도 행복을 놓쳐서는 안 된다. 이것이 전도서가 헬렉을 통해 주는 교훈이다.

제2부

본문 주해

제 1 장

1. 머리말(1:1)

1 다윗의 아들인 예루살렘의 왕 전도자의 말들이다.

머리말은 책의 처음에 나오는 말인데, 우리에게 익숙한 책의 제목으로 이해해서는 안 된다. 성경에서 머리말은 저자에 대한 정보(이름, 출신, 직책, 활동영역 등)를 간략한 형식으로 제공해주기 때문이다(참조 렘 1:1; 잠 1:1; 암 1:1; 느 1:1 등). 전도서의 머리말은 "전도자의 말"에 대한 신빙성(Authenticity)보다 "전도자"의 권위(Authority)에 더 의미를 둔다.[1] 잠언에서 여러 저자들의 이름이 나올지라도(30:1[아굴], 31:1[르무엘], 22:17; 24:23[무명의 현자]), 1:1절의 머리말은 잠언을 솔로몬 왕의 권위와 연관시킨다. 이집트의 지혜서에서도 왕들이나 고관들이 지혜서의 저자나 전수자로 많이 나타나는데, 지혜나 권력을 가진 저자를 통해 책에 권위를 주기 때문이다.[2]

머리말에서 "왕"을 "다윗의 아들"이 아닌 "전도자"의 병치어로 보는 사람들이 있다. 즉 "예루살렘의 왕"이 "전도자"를 설명해준다는 말이다. 문맥에서는 "왕"의 병치어로 가까이 위치한 "다윗의 아들"이 더 자연스럽다. 전도자는 구약에 나오는 왕의 이름도 아니다. 비록 "다윗의 아들",

---

1) 참조 Schönberger, *Kohelet*, 2012, 47쪽.
2) Krüger, *Kohelet,* 95-96쪽.

혹은 "후손"이 어느 왕인지 분명하게 명기되지는 않지만 전도자가 솔로몬과 밀접하게 연결된다는 것을 알 수 있다. 그리고 1:12-2:26절의 내용은 아이러니한 표현들이 많을지라도 구약의 솔로몬 왕의 모습을 우리에게 연상시킨다. 3장부터는 전도자가 더 이상 왕으로 나오지 않는데, 그는 자신을 현자로 소개하면서(12:9) 자기 말들을 "현자의 말"(12:11)로 기술한다. 전도자는 자신을 솔로몬 왕인 것처럼 나타낸다. 이것이 전도서가 솔로몬의 지혜와 관계없다고 말하지는 않는다. 전도서는 솔로몬을 왕보다는 현자로 더 기술한다.

머리말은 12:9-11절과 같이 편집자의 첨가한 것 같다. 1:12절에서 전도자가 예루살렘의 왕으로 나타나는데, 이 왕이 책의 중심인물인 것으로 보아, 1:1-11절은 나중에 전체의 요약으로 첨가된 것 같다. 그러나 12:9-11에서는 전도자가 현자로 언급되는데, 1:1-11절에서 왕으로 언급된 것은 다른 편집자의 첨가를 추측케 한다. 왕을 저자로 제시하는 경우는 잠언에서도 볼 수 있다(잠 1:1; 30:1; 31:1). 아마도 원래의 제목은 "전도자의 말들"이었던 것 같다. 여기서 다윗의 아들은, 다윗의 후손의 가능성도 있지만(참조 마 21:9; 막 10:47; 12:35), 실제로 솔로몬을 가리키는 것 같다(참조 잠 1:1).

전도자는 회중 가운데서 가르치는 사람이나, 높은 지위를 가진 자로 볼 수 있다. 두 가지로 그 이유가 추측되는데, 첫째는 전도자는 현자로서(참조 12:9) 포로후기의 회중에서 중요한 위치를 차지하며(참조 시락서 39:10), 다른 하나는 이 단어의 여성어미가[3] 직위를 보여주기 때문이다.

2. 주제어(1:2)

2 **전도자가 말한다.**

"헛된 중 가장 헛되고, 헛된 중 가장 헛되니, 모든 것이 헛되다."

---

3) 참조 סֹפֶרֶת: 서기관(스 2:55); פֹּכֶרֶת הַצְּבָיִים : 노루 사냥꾼(스 2:57).

이 주제어는 12:8절에서 거의 같은 말로 반복되는데("헛된 중 가장 헛되고"가 빠짐), 전도서의 교훈을 미리 요약해주는 기능을 한다. 이같이 1:2절은 12:8절과 함께 형식적으로는 전도서의 틀을 이루며 내용적으로는 주제어의 역할을 한다.[4] 그런데 이 말은 전도자 자신의 말은 아닌 것 같다. 왜냐하면 전도자는 항상 자신을 1인칭("나")으로 표현하기 때문이다.[5] 이 주제어는 매우 다양한 의미를 갖는다. 이 주제어의 정확한 의미가 불분명하다(여기서 연계형의 연결은 최상급의[6] 의미를 나타낸다). 헛된(헤벨 הֶבֶל)이란 말의 의미는 원래 "호흡, 숨"이란 뜻을 가지는데, 급속히 사라진다는 의미로, "허무, 속임" 등의 의미로 발전한다. 그리고 이런 추상적인 의미로부터 "우상", "우상숭배"의 비하적인 의미로도 사용된다.

칠십인역은 ματαιοτής(Eitelkeit, Torheit, Vergänglichkeit; 참조 롬 8:18), 라틴역은 *vanitas* (Nichtigkeit, leerer Schein, Einbildung, Misserfolg, Prahlerei, Lügenhaftigkeit)로 히브리어보다 더 부정적으로 번역한다. 대체로 이 단어는 "Eitelkeit"(헛됨; Luther, Lauha), "Rätsel, Geheimnis"(수수께끼, 신비), "unbegreiflich"(이해불가), "Ironie"(아이러니), "absurd"(불합리) 등으로 번역된다.[7]

여기서 "모든 것(하콜 הַכֹּל)"이 무엇을 말하는지 분명치 않다. 이 말이 세상 전체를 가리키는지, 아니면 전도자의 말 전체를 의미하는지 분명치 않다.[8] 문맥으로 볼 때 1:2절은 1:1절이나 1:3절과 연결된다. 1:1절과 연

---

4) Schönberger, *Kohelet*, 2012, 47쪽.

5) 그러나 쇤베르거는 주제어와 본문의 저자가 전도자로 일치한다고 말한다(Schönberger, *Kohelet*, 2004, 143-44쪽).

6) 같은 최상급의 용례로, "노래들 중의 노래(아 1:1)", "거룩함들 중의 거룩함(지성소, 출 29:37)", "하늘 중의 하늘(신 10:14)", "종들 중의 종(창 9:25)" 등이 있다.

7) 참조 Krüger, *Kohelet*, 102쪽; Schönberger, *Kohelet*, 2004, 145쪽.

8) 크뤼거는 "1) (사람이 행하는) 모든 것은 의미 없다(참조 1:3), 2) (사람이 주장하는) 모든 것은 속임과 착각이다(참조 1:10), 3) 모든 것(사람?[참조 1:4], 혹은 세상?)은 사라진다." 등 다양한 해석을 제시한다(Krüger, *Kohelet*, 102-03쪽).

결하여 해석하면 왕조는 끝이 있고 사라진다는 왕조비판적인 말을 의미한다. 반면에 1:3절과 연결하여 해석하면 "사람이 해아래서 하는 모든 수고와 소득"은 헛되다는 의미가 된다. "모든 것"을 사람이나 사람의 일과 관련된 말로 해석할 수 있다(참조 4절). 많은 학자들이 "모든 것"을 전도서 전체의 말에 연결시키기도 하지만, 이 말은 사람과 관련된(anthropologisch) 말일 것이다.[9] 전도서에서 헛된 대상은 "우주만물"도 아니고 세상의 모든 자연현상도 아니다. 전도자는 책 전체를 일관해서 사람의 (지혜의) 한계성에 대해 말한다. 따라서 전도자가 말하는 헛된 대상은 사람이나, 사람의 지혜나 사람의 업적에 속하는 것들이다.

---

9) Schönberger, *Kohelet*, 2004, 84쪽, 147쪽; Schönberger, *Kohelet*, 2012, 48쪽; 머피, *전도서*, 122쪽.

제 2 장

행복: 소득인가 몫인가?(1:3-3:22)

2장은 소득이 있는가라는 질문(1:3)으로 시작해서 소득이 있는가라는 질문(3:9)으로 마친다. 2장 전체가 사람이 수고하여 얻는 소득에 대한 문제를 다룬다. 전도자는 현자의 입장에서 소득에 대한 문제를 다루고(1:3-11; 3:1-9), 더 나아가 왕의 입장에서도 소득에 대한 문제를 다룬다(1:12-2:26).[1] 여기서 1:3-11절과 3:1-9절이 1:12-2:26절을 감싸는 인클루시오(inclusio) 구조를 이룬다. 전도자는 사람의 소득에 대해서 우선 부정적인 결론을 내리지만, 하나님이 우리에게 누릴 수 있는 몫(현실)은 주셨다는 말로 최종결론을 내린다(3:10-22). 전도자는 사람에게 영원한 소득은 없지만, 행복을 누릴 수 있는 몫(현실)은 주셨다고 말한다.

1. 소득이 있는가?(1:3-11): 현자로서의 전도자
2. 소득에 대한 왕의 다양한 실험(1:12-2:26): 왕으로서의 전도자
    - 2.1. 전도자는 이스라엘의 왕(1:12)
    - 2.2. 사람의 한계(1:13-2:2)
        - 2.2.1. 인식의 한계(1:13-15)
        - 2.2.2. 지혜의 한계(1:16-18)
        - 2.2.3. 즐거움의 한계(2:1-2)

---

1) 참조 Schönberger, *Kohelet*, 2004, 137쪽.

2.3. 지혜, 즐거움, 사업의 총체적 실험(2:3-11)
2.4. 지혜와 후계자의 문제에 대한 연결구(2:12)
2.5. 지혜의 한계(2:13-21)
2.5.1. 현자나 어리석은 자나 같은 운명(2:13-15)
2.5.2. 망각(2:16-17)
2.5.3. 어리석은 후계자(2:18-19)
2.5.4. 수고 없는 상속자(2:20-21)
2.6. 마음대로 안 되는 소득(2:22-26)
2.6.1. 즐거움 없는 수고(2:22-23)
2.6.2. 수고 없는 즐거움(2:24-26)
3. 소득이 있는가?(3:1-9): 현자로서의 전도자
4. 소득은 하나님이 주시는 것(3:10-22)
4.1. 하나님과 행복(3:10-15)
4.1.1. 수고는 인생의 본질(3:10-11)
4.1.2. 사람의 본질(3:12-13)
4.1.3. 하나님의 본질(3:14-15)
4.2. 미래보다 현재에 있는 행복(3:16-22)

전도자는 먼저 우주가 돌아가는 원리들을 살펴보며(1:4-8), 세상에 새것은 없다는 인식하에 소득에 대한 부정적인 입장을 개진한다(1:9-11). 전도자는 사람의 인식능력의 한계성 때문에 소득에 대한 부정적인 입장을 나타낸다. 전도자는 여기서 현자의 입장에서 소득의 문제를 다룬다. 한편 전도자는 뒤에서 사람이 세상에서 만나는 다양한 때를 관찰하며(3:1-8) 소득에 문제를 재차 다룬다. 전도자는 사람이 자기에게 닥치는 다양한 때를 마음대로 제어할 수 없기 때문에, 즉 사람의 능력의 한계 때문에 소득에 대해 부정적인 결론을 내린다.

전도자는 왕의 입장에서 소득에 대한 문제를 다양하게 재차 다룬다

(1:12-2:26). 전도자는 스스로 솔로몬 왕의 입장에 서본다(1:12). 지혜와 부귀와 권력 등 모든 것을 갖춘 솔로몬 왕이야 말로 소득에 대한 문제를 다룰 수 있는 최적의 사람이기 때문이다. 전도자는 먼저 인식(1:13-15)과 지혜(1:16-18)와 즐거움(2:1-2)에 있어서 사람의 한계를 관찰한다. 그리고 전도자는 즐거움과 지혜와 어리석음을 총망라해서 여러 가지 사업을 가지고 소득에 대한 문제를 총체적으로 실험한다(2:3-11). 그 결과는 사람에게는 소득이 없다는 것이다(2:11). 전도자는 소득에 대한 부정적인 결론의 이유로 사람의 지혜에 한계가 있다는 사실을 든다(2:13-21). 현자도 어리석은 자처럼 죽음에 직면하고(2:13-15), 사후에 기억에서 사라지며(2:16-17), 후계자에게 소득을 상속해도 확실한 보장이 되지 않기 때문이다(2:18-21). 결국 소득이란 자기 마음대로 할 수 있는 것이 아니기 때문에(2:22-26) 부정적일 수밖에 없다.

그러나 전도자는 소득에 대해 절망적인 결론으로만 마치지 않는다. 하나님이 우리에게 행복을 누릴 수 있는 몫을 선물로 주셨기 때문이다(3:10-22). 우리에게 영원히 지속되는 소득은 없지만(2:11), 하나님이 우리 삶에서 "때"에 맞게 주시는 "몫"은 있다(2:10). 하나님은 우리가 살아가는 현실인 "때"를 아름답게 만드셨기(3:10-11) 때문에, 현실에서 행복하게 지내는 것이 최고의 선이며 하나님의 선물이다(3:12-13). 따라서 우리는 "때(현실)"를 아름답게 만드신 하나님을 경외하며, 우리에게 주신 상황을 합당한 것으로 받아들이는 것이 최선의 길이다(3:14-15). 이렇게 하나님을 경외하는 사람은 자기 행복을 미래에서 기대하기보다, 현실에서 행복을 누리는 것이 최선의 길이며, 이것이 하나님이 주신 몫이요 선물이다(3:16-22).

1. 소득이 있는가? (1:3-11)

3 사람이 해 아래서 애쓰는 모든 수고에 무슨 소득이 있는가?
4 세대가 가고 세대가 오지만,

땅은 영원히 그대로 있다.
5 해가 뜨고 해가 지면서,
자기가 떴던 곳으로 열심히 돌아간다.
6 바람은 남쪽으로 불다,
돌아서 북쪽으로 분다.
바람은 돌고 돌면서 불다가,
결국 자기가 돌았던 곳으로 되돌아간다.
7 모든 강들이 바다로 흘러가지만,
바다는 넘치지 않는다.
강들은 자기가 흘러가는 그곳으로
계속해서 흘러간다.
8 사람이 모든 말로 애를 써도[2)]
다 설명할 수 없다.
눈은 보는데 만족함이 없고,
귀는 들음으로 넘치지 않는다.
9 있던 것이 다시 있을 것이고,
행해졌던 것이 다시 행해질 것이다.
해 아래 새것은 없다.
10 사람들이 "보라, 이것이 새것이다!"라고
말하는 경우가 있다.
그러나 그것은 이미 오래전부터
우리 이전에 있었던 것이다.
11 사람은 이전 것들에 대해 기억하지 못하고,
일어날 나중 것들에 대해서도 기억하지 못한다.
마지막에 오는 사람에게는 어떤 기억도 없을 것이다.

---

2) 혹은 דְּבָרִים를 "thing"으로 "만물이 고통하나"로 번역하기도 한다. 그러나 여기서는 뒤의 "눈"과 "귀"가 보여주듯이 사람의 인지활동에 대한 얘기로 "입"에 해당하는 "말"에 대한 언급이다.

3) Krüger, *Kohelet*, 112쪽.

이 단락은 다음과 같이 구성된다:[3]

질문(3절)
세상의 현상들에 대한 관찰(4-8절)
결론(9절)
결론에 대한 반론과 재반박(10-11절)

이 문단은 전체적으로 시형으로 서술된다. 이 문단은 소득에 대해 질문하며, 소득에 대한 문제를 처음으로 다룬다. 사람은 경험에서 쌓은 지혜를 가지고 소득을 얻으려한다. 소득은 사람이 지혜를 가지고 얻으려하는 기본적인 목표이다. 전도자는 3절에서 사람이 지혜를 통해 추구하는 소득을 과연 얻을 수 있는가에 대해 질문한다. 그리고 전도자는 4-11절에서 이 질문에 대한 답변을 시도한다. 전도자는 3절에서 제기하는 소득에 대한 결론적인 답변을 간접적이나마 11절에서 준다.[4]

전도자가 소득에 대한 답변을 찾기 위해 4-8절에서 관찰하는 자연현상들을 폰 라트(von Rad)는 "비교잠언"이라고 부른다.[5] 여기서 전도자는 7개의 현상들을 비교하는데, 각 현상들을 서로 연결해주는 중심개념이 있다. 전도자가 관찰하는 각 현상들은 1) 세대가 오고 감, 2) 해의 뜨고 짐, 3) 바람의 붐, 4) 강들의 흐름, 5) 말, 사람의 6) 보고, 7) 들음이다.

전도자가 소득에 대한 답을 얻기 위해 왜 자연현상들을 관찰하는지, 즉 자연현상들과 소득과 무슨 관계가 있는지 살피는 것이 중요하다. 그러나

---

4) 3절의 소득에 대한 질문에 11절이 답변을 주는데, 소득에 대한 대답이 2:11절에 또 나온다. 소득의 여부에 대한 질문이 1:11절에서 종결되는 것이 아님을 알 수 있다. 전도자는 소득의 여부에 대한 대답을 1:11절에서는 간접적으로, 2:11절에서는 직접적으로 대답을 준다. 1:11절은 소득에 대한 개념적인 대답이고, 2:11절은 경험을 바탕으로 한 좀 더 구체적인 대답이다. 그리고 1:3의 소득의 여부에 대한 질문은 3:9절에서 "때"와 연관하여 최종적으로 주어진다.

5) G.v. Rad, *Weisheit in Israel*, Neukirchen 1970, 160쪽.

여기서 2절의 헤벨(헛된)이라는 주제어가 직접적인 연관성을 가지고 전면에 나타나지는 않으며, 단지 사람은[6] 유한하여 없어질 존재라는 주제만 간접적으로 언급된다(4절). 전도자는 사람의 유한성에 비추어 볼 때 사람이 추구하는 소득도 영원하지 못하다는 점을 명백히 한다.[7]

3절[소득에 대한 지혜의 근본적인 질문] 전도자는 해아래서 사람이 얻을 수 있는 소득에 대해 질문한다. 이 질문이 수사적 질문인지 실제적 질문인지 우선은 분명치 않다. 그러나 이 질문이 3:9절에서 반복되면서 2:11절에서 실제적인 답변이 주어지는 것으로 보아 후자가 합당한 것 같다. 여기서 "해 아래"는 단순히 하늘아래의 이 세상을 가리키는 것만은 아니다. 전도서에서 "하늘아래"란 말이 따로 사용되기 때문이다(1:13; 2:3; 3:1). 따라서 "해아래"와 "하늘아래"를 동의어로 생각하기 어렵다. "해아래"는 사람이 햇빛을 보는 삶이나(죽음을 상징하는 어둠의 반대개념으로; 참조 6:4-5; 9:9-10; 11:7-8; 12:2), 해아래서 땀 흘리는 수고스러운 삶이나, 사후의 저 세상에 대응되는 이 세상의 삶을 가리킨다.[8]

구약에서 "지혜"는 사람의 경험을 체계화해서 "소득"을 얻을 수 있는 규칙을 세우는 것이다. 전도자는 3절의 질문으로 지혜가 목표로 하는 근본문제를 제기한다. 사람의 소득은 영원이란 시간의 관점에서 볼 때, 그 사람에 대한 기억이 더 이상 없다면, 그 소득이 얼마나 제한적인지 분명해진다. 쇤베르거는 여기서 "지속적인 소득인지 일시적인 소득인지", 아니면 단순히 "소득의 근본적인 의미"에 대한 질문인지 분명치 않다고 한다.[9] 그러나 사람에 대한 기억의 상실과 함께 수고로 얻은 소득도 끝나게 되는 것으로 보아 소득의 지속성에 대한 질문으로 이해해야 할 것이다.

4절[세대는 흘러감] 전도자는 세대의 흐름을 관찰한다. 세대들은 계속

---

6) 이것은 인류의 유한함이 아니라 개개인의 유한함을 표현한다.
7) Krüger, *Kohelet*, 111쪽.
8) Schönberger, *Kohelet*, 2012, 51쪽.
9) Schönberger, *Kohelet*, 2012, 50쪽.

해서 이어지지만, 사람들은 세대와 함께 사라지는 덧없는 존재이다. 세대의 감은 “죽음”(참조 3:20; 5:14-15; 8:10; 12:5)을 세대의 “옴”은 사람이 새로 태어나는 것을 상징한다.[10] 전도자는 영원히 이어지는 세대와 영원히 그대로 있는 땅을 대조시킴으로 영원한 시간(세대들과 영원)에 대한 두 개의 대조되는 관점을 제시한다.[11] 사람은 세대교체 속에서만 지속될 수 있는 반면에, 땅은 영원토록 그대로 머물러 있다. 이런 점에서 볼 때 사람은 땅에 비해서 유한한 존재에 불과하다.

5절[해의 순환] 전도자는 해의 순환과정을 관찰한다. 해는 반나절은 낮에 반나절은 밤에 지구를 순환한다. 세대의 가고 옴과 달리 해가 뜨고 지는 것은 하루 사이에 일어나는 일이다. 해가 지면 밤이 오는데 죽음과 혼돈의 시간을 상징한다. 그러나 혼돈의 시간은 일시적이고 곧 생명과 질서를 상징하는 아침이 찾아온다. 똑같은 해가 지속적으로 똑같은 길을 순환하는 것은 혼돈이나 질서가 이 세상을 일방적으로 지배하지 못하는 것을 보여준다.

6절[바람의 순환] 해와는 달리 바람은 지속적이지만 불규칙한 방향으로 분다. 바람은 한 방향으로만 계속 불지 않는다. 그러나 바람은 계속해서 그 방향을 바꾸기 때문에 결국 자기의 원래 방향으로 다시 불게 된다. 해나 바람이나 지속적으로 움직이지만, 결국 제자리로 돌아가니 어떤 소득을 이루었다고 말하기 어렵다.

7절[강의 흐름] 전도자는 7절에서 강의 흐름을 관찰한다. 여기서 강과 바다가 세대와 땅(4절)과 같이 서로 대조적인 개념으로 서술된다. 강들도 사람의 세대와 같이 지속적으로 흘러간다.[12] 반면에 바다는 땅처럼 변하

---

10) Schönberger, *Kohelet*, 2012, 57쪽.

11) Krüger, *Kohelet*, 113쪽.

12) 두 경우에서 다 הָלַךְ라는 동사가 사용된다.

지 않고 그대로 있다. 사람의 세대와 비교되는 강들은 해나 바람과는 달리 이리저리 돌지 못하고 한 방향으로만 흐른다. 크렌쇼(Crenshaw)는 요르단 강이 사해로 계속 흘러 들어가고, 사해 밖으로 흘러나오는 강이 없을지라도, 강물이 바다를 채우지 못하는 것과 유사하다고 말한다.[13)]

7절은 강들이 바다로 계속 흘러들어가지만 바다가 가득 차서 넘치지 않는 것을 말해준다. 강들은 분명한 방향으로 흘러가지만 바다를 채우지는 못한다. 강들이 열심히 바다를 채우려고 하지만 결국 채우는데 실패한다. 우리는 4-6절의 다른 현상들도 7절에 비추어 해석해야 할 것이다. 세대나 땅이나, 해나 바람이나, 강들은 지속적인 수고와 노력을 하지만 결국 어떤 소득도 얻지 못한다는 것이다.[14)]

여기서 비교되는 자연현상들은 공통적인 중심개념을 갖는다. 이들은 얼핏 보면 '소득'을 얻는 것처럼 보이나, 자세히 보면 '소득 없이' 헛되이 목표를 향해 달려간다. 강들은 열심히 바다로 흘러가나, 바다를 다 채우지 못한다. 해는 동에서 서로 열심히 뜨고 지나, 결국 제자리로 돌아가니 소득이 없다. 바람도 마찬가지로 이리저리 열심히 불지만 제자리로 돌아온다. 그리고 세대가 지나며 발전하는 것 같아도, 이로 인해 땅이 변하는 것은 아니니 결국 아무 소득도 없다.

8절[사람의 인식능력] 8절이 3절의 소득에 대한 질문과 연결되는 것은 분명하다.[15)] 전도자는 땅, 해, 바람, 강, 바다 등 자연현상을 관찰한 후에 사람에게로 그의 눈길을 돌린다. 여기서 사람이란 존재가 무엇보다 강과

---

13) J. L. Crenshaw, *Ecclesiastes*. A Commentary, Philadelphia 1987, 65쪽.

14) 사람이나 세상이 발전 없이 똑같다는 불변성이나(Lauha, *Kohelet*, 36-37쪽); 존재가 영원히 제자리로 순환한다는 것이나(Lohfink, *Kohelet*, 21쪽); 같은 것이 계속 반복된다는(머피, *전도서*, 128-130쪽) 것을 말하는 것은 아니다.

15) 8절의 יְגֵעִים(애를 쓰다)는 3절의 עָמָל(수고/수고하다)와, 8절의 אִישׁ(사람)는 3절의 אָדָם(사람)과 서로 연결된다.

비교된다. 특히 사람이 최종목표에 도달하지 못한다는 것이 강이 바다를 가득 채우지 못한다는 것과 비교된다.

많은 사람들이 데바림(דְּבָרִים)을 "일(사물)들"로 번역한다. 예를 들어 롱맨(Longman)은 이 구절을 "모든 일이 말로 표현할 수 없을 정도로 괴롭다"라고 번역한다.[16] 그러나 여기서 사람이 수고해도 그 목표에 도달하지 못하는 것은 언어와 인식의 영역이다.[17] 8절하에 나오는 눈과 귀가 이것을 증명해준다. 말(입)과 눈과 귀는 사람이 인식하고, 또 인식한 것을 표현하는 대표적인 기관들이기 때문이다.

데바림은 "사물"이 아니라 사람의 인식능력과 관련된 "말"을 의미한다. 여기서 "모든 말이(로) 애를 써도"라는 말은 사람이 세상을 이해하고 서술하기 위해 하는 지혜의 기본행위를 뜻한다. 여기에 "사람이 말할 수 없다"는 말이 이어진다. 사람이 세계를 완전히 이해하고 서술하는 것은 불가능한 일이다. 사람이 세상을 다 인식하기도 힘들지만, 인식한 것을 언어로 표현하기도 힘들기 때문이다. 사람의 "인식능력에는 모자람이 있어"[18] 최종적인 완성에 도달하지 못한다. 강들이 영원히 흘러도 바다를 채우지 못하는 것처럼, 사람도 세상일을 이해하여 언어로 다 표현할 수 없다. 사람도 세상의 일부로서 유한성을 가지기 때문이다.

여기서 제시된 7개의 현상들은 모두다 하나의 같은 '원리/질서'를 위한 예들이다. 그런데 이것은 엘러마이어(Ellermeier)가 주장하듯이 같은 사건의 지속적인 반복을 의미하지 않는다.[19] 전도자는 여기서 전통적인 지혜의 도구를 가지고 지혜의 결과들을 반박한다. 왜냐하면 눈이 만족하지

---

16) Longman, *Ecclesiastes*, 60쪽; 참조. Lohfink, *Kohelet*, 22쪽; 개역개정도 이런 의미로 번역한다.

17) Longman은 사물을 앞에서 언급된 자연의 세력들과 연관되는 것으로 이해한다 (*Ecclesiastes*, 71쪽).

18) Schönberger, *Kohelet*, 2012, 59쪽.

19) F. Ellermeier, *Qohelet I, 1. Untersuchungen zum Buche Qohelet*, Herzberg 1967, 188쪽.

못하고 귀가 듣는 것으로 가득 차지 않는 것은 끝없는 반복이 아니라, 최종적인 실패를 의미하기 때문이다.[20] 사람에게 보고 듣는 것이 언제나 남아있기 때문에, 사람이 보고 듣는 것이 결국 최종적인 소득에 이르지 못한다.[21]

9절[해아래 새것은 없다는 결론] 어떤 일이 세상에서 영원히 반복되는 것은 사람이 하는 일에서도 마찬가지라는 것을 보여준다. 언제 어디서든지 완전히 새로운 것은 없다. 따라서 사람의 소득에 대한 가능성도 궁극적으로는 불가능하게 된다. 사람은 전에 없었던 것을 결코 새롭게 창출해 낼 수 없기 때문이다. 그럼에도 만일 누가 이와 같이 주장한다면(참조 1:16; 2:9) 그것은 단지 착각에 불과할 뿐이다. 전도자는 사람이 어떻게 이런 착각에 빠지는지 다른 사람의 말을 인용하며 10-11절에서 논증한다.

10절[9절의 결론에 대한 반론] 세상에서 어떤 일에 대해서 "이것이 새것이다"는 주장이 계속 반복된다. 그러나 이런 주장은 9절에 비추어서 반박된다. 전도자는 왜 이런 주장이 나오는지 설명하는데, 그것은 어떤 일이 영원이란 시간을 두고 일어나기 때문이다. 영원과 같은 긴 시간은 선조들의 경험과 기억에 의존할 뿐 한 세대가 결코 인식할 수 없는 시간이다.

11절[새것이라는 착각은 망각 때문] 사람의 기억에 한계가 있기 때문에, 이것은 완전히 새것이라는 착각이 사람에게 올 수 있다. 여기서 "처음 것(리쇼님 רִאשֹׁנִים)"[22]은 선조에 대한 기억이 아니라, 역사의 처음에 대한

20) Michel, *Untersuchungen*, 5쪽.

21) 이것은 "스올과 저승은 만족함이 없으니, 사람의 눈도 만족하지 못한다."는 잠 27:20과 비교된다(참조 W. Zimmerli, *Das Buch des Predigers Salomo*, Göttingen 1980, 144쪽). 전통적인 지혜는 눈의 만족 못함을 사람이 계속해서 깨달으려는 긍정적인 의지로 이해한다. 잠 27:20은 인간의 모습을 긍정적으로 표현한다. 그러나 전도자는 다르다. 눈이 만족치 못하고, 충분히 볼 수 없다는 것은 사람이 완전한 인식의 소득에 도달할 수 없다는 것을 보여준다.

22) 이 단어는 "이전 것"이라는 의미도 갖는다. 개역은 "이전 세대"로 번역한다.

기억이다(참조 3:11). 사람에게 처음에 대한 기억이 없어지듯이, 역사의 마지막에 있게 될 사람들에게까지(עִם שֶׁיִּהְיוּ לָאַחֲרֹנָה) 그 "마지막(이후의 일)"에 대한 기억이 없어질 것이다.[23] 이같이 역사의 처음이나 마지막이나 결국 사람이 기억하지 못한다는 점은 마찬가지이다. 처음이나 마지막이나 사람이 인식할 수 있는 시간의 영역에 속하지 않기 때문이다. 이같이 사람이 무엇을 더 이상 기억할 수 없다면, 사람이 수고하여 얻는 소득도 마찬가지로 사라지게 된다(참조 2:13-17; 9:5).

전도자는 여기서 사람의 인식능력에 대해 회의를 나타낸다.[24] 그는 전통적인 지혜의 틀 속에서 사고하지만, 인간 이성의 능력에 대해 낙관적인 믿음은 갖지 않는다. 사람이 세상을 완전히 파악할 수는 없고, 단지 파악하도록 노력할 뿐이다. 세상에 이전에도 없었던 전혀 새로운 것은 없다. 새롭다고 하는 정치적, 철학적 사조도 사실 새로운 것이 아니며, 오래 전에 사람들이 시도했던 것을 반복할 뿐이다. 누가 정말로 이것이 "새것이다"라고 말한다면, 사람이 단지 그것을 잊었기 때문이다.

11절이 3절의 소득에 대한 질문에 답변을 주는데, 2:11절에서 소득에 대한 답변이 다시 나온다. 소득에 대한 답변이 11절에서 끝나는 것이 아니라는 것을 알 수 있다. 전도자는 소득에 대한 일차적인 대답을 1:11절에서 주고, 1:12절 이하에서 다시 한 번 같은 문제를 다룬 후에, 2:11절에서 최종적으로 소득에 대한 대답을 준다. 따라서 1:4-11절은 소득의 질문에 대한 일반적인 답변이고, 1:12절 이하에서 경험을 바탕으로 좀 더 구체적인 답변을 추구한다.

여기서 전도자가 말하는 소득은 일반적인 성격이 아니다. 전도자가 사람이 세상에서 하는 모든 일에 어떤 소득도 없다고 말하면, 그것은 세상에 대해 염세주의를 말하는 것이 될 것이다. 여기서 전도자가 강조하는

---

23) Krüger, *Kohelet*, 117쪽.

24) Michel, *Untersuchungen*, 7쪽.

것은 사람의 한계성에 대한 것이다. 전도자는 소득에 대해 두 가지 면에서 부정적이다. 첫째는 사람의 인식능력과 관련한 것이고, 둘째는 소득이 영원히 지속하지 못하고 망각된다는 점이다. 전도자가 말하는 소득은 사람이 추구하는 지혜와 관련된다. 사람이 지혜를 가지고 소득을 추구하지만, 사람의 인식능력은 완전한 목표, 즉 사람의 지혜가 차고 넘치는 완성에 도달하지 못한다. 그리고 지혜를 통해 얻은 소득도 결국은 망각되고 지속되지 못하기 때문에 부정적이 된다. 소득의 지속성의 성격에 대한 문제제기는 2:22-23절에서 잘 나타난다.

2. 소득에 대한 왕의 다양한 실험(1:12-2:26)

1:12-2:26절은 크게 1:12-2:11절과 2:12-21절과 2:22-26절의 세 단락으로 나뉜다. 그리고 이 부분은 일정한 형식으로 끝나는 "이것도 헛되어 (바람을 잡는 것이다)"라는 말로 더 작은 부분들로 나뉜다(1:14,17; 2:1, 11, 15, 17, 19, 21, 23, 26).

전도자는 12절에서 자신을 왕으로 소개한 후에, 1:13-2:11절에서 자신이 시도한 일련의 사업과 계획들을 보고하면서 전임자들과 비교한다. 그의 수고(1:13-15)와 지혜(1:16-18)와 즐거움(2:1-2)은 한결같이 "헛되어 바람을 잡는 것"이었다. 이어지는 수고와 지혜와 즐거움을 서로 연결시켜보려는 전도자의 총체적인 시도도(2:3-11), 처음에는 성공적인 것 같았으나(2:9-10), 결국 이것도 어떤 "소득"을 가져다주지 못했다(2:11).

2.1. 전도자는 이스라엘의 왕(1:12)

12. 나 전도자는 예루살렘에서 이스라엘을 다스리는 왕이 되었다.[25]

---

25) 직역하면, "왕이었다"이다.

12절[전도자는 예루살렘의 왕] 전도자가 "예루살렘에서 이스라엘을 다스리는 왕"으로 나타난다. 이로서 전도자가 왕의 입장에 서서(Königstravestie) 말하는 본문이 시작된다. 그는 과거를 회상하면서 일련의 경험과 생각들을 말하는데, 능력이나 재산이나 지혜나 행복을 추구하는 모든 노력들이 무의미하다고 주장한다. 그 이유는 사람이 수고를 통해 어떤 "소득"도 얻을 수 없기 때문이다(2:11). 일과 이성적 추구는 사람에게 단지 고통과 근심만 가져다줄 뿐이다(2:22-23). 전도자가 솔로몬 왕처럼 말하는 것은, 솔로몬보다 지혜와 부와 권력을 가진 사람은 없기 때문에, 솔로몬이 소득을 얻는데 실패했다면 그 누구도 감히 새로운 시도를 말할 수 없기 때문이다.[26]

"좋은 삶"은 계획하고 노력하는 대로 이루어지는 것은 아니며, 하나님이 주셔야 가능할 뿐이다(2:24). 그러나 하나님은 자기에게 좋은 사람에게, 즉 주관적으로 사람들에게 행복을 배분하신다(2:26). 그러므로 지혜의 계산속에 능력을 발휘하여 소득을 얻으려는 사람에게 절망만 있을 뿐이다(2:20). 그리고 자신의 기대에 부합되지 못하는 삶에는 미움이 뒤따른다(2:17). 전도자 솔로몬 왕이 실패한 이유는 "1) 행복을 자신의 힘으로 실현하려했고, 2) 자신의 무한한 부와 권력으로 얻으려했고, 3) 행복을 소득과 동일시했기 때문이다."[27] 솔로몬왕의 인간중심적이고 하나님을 도외시한 행복의 추구가 그를 실패로 이끌었다.

여기서 전도자가 자신을 과거에 예루살렘을 통치했던 왕으로(Ex-König) 소개하는지, 아니면 현재 예루살렘을 통치하는 왕으로 소개하는지 불분명하다. 이에 대해 세 가지의 해석이 존재한다.

첫째로 탈굼은 랍비들의 해석처럼 마귀 아쉬모다이(Ashmodai)가 솔로몬을 왕위에서 내려오도록 유혹했다고 말한다. 그래서 현재 생존하는 솔

---

26) 참조 Schönberger, *Kohelet*, 2012, 66쪽.
27) Schönberger, *Kohelet*, 2012, 67쪽.

로몬이 왕에서 물러나 "나는 왕이었다."고 말한다는 것이다. 그러나 이것은 열왕기에 나오는 역사에 비추어볼 때 가능성이 없는 말이다. 솔로몬은 왕에서 퇴위한 적이 없고, 죽기까지 왕위에 앉아 이스라엘을 통치했었다(참조 왕상 11:41-43).

둘째로 이 동사의 완료형을 과거에 왕이 되어 현재까지 왕으로 통치한다는 영어의 현재완료형과 같이 해석하는 것이다. 그렇다면 솔로몬은 현재도 왕위에 있는 것이 된다. 그러나 히브리어의 완료형을 이렇게 해석하는 것이 가능한지 의문스럽다.

셋째로 전 1:12-2:26절에서 서술되는 왕의 사업이나 구상은 그가 현재의 통치자라는 것을 보여준다. 예루살렘에서 이스라엘을 다스리던 왕은 다윗과 솔로몬뿐이다. 그런데 1:1절에 의하면 전도자는 솔로몬이 분명하다. 전도자는 자신을 솔로몬 왕으로 보이게 소개한다. 이와 같이 자신을 왕으로 보이게 하는 것은 다음에 나오는 이야기에 수사적이고 논증적인 이중기능을 한다. 전도자가 하는 말들은 일반 소시민의 실패의 경험담이 아니라, 성공적으로 세상을 지배하고 최고의 즐거움을 누린 지혜로운 왕의 경험이다. 그리고 솔로몬과 같은 최고의 왕도 교만 때문에 평인보다 더 깊은 타락에 빠질 수 있다는 가능성도 보여준다.

2.2. 사람의 한계(1:13-2:2)

2.2.1. 인식의 한계(1:13-15)

13 나는 내 마음을 다해 하늘 아래서 일어나는 모든 것을
지혜로 탐구하고 또 연구했다.
그러나 그것은 하나님께서 인생들에게
고생하라고 주신 고된 과업이었다.
14 내가 해 아래서 일어난 모든 일들을 살펴보았다.
그런데 보라, 모든 것이 헛되어 바람을 잡는 것이다.

15 "굽은 것은 곧게 펼 수 없고,
없는 것은 셀 수 없다."

1:12-2:26절이 왕이라도 소득을 얻는데 실패한다는 것을 보여준다면, 여기서는 왕이 지혜를 얻을 수 있다는 자체에도 의문을 제기한다. 이 단락의 많은 부분이 부와 권력과 지혜를 가진 솔로몬을 상기시킨다.

13절[지혜의 탐구는 고된 과업] 전도자는 왕으로서 지혜를 가지고 하늘 아래서 사람들이 행하는 모든 일과 작업을 탐구하려고 한다. 여기서 "일어나는(나아세 נַעֲשָׂה)"은 수동분사로 직역하면 "행해지는"의 의미를 갖는다. 이것은 세상에서 행해지는 모든 종류의 일들을 나타낸다. 이 말은 능동태로 바꿔 왕이 행하는 일이나 혹은 왕에게 행해진 일로 읽을 수 있다. 그렇다면 이것은 솔로몬이 행하는 일이나 솔로몬에게 일어난 일을 말한다. 전도자가 솔로몬의 입장에 서서 사람이 행하는 모든 일이나 사람에게 일어나는 모든 일을 관찰의 대상으로 삼는 것을 알 수 있다.[28]

"내 마음을 다해"라는 말을 솔로몬 왕의 결심과 연결시키면, 솔로몬이 기브온에서 한 기도를 연상시킨다(왕상 3:4-15; 대하 1:1-12). 솔로몬은 하나님께 마음/분별력(레브 לֵב : 왕상 3:9, 12)과 지혜(호크마 חָכְמָה: 대하 1:10, 12)를 하나님께 구하고 응답받는다.[29] 지혜를 가지고 하늘아래 일어나는 모든 것을 이해하려는 것은 어려운 일이다. 이런 일을 하려면 한 단계씩 점차적으로 탐구하다가 마지막에 가서 결론을 내리는 것이 합당할 것이다. 그러나 전도자는 이런 과정을 생략하고 "그것은 하나님이 사람에게 고생하라고 주신 고된 과업이었다."고 별안간 추상적인 결론을 내린다. 왜 전도자는 지혜로 탐구하는 노력이 괴로운 일이며 고생스러운 일이라고 말하는 것일까? 독자는 전도자가 내리는 결론을 이해하기 어렵다. 이에

28) Schönberger, *Kohelet*, 2012, 68쪽.
29) 참조 Krüger, *Kohelet*, 134쪽.

대답은 전 3:1-15절에서 분명하게 나오는데, 독자는 거기까지 기다려야 한다.[30]

하나님이 사람들에게 고생하라고 과업을 주셨다는 말은 다양하게 이해할 수 있다. 하나님이 사람에게 하늘아래의 일을 탐구하도록 임무를 주셨는데, 왕은 이것을 자신의 일로 받아들이고, 하나님이 시키신 일로 이해했다는 것이 일반적인 해석이다. 그러나 그는 이후에 나오는 탐구에서는 모든 것을 자신이 결정하여 행하는 것으로 말한다.[31] 한편 하나님이 하늘 아래 일어나는 모든 일을 사람이 탐구하도록 하셨으나, 그 후에는 그 탐구에 대해 전혀 관여치 않으신다고 해석할 수도 있다(참조 시 10:4).[32]

14절[모든 것은 헛되어 바람을 잡는 것] 왕은 해아래서 일어난 모든 것을 탐구대상으로 삼아 살펴본다. 여기서 "살펴보다(라아 רָאָה)"[33]는 말은 단순히 눈으로 인지하는 것이 아니라, 대상을 자세히 시험하며 관찰한다는 의미를 갖는다.[34] 전도자의 탐구의 결과는 완전히 부정적인 것이었다. 전도자는 "모든 것이 헛되어 바람을 잡는 것이다."라고 결론을 내린다.

15절[모든 탐구가 헛된 이유] 전도자에게 있어서 자신의 경험 뿐 아니라 전통적인 지혜의 가르침이 깨달음에 도달하는데 중요한 요소가 된다. 전도자는 14절의 결론에 도달한 이유로 두 개의 격언을 제시한다.[35] 아마도 그 당시의 격언을 새롭게 해석하는 것 같다(참조 12:9).[36] 그것은 "굽은 것은 곧게 펼 수 없다"는 것과 "없는 것은 셀 수 없다."는 것이

30) 참조 Michel, *Untersuchungen*, 9-10쪽.
31) 하나님에 대해서는 2:24, 26절에서야 다시 언급한다.
32) Krüger, *Kohelet*, 134쪽.
33) 이 단어는 전도서에서 가장 많이 사용되는 단어 중 하나로 모두 46번 나온다. 그 중에서 1인칭("내가 보다")으로 21번 사용된다.
34) Michel, *Untersuchungen*, 26쪽.
35) 참조 채은하, *전도서에 나타난 속담의 수사학적 기능연구*, 한국학술정보 2008, 96-

다.[37]

갈링(Galling)은 굽은 것은 구부러진 노인의 등을 의미한다고 말한다.[38] 쇤베르거는 노인의 굽은 등은 죽음을 상징한다고 하며, 굽은 등처럼 사람의 죽음은 되돌릴 수 없는 것이라고 주장한다.[39] 그러나 침멀리는 이 말은 교육현장의 체험에서 나온 말로, 미련한 자를 가르치는 것은 불가능하다는 의미라고 주장한다.[40] 이런 의미로 헤르츠베르크(Hertzberg)는 "개는 천 번 때려도 구부러진 꼬리는 구부러진 채 있다."는 팔레스타인에서 사용되는 격언을 예로 든다.[41] 그리고 "없는 것은 셀 수 없다"는 말은 상인의 세계에서 쓰는 말일 것이다. 이 말도 역시 죽음을 상징하는 말로 죽은 자는 산자로 셀 수 없다는 의미이다. 쇤베르거는 탈무드에서 유래한 유대인의 말에 "그 자리(=하나님)가 네 손실을 메워주기를!"이란 말이 이런 의미라고 말한다.[42] "없는 것"은 죽음을 상징하며, 죽음은 영원한 손실로 셀 수 없는 것이다.

전도자는 미련한 자의 교육에 적용되는 이 말을 다른 의미로 사용한다. 전도자는 불가능하다는 의미의 말을 미련한 자뿐 아니라 모든 사람에게 적용한다. 전도자는 이 격언의 말을 본래의 맥락에서 떠나 극단화시켜 사람에게 적용한다. 사람이 지혜로 세상의 모든 것을 탐구하는 시도는 결국 불가능하며, 이것은 사람의 능력의 부족함 때문이라는 것이다. 세상에는 사람이 지혜로 탐구할 수 없는 어떤 영역이 존재한다.[43] 그런데 이렇게 말하는 자는 사실 지혜를 알지 못하기 때문이라는 반박이 전도자에게 제

104쪽.

36) Schönberger, *Kohelet*, 2012, 69쪽.

37) Michel, *Untersuchungen*, 11쪽.

38) K. Galling, *Der Prediger*, Tübingen 1969, 88쪽.

39) Schönberger, *Kohelet*, 2012, 70쪽; Schönberger, *Kohelet*, 2004, 193쪽.

40) W. Zimmerli, *Das Buch des Predigers Salomo*, Göttingen 1980, 148-49쪽.

41) H. W. Hertzberg, *Der Prediger*, Güttersloh 1963, 83쪽.

42) Schönberger, *Kohelet*, 2012, 70쪽; Schönberger, *Kohelet*, 2004, 194쪽.

기될 수 있다. 따라서 이런 있을법한 반박에 대해 전도자가 다음에서 다룬다.

2.2.2. 지혜의 한계(1:16-18)

16 나는 내 마음속으로 말했다.
"보라, 나는 나 이전에 예루살렘을 다스리던 누구보다
지혜를 더 크고 많게 했다.
내 마음이 지혜와 지식을 넘치도록 깨달았다."
17 나는 지혜를 깨닫고,
미친 것과 어리석은 것을 깨닫는데
내 마음을 두었다.[44]
나는 이것도 역시 바람을 잡는 것임을 깨달았다.
18. "지혜가 많아지면 근심도 많아지고,
지식이 늘어나면 걱정도 늘어나기" 때문이다.

16절[이전의 어느 왕보다 더 큰 지혜를 획득한 전도자] 전도자 솔로몬 왕은 13절에서 노력한 탐구의 결과 이전의 그 어느 왕보다 더 큰 지혜를 갖게 되었다. 솔로몬은 여기서 이전의 왕으로 아버지 다윗만 언급하는 것이 아니라, 그전에 예루살렘을 다스렸던 멜기세덱 왕(창 14:18-20; 시 110:4)도 염두에 두는 것 같다.[45] 전도자는 세상의 그 어느 왕보다도 지혜를 얻는데 성공한 사람으로 자신을 소개한다. 그런데 전도자 솔로몬이 스스로 노력해서 최고의 지혜에 도달했다는 말은 역사서에서 하나님이 분별력(왕

43) 사람의 탐구가 불가능한 영역은 하나님과 관련된 일이라는 것이 3:11절에서 분명해진다.

44) "וָדַעַת חָכְמָה"를 한 쌍으로 보아서, "나는 지혜와 지식, 미친것과 어리석은 것을 깨닫는데 내 마음을 두었다."라고 번역할 수도 있다. 이에 대한 논의는, "Michel, *Untersuchungen*, 12-13쪽"을 참조하라.

45) Krüger, *Kohelet*, 136쪽.

상 3:12)과 지혜(대하 1:12)를 선물로 주셨다는 말은 부응하지 않는다. 아마도 전도자는 자신의 지혜가 최고에 다다랐다는 것을 솔로몬의 이야기를 통해 강조하려고 했던 것 같다.[46)]

17절[전도자의 지혜의 추구도 헛된 것] 세상에서 일어나는 모든 일들을 탐구하려는 전도자의 노력도 인간의 능력의 한계 때문에 "헛되어 바람을 잡는 것"이었다(14절). 이제 전도자의 지혜에 대한 그의 추구는 처음에는 성공적인 것처럼 보였지만(16절), 결국 "바람을 잡는 것이다"는 최종평가를 내리게 된다(참조 전 7:23-24; 8:16-17). 그러나 전도자는 여기서 지혜만 탐구하려는 것이 아니었다. 그는 지혜의 반대개념인 "미친 것과 어리석은 것"도 탐구의 대상으로 삼았다. 전도자는 세상지식의 영역에서 긍정적이든 부정적이든 빠진 것이 없도록 모든 영역을 탐구해 본 것이다. 그가 세상에서 지혜의 영(루아흐 רוּחַ)을 잡아보려는 시도는 결국 바람(רוּחַ)을 잡는 것으로 결론이 난다.[47)]

18절[실패의 이유] 전도자는 17절의 결론적인 실패에 경험을 통해 깨달은 교훈이 아니라, 세상에서 통용되는 격언을 들어 설명한다. 그것은 "지혜와 지식이 많아지면 걱정과 근심도 늘어난다."는 것이다. 사람들이 지혜와 지식을 추구하는 이유는 행복하고 즐거운 삶을 살기 위한 것이다. 지혜와 지식이 이런 삶을 살 수 있도록 도와준다. 전통적인 지혜는 학생들이 교육을 통해 장수와 부와 명예를 얻어 즐거운 삶을 누릴 수 있다고 가르친다(참조 잠 3:11-18; 시락서 6:23-29). 그런데 전도자는 전통적인 지혜의 가르침과는 달리 지혜와 지식이 사람들에게 오히려 근심과 걱정만 가중시킨다고 말한다. 전도자는 전통적인 지혜의 가르침에 반대하는 것처럼

---

46) 크뤼거는 전도자가 솔로몬의 이야기를 패러디했다고 표현한다(Krüger, *Kohelet*, 136쪽).

47) Krüger, *Kohelet*, 136쪽.

보인다.

전도자가 여기서 언급하는 격언은 교사들의 교육현장의 경험에서 나온 것들이다. 이 말은 원래 일반적으로 통용되는 교훈의 말로, 누구든지 더 많은 지혜를 얻으려면, 더 많은 근심과 걱정을 감내해야 한다는 말이다. 다시 말해 누구나 지식을 더하려고 하는 자는 더 많은 고통을 감내해야 한다는 뜻이다. 학생들이 잘 것 다자고 놀 것 다 놀고 좋은 성적을 기대할 수 없듯이, 부지런하게 고통과 인내의 과정을 거쳐야만 원하는 지식을 습득할 수 있다는 교훈의 말이다.

그런데 전도자는 이 교훈을 변용하여 순서를 바꿔 말한다. 지혜가 많아지면 근심도 늘어나고, 지식이 늘면 걱정도 늘어난다는 것이다.[48] 전도자는 배우는 학생에게 열심히 하라고 격려를 주는 격언의 말을, 많은 지혜와 지식이 행복과 기쁨이 아니라 근심과 걱정으로 이끈다는 경고의 말로 바꾼다. 전도자는 많은 지식이 주는 결과에 대해 전통적인 교훈과 달리 해석한다.[49]

미헬은 "이같이 전도자가 격언을 변화시켜 자기주장의 증거로 사용하는 방식은 거의 풍자적이고도 장난스러울 정도다."라고 말한다.[50] 전도자는 지혜가 주는 가치에 대해 오히려 일상적인 지혜의 격언을 가지고 반박한다. 그런데 전도자가 지혜의 가치에 대해 전적으로 부정하는 것은 아니다. 전도자는 지혜가 모든 것을 다 보장할 수 있는 것은 아니라고 말하는 것이다. 전도자가 지혜가 즐거움이 아니라 근심과 걱정을 주기 때문에 궁극적인 가치를 가지지 못한다고 말하는데 대해, 그러면 지혜와 즐거움을 동시에 얻으면 되지 않겠냐는 가능한 반박에 대해 다음에서 다룬다.

---

48) Schönberger, *Kohelet*, 2012, 73쪽.

49) 참조 W. Zimmerli, *Das Buch des Predigers* 1980, 150-51쪽.

50) Michel, *Untersuchungen*, 14쪽.

2.2.3. 즐거움의 한계(2:1-2)

1 **나는 내 마음속으로 말했다.**
"자 가서, 즐거움을 시험하고51), 좋은 것을 보자!"
그러나 보라, 이것도 역시 헛되다.
2 **나는 웃음에 대해 "미쳤다!"52)고 말하며,**
즐거움에 대해 "무슨 소용이 있는가?"라고 말한다.

1절[즐거움에 대한 시험의 결과] 전 2:1-2절은 전 1:13-15절이나 전 1:16-18절의 구조와 비슷하다.[53] 여기서도 전도자는 "즐거움"에 대해 시험하지만, 그 시험과정에 대한 어떤 설명도 없이 "이것도 헛되다"는 결론을 내린다. 전도자는 그 결론의 이유에 대해 어떤 설명도 하지 않는다. 전도자는 지혜나 지식이 사람에게 고통과 근심만 주기 때문에 헛되다고 말했다(1:18). 이제 전도자가 고통과 근심의 반대 개념인 즐거움과 기쁨을 추구해보는 것은 당연하게 보인다. 전도자에게 즐거움은 지혜나 마찬가지로 도달가능하게 보였다. 전도자가 이것을 실제로 어떻게 행하며 시험했는지 언급이 없지만, 그의 탐구는 어떤 근거도 없이 즐거움을 시험하고 좋은 것을 보는 시도도 헛되다는 결론을 내린다. 그러나 전도자가 어떻게 이런 결론에 도달했는지는 설명하지 않는다.

2절[결론에 대한 이유] 전도자는 1절의 결론에 대해 보충 설명한다. 그는 전에는 격언을 인용하며 결론에 대한 근거를 대는 방법을 썼는데(1:15, 18), 여기서는 자신의 말로 그 이유를 설명한다.[54] 전도자가 즐거움이 헛되다고 결론을 내리는 이유는 "웃음은 미친 것"이며, "즐거움은 아무 소

---

51) 직역하면, "내가 너(마음)를 즐거움으로 시험하리라"이다.
52) "어리석은, 무의미한"으로 번역하기도 한다(הלל III, poal. pt. מְהוֹלָל: stupid, meaningless).
53) Michel, *Untersuchungen*, 16쪽.
54) Krüger, *Kohelet*, 137쪽.

용이 없다"는 것이다. 웃음에 대해 "미쳤다(머홀랄 מְהוֹלָל)"고 하는 말은 웃음이 "어리석고, 무의미하다"는 의미이다. 웃음은 한편으로 어리석은 사람이 무의미하게 행동하는 것처럼 보이기도 한다. 삶에 대해 진지한 사람은 함부로 웃지 않기 때문이다(참조 7:6). 그리고 즐거움에 대해 "소용이 없다"[55]라고 말하는데, 이것은 아무 것도 만들어내지 못한다, 즉 즐거움은 생산성이 전혀 없다는 말이다. 즐거움이란 사람에게 기쁨은 줄지 몰라도, 그것이 어떤 것도 생산하지 못하니 아무 소용도 없다는 말이다.

침멀리는 이 말을 "즐기기를 좋아하는 자는 가난해지고, 포도주와 기름을 좋아하는 자는 부자가 못된다(잠언 21:17)."는 말과 연결시킨다.[56] 그러나 전도자는 여기서 웃음과 기쁨에 대해 일반적인 격언을 객관적으로 인용하지 않고, "내가 말한다."라고 하며 자신의 주관적인 판단을 제시한다. 그는 이런 전통적인 즐거움에 대한 인식을 3-10절에서 자신의 경험을 통해 보충하며 설명한다. 여기서 전도자는 모순처럼 보이는 순환논법을 쓰고 있다. 그는 이전에 지혜가 기쁨과 즐거움을 주지 못하기 때문에 부정적으로 판단했는데(1:17-18), 이제는 거꾸로 즐거움이 어리석고 무의미하기 때문에 헛되다고 부정적인 결론을 내린다. 그리고 그는 또 사람이 행하는 모든 일이 헛되다고 했는데(1:14), 이제는 즐거움이 아무것도 생산하지 못하기 때문에 부정적인 결론을 내린다. 전도자는 모순처럼 보이는 현상들을 다각도에서 철저하게 관찰한다.

2.3. 지혜, 즐거움, 사업의 총체적 실험(2:3-11)

3 나는 인생들이 평생 하늘아래서 행하는 것 가운데
무엇이 그들에게 좋은지 깨달을 때까지,
내 육체는 포도주로 이끌지만,

---

55) עֹשָׂה מַה־זֹּה 는 직역하면, "이것이 무엇을 하는가/만드는가?"이다.

56) W. Zimmerli, *Das Buch des Predigers* 1980, 152쪽.

내 마음은 지혜로 인도하면서,
어리석음을 잡아보기로 내 마음으로 결심했다.
4 나는 내 사업을 크게 벌였다.
나는 나를 위해 집들을 짓고,
또 포도원들을 가꿨다.
5 나는 나를 위해 동산과 정원들을 만들고,
거기에 온갖 종류의 과일 나무를 심었다.
6 나는 나무들이 자라는 숲에 물을 대기 위해 연못들을 만들었다.
7 나는 종들과 여종들을 사기도 했지만,
내게는 집에서 태어난 종들도 있었다.
이것뿐 아니라 내게는 소 떼와 양떼도
내 이전에 예루살렘에 있었던 그 누구보다 넘쳤다.
8 나는 또 은과 금, 왕들의 보화와 여러 지방의 보화도 모았다.
나는 나를 위해 가수와 여가수들과,
인생의 쾌락인 온갖 여인들을[57] 두었다.
9 나는 내 이전에 예루살렘에 있었던
그 누구보다 더 크고 풍성해졌다.
그럼에도 내 지혜는 여전히 내게 머물렀다.
10 나는 내 눈이 요구하는 어떤 것도 멀리하거나,
내 마음의 어떤 즐거움도 거부하지 않았다.
내 마음이 내 모든 수고의 열매로 즐거웠고,
이것이 내 모든 수고에서 온 내 몫이었다.
11 나는 내 손이 행한 모든 일들과
내가 애쓴 모든 수고를 돌아봤다.
보라, 모든 것이 헛되어 바람을 잡는 것이니,
해 아래서는 소득이 없다.

---

57) 쇤베르거는 שִׁדָּה가 "유방"을 의미하며 여인을 대변한다(pars pro toto)고 말한다 (Schönberger, *Kohelet*, 2004, 212쪽); 참조 삿 5:30.

일(1:13-15)과 지혜(1:16-18)와 즐거움(2:1-2) 등 세 가지가 소득을 얻는 데 헛된 것임을 논증한 전도자는 이제 이 세 가지를 조합하여 소득에 대한 시험을 총체적으로 시도한다. 전도자가 이렇게 시도하는 목표는 사람이 결국 삶에서 "좋은 것"을 획득할 수 있는가를 알기 위함이다(3절).[58] 여기서 전도자가 얻기를 시도하는 "좋은 것"은 개인에 관계된 것이고 공동체와 관련된 것은 아니다.[59]

3절[좋은 것을 깨닫기 위한 즐거움, 지혜, 어리석음의 총체적 시험] 전도자는 사람에게 무엇이 좋은(행복한) 것인지 알아보기 위해 총체적이고 극단적인 시험을 한다. 그는 기쁨, 지혜, 어리석음 중 하나도 포기하지 않고 다 잡아보려고 시도한다. 이것이 사람에게 어떻게 가능한지 알 수 없지만, 전도자는 이런 불가능한 시험을 시도한다. 그는 먼저 즐거움을 가지고 행복을 찾으려고 시도한다. 여기서 "내 육체는 포도주로 이끈다."는 말의 의미가 무엇인지 확실치 않다. 아마도 "내 육체를 포도주로 즐겁게 한다."라는 관용어를 사용하는 것처럼 보인다. 포도주는 사람에게 즐거움을 주는 기호식품이기 때문이다. 전도자는 즐거움을 주는 포도주에 몸을 맡기며 행복을 추구해 본다.

전도자가 극단적인 시험을 하고 있다는 것을, 다음에 나오는 "어리석음을 잡아보기로 내 마음으로 결심했다"는 평행 구절이 잘 보여준다.[60] 전도자는 포도주에 몸을 맡겨 즐거움을 추구하면서, 동시에 어리석음의 영역도 탐구한다. 그러면서 그는 지혜도 놓지 않는다. "내 마음을 지혜로 이끌면서"라는 말은 상황절로, 포도주에 몸을 맡기고 어리석음도 추구하되 동시에 지혜도 놓지 않는다는 말이다. 이것이 어떻게 가능한지 알 수 없지만, 솔로몬 왕과 같은 사람에게는 가능했을지 모른다. 전도자는 즐거

58) Krüger, *Kohelet*, 137쪽.
59) 반면에 미 6:8은 "좋은 것"을 요구하는데 공동체의 선을 의미한다.
60) 참조 머피, *전도서*, 142쪽.

움, 어리석음, 지혜 등 완전히 반대되는 개념들을 행복을 찾기 위한 시험 도구로 삼는다.

헤르츠베르크는 "현자는 단지 행해진 관찰들을 기록하고 편집하는 파수꾼이다. 전도자는 '어리석음'을 충분히 맛보는데, 그렇지 않으면 그는 어리석음을 통해 삶에서 새로운 의미를 얻을 수 있는지 깨달으려는 자기 목표에 도달하지 못할 것이다"라고 말한다.[61] 그러나 전도자가 여기서 얻으려고 시험하는 것은 인생의 새로운 의미가 아니라, 과연 인간의 삶에서 어떤 소득이 있느냐에 대한 것이다.

4-8절[전도자의 실행] 전도자는 솔로몬 왕과 같은 입장이 되어 "좋은 것"을 찾기 위해 모든 것을 시험해본다. 그는 자신이 할 수 있는 모든 사업과 일들을 벌인다. 여기서 전도자는 자기가 하고자 하는 일을 스스로 만들어내는 창조자와 같은 역할을 한다(참조 "온갖 종류의 나무": 창 1:11,29; 2:9).[62] 전도자는 솔로몬과 같이 권력과 지혜를 가진 왕이 즐거움을 누리기 위해 할 수 있는 가능한 모든 것들을 나열한다(참조 왕상 4:23; 7:1이하; 9:15,19; 10:5). 집, 포도원, 동산, 정원, 저수지, 종, 여종, 가축, 금, 은, 가수, 여가수, 마지막으로 여인으로 가득 찬 하렘(왕상 11:3) 등은 마치 천일야화에 나오는 이야기와 같이 느껴진다. 전도자가 왜 솔로몬 왕과 같은 역할을 해야 하는지 이로서 분명해진다. 그는 지혜를 통해 얻을 수 있는 즐거움의 가능성을 극한까지 끌어올린다.

9-10절[중간 결론] 솔로몬 왕의 시도는 큰 성공을 거둔 것처럼 보인다. 그는 이전에 예루살렘에 있었던 그 누구보다 더욱 더 커졌기 때문이다(7, 9절; 참조 1:16). 이뿐 아니라 그에게는 지혜도 여전히 머무르면서(9절), 세상에서 가능한 모든 즐거움을 누릴 수 있었다(10절). 일과 지혜와 즐거움

61) H.W. Hertzberg, *Der Prediger*, 1963, 87쪽.
62) "내게(לִי)"라는 말의 반복은 왕이 스스로 창조하여 시행한다는 것을 강조해준다.

의 세 가지를 조합해서 시도한 소득에 대한 시험은 해결된 것처럼 보인다. 전도자가 현실을 바꿀 수 있었고(1:13-15와 대조), 지혜는 즐거움을 배척하지 않았으며(1:16-18과 대조), 게다가 즐거움이 일과 지혜와 조화를 이뤘기 때문이다(2:1-2와 대조).

전도자는 10절에서 지금까지 도달한 결과에 대해 "내 마음은 나의 모든 수고로 즐거웠고, 이것이 나의 모든 수고로 인한 내 몫(헬렉 חֵלֶק)이었다" 고 평가한다. 전도자는 지혜의 도움으로 즐거움에 도달할 수 있었다. 그리고 전도자가 얻은 즐거움은 모든 수고 가운데 획득한 그의 "몫" 이었다.[63] 전도자의 이런 평가는 2:22절과 비교하면 소득에 대한 질문에 매우 긍정적인 것처럼 보인다.

11절[소득에 대한 최종 평가] 그러나 전도자는 소득에 대한 그의 근본적인 생각은 바꾸지 않는다. 전도자는 "나는 내 손이 행한 내 모든 일들과 내가 애쓴 모든 수고를 돌아봤다. 그런데 보라, 모든 것이 헛되며 바람을 잡는 것이니, 해 아래서는 소득(이트론 יִתְרוֹן)이 없다." 고 말하기 때문이다. 전도자가 총체적으로 시험하여 얻으려했던 소득에 대한 최종 결론은 "모든 것이 헛되고 바람을 잡는 것" 으로 결국 부정적으로 끝난다.

전도자는 지혜와 사업으로 얻은 그의 소득을 상대화한다. 그가 시험을 통해 획득한 것이 그에게 영원한 "소득" 은 주지 못하지만, 자기가 즐기는 "몫" 은 되기 때문이다. 전도자는 10-11절에서 "소득" 과 "몫" 을 구별한다. 사람이 모든 수고와 노력을 통해 얻은 즐거움은 몫이지 소득이 아니다. 그러면 우리가 소득과 몫의 차이를 어떻게 설명할까? 우선 몫은 소득보다 제한적이라는 것이 분명하다. 침멀리는 이것을 전부(소득)와 부분(몫)과의 차이로 본다.[64] 그러나 둘 사이의 구별은 양적인 것보다 시간적인 것이

63) 이스라엘 지파들이 가나안 땅에서 할당받은 몫을 의미하던 이 말은 전도자가 긍정적으로 사용하는 단어이다(참조 머피, 전도서, 84, 141쪽); 롱맨은 수고로 얻게 된 "reward"라고 번역한다(*Ecclesiastes*, 94쪽).

다. 몫은 일시적인 것으로 결국 없어지는 것이다.[65] 반면에 소득은 지속적이고, 영원한 것을 의미한다. 3:1-9절의 말을 빌리자면, 몫은 "때(에트 עֵת)"에 해당하는 것이고, 소득은 "영원(올람 עוֹלָם)"의 시간에 해당되는 것이다. 몫은 영원 지속적인 소득과는 달리 일시적이며 잠정적인 것에 속한다.[66]

그러면 사람이 영원 지속적인 소득은 아니지만, 때마다 주어지는 몫은 삶 속에서 확실하게 얻을 수 있지 않는가라는 질문이 나올 수 있다. 만일 우리가 지혜를 통해 때마다 확실한 몫을 얻을 수 있다면 그것이 우리에게 확실한 소득이 될 수 있지 않을까? 그러나 사람은 자기에게 닥치는 때를 마음대로 주관하지 못하기 때문에, 사람이 얻는 몫도 확실하지 못하다고 3:1-9절에서 말해준다. 전도자는 소득의 질문에 1:11절에서는 간접적으로, 2:11절에서는 직접적으로, 그리고 3:9절에서는 최종적으로 부정적인 결론을 내린다.

2.4. 지혜와 상속자의 주제에 대한 연결구(2:12)

12 **나는 돌이켜 지혜와 미친것과 어리석음을 살펴봤다.**
왕 뒤에 오는 사람이 무엇을 행하는가?
그도 이미 사람이 오래전에 한 것을 행한다.

1:12-2:11절에서 솔로몬 왕의 시험이나 사상이 전임자들과 비교하는 가운데 이루어졌다면, 2:12-21절에서는 자신도 언젠가는 죽어 후계자에게 모든 것을 물려주어야한다는 생각가운데 이루어진다. 그는 죽음의 관점에

---

64) W. Zimmerli, *Das Buch des Predigers*, 154쪽.
65) 몫은 죽으면 유산으로 넘겨줘야 하기 때문에 자신의 입장에서 볼 때 영원하지 못하다(Krüger, *Kohelet*, 140쪽).
66) 참조. Michel, *Untersuchungen*, 19-20쪽.

서 지혜(13-17절)와 재산(18-21절)에 대해 새로운 인식에 도달하게 된다. 여기서 12절은 다음 본문과 주제를 연결시켜주는 위한 연결절로 볼 수 있다. 12절상은 13-17절의 지혜와 어리석음에 대한 주제와 연결되고, 12절하는 18-21절의 후계자란 주제로 이어진다. 2:13-21절도 1:3-2:11절과 같이 "헛되다"는 결론의 말로(15, 17, 19, 21절) 네 부분으로 나뉜다.[67)]

12절[연결구] 이 구절은 "지혜"와 "어리석음"(12절상; 참조 2:13-17)의 주제와 후계자(12절하; 참조 2:18-21)에 대한 문제를 제기한다.[68)] 전도자는 "나는 돌이켜" 살펴보았다고 말하는데, 이런 표현은 이곳 외에는 나오지 않는다. 전도자가 돌이켰다고 하는 말은 관찰의 대상을 바꾸는 것으로, 전도자가 "몫"의 주제에서 다시 "소득"의 주제로 전환하는 것으로 보인다. 그는 "몫"이란 주제에서 새롭고도 중요한 관점을 제시했다(참조 2:10). 이제 전도자는 2:12절에서 다시 중요한 주제로 돌아간다. 전도자는 2:1-11절에서 "즐거움과 어리석음과 지혜"로 과연 소득을 얻을 수 있는지에 대해 시험했었다. 전도자는 어리석음에 빠지면서까지 소득에 대한 문제를 해결하려고 시도했다. 그는 여기서 사람이 "지혜와 어리석음"을 가지고 소득이 아닌 몫만 얻을 수 있다는 것을 새롭게 논증한다. 이런 논증에 그는 "지혜" 뿐 아니라 "미친 것과 어리석음"도 아울러 관찰한다.

이 구절에서 "왕 뒤에 오는 사람"이 누구인지 분명치 않다. 우리는 왕 뒤에 오는 사람에 대해 두 가지 가능성을 생각할 수 있다. 먼저 이 말을 시간적인 의미로 해석하면(참조 2:18), 왕을 이을 후계자를 가리키는 것으로 생각할 수 있다.[69)] 두 번째로 이 말을 서열의 의미로 해석하면, 왕 다

---

67) Krüger, *Kohelet*, 141쪽.

68) Schönberger, *Kohelet*, 2012, 83-84쪽.

69) 솔로몬의 왕의 경우에 그의 후계자는 르호보암 왕이 될 것이다. 솔로몬은 지혜나 부에서 그의 이전이나 이후의 그 누구보다 뛰어났다(참조 왕상 3:12; 대하 1:12; 참조 전1:16). 르호보암은 자기 아버지보다 더 뛰어나려고 시도했지만(왕상 12:14; 대하 10:14), 결국 그가 받은 상속의 대부분을 잃고 말았다(참조 Krüger, *Kohelet*, 143쪽). 그러나

음의 서열을 가진 2인자로 생각할 수 있다. 다음에 나오는 "그도 이미 사람이 오래전에 한 것을 행한다(אֵת אֲשֶׁר־כְּבָר עָשׂוּהוּ)"는 말의 번역도 우리에게 어려움을 준다. 특히 여기서 에트(אֵת)를 어떻게 번역해야할지 문제가 된다. "에트"는 기본적으로 목적격을 나타내는 말이나 "함께(with)"라는 전치사로 사용된다. 로핑크는 에트를 목적격을 나타내는 말로 보면서, "어떤 사람이 그들이 세운 왕 뒤에 따라올까?"라고 번역한다.[70] 에트 이하의 문장이 앞에 나오는 왕을 수식하는 구절로 해석한 것이다. 이것은 문법적으로는 문제가 없지만, 과연 아사(עָשָׂה)가 "왕을 세우다"라는 의미를 갖는지는 의문이다.

고디스(Gordis)는 에트를 "함께(with)"의 의미로 해석하여, "그가(왕이) 이미 했던 것과 함께(했던 것에 비추어) 왕 뒤에 오는 사람이 무슨 가치가 있는가?"라고 번역한다.[71] 라우하는 이 구절을 모든 주석가들이 어려워하는 구절(crux interpretum)이라고 말하며, 아마도 다른 곳에 있었던 문장이 실수로 이곳에 들어온 것이라고까지 말한다.[72] 여기서 고디스가 이 구절에 대해 가장 설득력 있는 해석을 제공한다. 그는 "이 문장의 해석에 많은 어려움이 있지만 전도자가 말하려는 주제는 명백하다. 솔로몬의 역할을 하는 전도자는 지혜와 즐거움에 있어서 극단적인 시험을 경험했고, 이런 경험은 다른 사람이 반복할 필요가 없다는 것을 독자들에게 확신시키려고 한다."고 말한다.[73] 즉 솔로몬과 같은 왕이 즐거움과 지혜를 가지

여기서는 "왕"이라는 말이 특정한 어떤 사람을 가리키기보다 왕이라는 특정한 계층의 사람을 가리키는 말이 더 합당할 것이다.

70) Lohfink, *Kohelet*, 28쪽.

71) R. Gordis, *Kohelet*, 1968, 150, 221쪽.

72) A. Lauha, *Kohelet,* 1978, 53쪽.

73) R. Gordis, *Kohelet*, 1968, 211쪽; 델리취도 "전도자가 지혜나 어리석음으로 관찰하려고 하는 것은, 그 누구보다도 많은 것을 갖춘 솔로몬과 같은 왕에 비할 때, 그 후에 오는 어떤 자도 다른 결론에 도달하지 못할 것이라는 것을 보여주려는 것이다"고 비슷하게 해석한다(F. Delitzsch, *Koheleth*, 1875, 250쪽).

고 소득이 아닌 몫에만 도달할 수 있었다면, 그 외의 보통 사람들(즉 솔로몬이 이미 행했던 것을 다시 행하는 자들)은 더 말할 나위가 없다는 것이다. 이 구절을 마지막으로 전도서에서 솔로몬의 역할은 사라진다. 이후로 전도자는 더 이상 왕의 입장에서 말하거나 행동하지 않는다.[74)]

2.5. 지혜와 상속자(2:13-21)

2.5.1. 현자나 어리석은 자나 같은 운명(2:13-15)

13 나는 다음의 말들을 살펴봤다.
"빛이 어둠보다 유익하듯이,
지혜가 어리석음보다 유익하다."
14 "현자는 머리에 눈이 달려있지만,
어리석은 자는 어둠 속을 다닌다."
그러나 나는 또 그들이 다 같은 운명을
맞게 된다는 것을 알았다.
15 그래서 나는 내 마음으로 말했다.
"어리석은 자의 운명처럼 그것이 내게도 닥친다.
그렇다면 왜 내가 지혜를 넘치도록 가지려 했는가?"
나는 이것도 헛되다고 내 마음으로 말했다.

13-14절[격언에 대한 관찰] 전도자는 지혜가 어리석음보다 낫다는 일반적으로 통용되는 두 개의 격언에 대해 살펴본다. 고대의 사람들은 자기들에 닥친 사건들과 현상들을 관찰하고, 그 가운데서 규칙적인 질서를 발견하거나 세워서 사건들에 대비하려고 노력했다. 이같이 관찰이라는 행위는 지혜를 얻는데 가장 중요한 것 중 하나이다. 그런데 전도자는 전통적으로 내려오는 지혜의 말을 관찰하여, 그것이 언제나 기능을 발휘하는지

---

74) Michel, *Untersuchungen*, 23쪽.

비판적으로 살펴본다. 13절에서 전도자는 전통적인 지혜의 말을 인용하여, 그 말이 언제나 유용한지 비판적으로 살펴한다.

일반적으로 지혜는 빛으로, 어리석음은 어둠으로 비유된다. 그리고 빛이 어둠보다 유익하듯이, 지혜가 어리석음보다 유익하다는 것은 일반적으로 통용되는 교훈이다. 14절상도 마찬가지로 전통적인 지혜의 교훈의 말을 인용한다. 현자는 머리에 눈이 있어 빛을 보나, 어리석은 자는 어둠으로 다닌다는 것이다. 전통적인 지혜는 빛과 어둠을 "지혜"와 "어리석음" 뿐 아니라 "생명"과 "죽음"으로 상징한다. 따라서 현자는 어리석은 자와 달리 생명의 길로 간다(참조 잠 13:14).[75] 이같이 생명의 길을 가는 것이 지혜가 추구하는 목표이다. 그래서 사람들은 지혜가 어리석음보다 유익하다(소득이 있다)고 말하는 것이다.

그러나 전도자는 모든 사람이 결국 같은 운명, 곧 죽음에 직면한다는 사실을 제시한다(14절하). 전도자는 이런 죽음을 "만남(미크레 מִקְרֶה)"이란 말로 표현한다. 이 말은 어떤 영향력도 없이 스스로 일어난 일로, "우연", "운명", "닥침"으로 번역될 수 있다.[76] 전도자는 어리석은 자와 같이 나도 죽음을 맞이해야한다면, 내가 무엇을 위해 그렇게 지혜를 추구했는가라는 탄식을 한다. 누구나 모두 죽음에 직면한다는 사실 앞에서 결국 지혜를 통해 얻을 수 있다는 유익은 무의미하게 되기 때문이다. 사람이 얻은 소득이 죽음을 넘어서까지 지속되지는 않는다.

15절[결론] 전도자는 죽음이라는 운명은 어리석은 자에게나 현자에게나 똑같이 닥친다는 것을 인식한다. 죽음은 어떤 지혜로도 제어할 수 불가항력적인 것이다. 이런 의미에서 전도자는 왜 내가 지나치게(요테르 יוֹתֵר, 참조 7:16) 지혜를 쌓았느냐고 한탄한다. 여기서도 볼 수 있듯이 전도자는 소득의 일시적인 가치로는 만족하지 못한다. 전도자는 소득이란 죽

75) Schönberger, *Kohelet*, 2012, 86-87쪽.

76) Krüger, *Kohelet,* 144쪽.

음을 넘어서까지 지속되는 것이어야 한다고 생각한다. 전도자는 비록 (zwar) 해 아래서 사람에게 어떤 소득이 있는 것처럼 보이지만, 그러나 (aber) 죽음이란 장벽 앞에서 영원한 소득이란 불가능하다고 말한다.[77)]

사람이 죽음을 극복할 수 있는 길이 있다면, 죽음이후까지 지속되는 소득이 가능할 것이다. 전도자는 여기서 죽음을 극복할 수 있는 두 가지를 토론의 대상으로 삼는데, 이어서 나오는 "기억"과 "상속"에 대한 주제이다.

2.5.2. 망각(2:16-17)

16 현자도 어리석은 자와 같이
영원히 기억되지는 않는다.
미래에는 이미 모든 것이 잊히기 때문이다.
어떻게 현자가 어리석은 자와 같이 죽는가?
17 이에 나는 삶을 미워했으니,
내가 해 아래서 행하는 일이
괴로웠기 때문이다.
모든 것이 헛되니 바람을 잡으려는 것이다.

16절[사후에는 모든 것이 망각됨] 현자도 어리석은 자와 마찬가지로 죽는다(참조 시 49:11). 죽음이 현자와 어리석은 자를 같게 만들고, 현자가 얻은 소득을 상대적으로 만든다. 그러나 만일 현자가 죽음 이후까지도 기억될 수 있다면, 현자의 소득은 계속 가치를 유지할 것이다. 전통적인 지혜는 이름이 죽음이후에도 영원히 기억되는 삶을 살라고 가르친다(참조 시 49; 73:23절 이하).[78)] 사람이 유명한 "이름(솀, שֵׁם)"을 얻고, 그 이름이 영원히 "기억/기념(지카론 זִכָּרוֹן)"됨으로, 사후에도 영향력이 있다는 것은 이스라엘이나 고대근동에서나 일반적인 생각이었다.[79)] 그렇다면 죽음으로

---

77) 참조 머피, *전도서*, 148-49쪽.
78) 참조 시락서 37:26; 39:9; 41:11(Krüger, *Kohelet*, 145쪽).

소득이 무의미하게 된다는 전도자의 생각은 반박될 수 있을 것이다.

전도자는 이런 가능한 주장에 대해 반론을 제기한다. 사람들이 현자를 사후에 어느 정도까지는 기억하겠지만, 그가 "영원히" 기억되지는 않기 때문이다(참조 1:11). 사람들이 영원토록 그를 기억한다면, 그의 소득이 계속 가치를 갖겠지만, 영원한 기억은 불가능하기 때문에 망각과 함께 그의 소득도 가치를 잃게 된다. 이같이 현자가 생전에 얻은 소득이 죽음을 넘어서까지 영원토록 지속될 수는 없다. 이에 대해 전도자는 "어떻게(에이크 אֵיךְ) 현자가 어리석은 자와 같이 죽는가?"라고 탄식하며, 죽음으로 현자나 어리석은 자나 똑같이 되는 현상을 한탄한다.

17절[결론] 사람이 좋든지 싫든지 먼 훗날에 모든 것이 망각된다는 것은 기정사실이다. 이런 사실 앞에서 영원한 소득은 불가능하다는 것을 깨닫게 된 전도자는 자기의 삶을 미워하게 된다(참조 욥 10:1; 전 4:1-3). 여기서 전도자가 자기의 삶을 미워한다는 말은 삶을 포기하거나, 삶을 무가치하게 여긴다는 말은 아니다. 전도자는 계속해서 삶에 대한 아름다운 가치를 강조하기 때문이다(참조 전 9:4-10; 11:7-8 등).[80] 단지 전도자의 "삶에 안정을 주어야할 지혜가 오히려 삶을 미워하게 만들었을" 뿐이다.[81]

전도자가 자기의 삶에 실망하는 것은 해아래서 수고하여 얻은 소득이 결국에는 망각되기 때문이다. 그렇다면 사람이 삶속에서 힘들게 일하며 얻으려는 소득에 무슨 가치가 있는가? 이런 생각이 전도자에게 실망감을 안겨준다. 전도자는 기억을 사후까지 소득을 이어갈 수 있다는 주장에 "모든 것이 헛되어 바람을 잡는 것이다"는 결론을 내린다. 기억이 사후까지 소득을 이어갈 수 있다는 수단이 될 수 없다는 말이다. 이어서 전도자

---

79) Michel, *Untersuchungen*, 31쪽; 참조 O. Loretz, *Qohelet und der Alte Orient*, 128쪽이하, 225쪽이하.

80) Krüger, *Kohelet*, 145쪽.

81) Schönberger, *Kohelet*, 2012, 88쪽.

는 죽음을 극복할 수 있는 또 다른 방법인 상속이란 주제를 다룬다.

2.5.3. 어리석은 상속자(2:18-19)

18 나는 내가 해 아래서 수고하여 얻은
나의 모든 수고의 열매를 미워했다.
내가 그것을 내 뒤를 이을 사람에게
물려줘야 하기 때문이다.
19 그가 지혜로울지 어리석을지 누가 알겠는가?
그는 내가 해 아래서 수고하고,
지혜를 써서 얻은 모든 수고의 열매에
권한을 가지게 되니, 이것도 역시 헛되다.

18절[소득은 사후에 물려줘야 함] 전도자는 여기서도 세상에서 일반적으로 일어나는 현상을 관찰한다. 전도자는 평생 애써서 얻은 것들을(참조 2:4-8) 결국 후계자에게 물려줘야 한다는 현실에 직면한다(참조 시 49:10). 사람이 획득한 소득은 자신에게뿐 아니라 후손에게도 중대한 영향을 끼친다(참조 신 5:9-10; 잠 13:22; 시 37:25; 욥 5:4).[82] 사람이 소득을 후손에게 물려주는 것이 반드시 허무한 일은 아닐 수 있다. 사람은 상속이란 방법으로 사후에까지 소득을 유지할 수 있다고 생각하기 때문이다. 전도자는 죽음을 넘어서까지 소득을 지속시키는 상속이란 방법이 있다는 가능한 주장에 대해 다룬다.

19절[상속도 확실한 방법이 못됨] 전도자는 상속을 통해 소득이 지속된다는 주장에 대해 반박한다. 그 이유는 상속자가 지혜로울지 어리석을지 알 수 없기 때문이다. 만일 상속받는 자가 지혜롭다면 물려받은 것들을 잘 유지할 것이다. 그러나 만일 그가 어리석다면 상속받은 것을 잘 지

82) Michel, *Untersuchungen*, 32쪽.

킨다는 보장이 없다. 그러나 사람은 상속자가 지혜롭든지 어리석든지 그에게 물려줄 수밖에 없다. 따라서 자기가 지혜를 가지고 획득한 소득을 어리석은 상속자에게 물려줘야 할 경우가 생긴다. 이런 경우 사후에까지 소득이 지속된다고 장담할 수 없다. 이같이 물려준 소득이 사후에 어떻게 될지 알 수 없기 때문에, 상속이 소득을 사후까지 지속시키는 방법이라는 주장은 헛된 것이 된다. 우리는 이와 관련하여 잘못된 권고를 듣고, 아버지 솔로몬 왕이 물려준 엄청난 소득을 지속하지 못하고, 나라를 나누게 된 르호보암을 연상하게 된다(왕상 12장; 대하 10장).

2.5.4. 수고 없는 상속자(2:20-21)

20 **나는 돌아서서, 내가 해 아래서 수고한**
모든 수고 때문에 내 마음이 절망하게 되었다.
21 **이는 어떤 사람이 지혜와 지식과 능력으로 수고하고,**
수고하지 않은 사람에게 자기 몫을 물려줘야 하기 때문이다.
이것도 역시 헛되니 큰 불행이다.

20절[수고에 대한 절망] 전도자는 자기가 해아래서 수고한 모든 것 때문에 절망에 빠진다고 말한다. 2:18-19절에서 전도자는 사람이 수고해서 얻은 소득을 후계자에게 상속함으로 사후까지 지속시킬 수 있는지 여부를 살펴보았다. 그러나 상속자가 지혜로울지 어리석을지 알 수 없기 때문에 소득의 지속여부는 예측불가능하다. 따라서 자신의 죽음 이후까지 소득이 이어진다는 보장은 없게 된다. 이외에도 전도자는 상속의 문제에 대해 또 다른 절망적인 경우를 관찰한다. 그것은 사람이 자기 소득을 후계자가 아니더라도, 누구에게든지 반드시 상속해야 한다는 사실이다. 이것은 누구에게나 적용되는 일반적인 법칙이다.

21절[수고하지 않고 물려받음] 전도자는 여기서 상속에 대한 근본적인 모순을 제기한다. 이런 모순은 모든 사람에게 적용되는 일반적인 것이다.[83] 전도자는 사람이 "지혜와 지식과 능력"으로 스스로 수고하여 얻은 소득이 참된 것이라고 생각한다. 따라서 어떤 사람이 수고하지 않고 상속받는다면 그것은 참된 소득이 되지 못한다. 전도자는 여기서 상속자가 물려받는 것을 "몫"이라고 부르는데, 그가 받게 될 재산이나 사업 등 물질적인 유산을 의미한다. 상속이란 수고하지 않고 소득을 물려받는 것이기 때문에 죽음을 넘어서까지 소득을 이어가는 참된 방법이 될 수 없다.

지금까지 전도자는 소득의 여부에 대해 계속 다루어왔다. 전도자는 1:3절에서 "해 아래서 수고하는 모든 수고에 사람에게 무슨 소득이 있는가?"라는 소득에 대한 질문을 제기하며 전도서를 시작했다. 그리고 2:11절에서 "나는 내 손이 행한 내 모든 일들과 내가 수고한 모든 수고를 돌아봤다. 보라, 모든 것이 헛되어 바람을 잡는 것이니, 해 아래서는 소득이 없다"고 부정적인 대답을 한다. 전도자는 소득에 대해 일차적으로 부정적인 결론을 내리지만, 그래도 소득에 대한 다른 가능성은 없는지 계속해서 논의를 이어간다.

그는 소득의 가능성에 대해서 죽음이라는 근본적인 문제를 살펴본다. 사람이 소득, 즉 업적을 죽음 이후까지 가져갈 수는 없다. 사람의 소득은 결국 죽음에서 끝나게 된다(전 2:13-15).[84] 이에 대해 전도자는 죽음을 넘어서까지 소득이나 업적을 지속할 수 있는 길은 없는가라는 가능한 질문을 제기한다. 그 가능성의 하나로 사람이 사후에도 계속 기억되는 방법을 생각해본다. 사람에 대한 기억이 사후까지 그의 소득에 영향력을 줄 수 있기 때문이다. 그러나 이것도 사람이 일시적으로 기억될 수는 있지만, 영

---

83) 참조 Krüger, *Kohelet*, 146쪽. 크뤼거는 전도자가 상속의 본질적인 문제를 지적하기 때문에 일반적인 "사람(אָדָם)"의 예를 들어 설명한다고 말한다; 반면에 롱맨은 이 이야기(anecdote)가 구체적이 아니고 일반적인 사람을 주어로 삼기 때문에 오히려 생동감이 떨어진다고 말한다(Longman, *Ecclesiastes*, 1998, 104쪽).

84) 참조 이태훈, *전도서에 나오는 이트론의 의미*, 국제신학 11(2009), 137쪽이하.

원히 기억될 수 없다는 점에서 궁극적으로 실패하게 된다(전 2:16-17).

전도자는 죽음을 넘어 소득을 지속할 수 있는 또 다른 가능성을 타진한다. 그것은 자기가 쌓은 소득(업적)을 후계자에게 상속해주는 것이다. 자기의 업적이 상속자들을 통해 계속해서 이어간다면, 죽음을 넘어서까지 소득이 지속될 수 있기 때문이다. 그러나 이것도 자기의 소득을 상속받을 사람이 "지혜로울지 어리석을지" 불확실하기 때문에 완전한 보장이 되지 못한다(전 2:18-19). 그리고 상속 자체가 수고하지 않고 소득을 얻는 것이기 때문에 근본적으로 소득을 이어가는 정당한 방법이 될 수 없다.

2.6. 마음대로 안 되는 소득(2:22-26)

전도자가 2:3절에서 "사람에게 좋은 것이 무엇"인지 탐구하던 최종 결과가 2:22-26에 서술된다. 전도자의 결론은 지혜의 수고가 반드시 사람을 행복한 삶으로 인도하는 것은 아니라는 것이다(22-23절). 역으로 말하면 행복한 삶이 반드시 사람이 수고하여 얻은 결과물도 아니다. 하나님이 사람의 업적과 관계없이 그에게 "좋은 삶"을 주시거나 막으신다(24-26절). 그런데 이것은 전도자에게는 다 "헛된" 일이다(23, 26절). 이런 사실이 삶에서 "좋은 것"을 얻으려는 전도자의 시도와 배치되기 때문이다. 만일 사람이 지혜의 수고로 "소득"을 확실하게 얻을 수 있다면, 행복한 삶을 추구하는 것은 당연할 것이다. 그러나 행복한 삶이 지혜의 수고를 통해 주어지는 것은 아니기 때문에, 그것이 하나님의 선물일지라도 사람에게 확실한 보장은 되지 못한다.

2.6.1. 즐거움 없는 수고(2:22-23)

22 **사람이 해 아래서 애쓴 모든 수고와**
그의 마음의 노력에서 무엇이 남겠는가?

23 참으로 그의 모든 날이 고통이고,
그의 하는 일이 근심이 되어,
밤에도 그의 마음이 쉬지 못한다.
이것도 역시 헛되다.

22절[무엇이 남는가?] 22절은 1:3절의 질문을 거의 같은 말로 반복한다.[85] 우리가 이 구절을 1:3절과 비교할 때 사람이 얻는 소득에 대해 좀 더 구체적으로 알 수 있다. 우리는 "남다(호웨 הֹוֶה)"란 단어가(22절) 소득(이트론 יִתְרוֹן)이란 단어와(1:3) 평행하게 사용되는 것을 본다. 소득은 남는 것이라는 개념을 갖는다. 그런데 "남다(הֹוֶה)"는 말은 시간적으로 일시적인 것이 아니라 지속적인 것을 의미한다.[86] 따라서 이 말과 평행하게 사용되는 소득도 일시적이고 잠정적인 업적이 아니라, 영원히 지속적으로 남는 업적을 의미한다. 전도자는 사람이 해아래서 수고하고 마음으로 애써서 얻은 소득이 영원히 지속하는가라는 질문을 던진다.

23절[고통과 근심만 있는 소득은 헛되다] 전도자는 22절의 질문에 대답하기 위해 그 당시의 격언을 사용하는 것으로 보인다. 이 말은 "이익을 내기에 몰두하는 상인은 밤이나 낮이나 쉬지 못하여, 결국 육체적이나 정신적으로 많은 스트레스를 받는다."는 의미이다[87] 그런데 전도자는 이 말을 1:15절이나 18절에서처럼 그 의미를 극대화하고 일반화해서, 사업에 몰두하는 사람만 쉬지 못하는 것이 아니라, "마음"(즉 이성이나 지혜)을 가

---

85) 1:3 מַה־יִּתְרוֹן לָאָדָם בְּכָל־עֲמָלוֹ שֶׁיַּעֲמֹל תַּחַת הַשָּׁמֶשׁ
2:22 מֶה־הֹוֶה לָאָדָם בְּכָל־עֲמָלוֹ וּבְרַעְיוֹן לִבּוֹ שֶׁהוּא עָמֵל תַּחַת הַשָּׁמֶשׁ

86) הוה II는 "되다(werden)", "눕다(ligen), 머무르다(bleiben)"라는 의미를 갖는다(HAL I, 232쪽; 할러데이, 101-102쪽). 따라서 이 단어의 분사형인 호웨(הֹוֶה)는 지속적으로 남아있다는 의미를 갖는다. 전 11:3에 나무가 쓰러져 그 자리에 그냥 "머물러 있다(יְהוּא)"는 말이 이런 의미를 뒷받침한다.

87) Lauha, *Kohelet*, 57쪽.

지고 지혜의 영역에서 소득을 추구하는 사람도 이에 해당된다고 말한다.[88)]

만일 사람이 하는 일이 그에게 근심을 가져다주어도, 성공적으로 소득을 얻으면 그것이 반대급부로 즐거움을 주어야 할 것이다. 그러나 사실 즐거움도 어리석고 비생산적이어서(2:2), 사람에게 확실한 것을 주지 못한다(2:10).[89)] 결론적으로 지속적인 것(호웨, 소득)을 얻으려고 하는 자는 걱정과 근심 가운데 밤에도 쉬지 못하고 일하면서 어떤 즐거움도 얻지 못하니 이것도 헛된 것이 된다.

2.6.2. 수고 없는 즐거움(2:24-26)

24 사람이 먹고 마시며, 수고로 얻은 좋은 것을
스스로 볼 수 있다면 그에게 더 좋은 것은 없다.
그런데 내가 이것도 살펴보니, 그것이 하나님의 손에서 나온다.
25 "나[90)] 없이 누가 먹을 수 있고,
누가 즐거울 수 있겠는가?"
26 그런데 그분은 자신에게 좋은 사람에게는
지혜와 지식과 기쁨을 주시지만,
죄인에게는 일을 주셔서 모으고 쌓게 하셨다가
하나님 자신에게 좋은 사람에게 넘겨주게 하신다.
이것도 역시 헛되니 바람을 잡는 것이다.

24절[행복은 하나님이 주시는 것이다] 사람이 영원히 지속되는 소득을 얻을 수 없다면, 이 세상에서 사는 동안 먹고, 마시며 수고로 얻은 것을

88) Michel, *Untersuchungen*, 34쪽.

89) Krüger, *Kohelet*, 147쪽.

90) "나"를 24절의 하나님으로 이해하여, 하나님이 하신 말씀의 인용으로 번역한다. 혹은 "나"를 "그(하나님)"로 교정하기도 한다.

누리는 것이 최상의 것이 될 것이다. 사람이 삶속에서 행복을 누린다면 좋은 것이라는 생각은 일반적인 생각이며 전도자의 생각이기도 하다(참조 3:12, 22; 8:15). 사람이 수고로 얻은 것을 먹고 마시며, 좋은 것(행복)을 볼(누릴) 수 있다면 좋은 일이다. 여기서 "먹고 마심", "수고", "행복을 봄(누림)"이라는 전도서의 중심주제가 언급된다.[91] 그러나 이런 행복은 사람이 노력해 얻는 "소득"이 아니라, 그에게 선물로 주어지는 "몫"이다(참조 2:10-11).[92] 사람이 행복을 자기 마음먹은 대로 얻을 수 없다. 행복은 하나님의 손에 달려 있는 것이기 때문이다. 모든 것의 근원이신 하나님이 주시지 않으면 우리는 아무 것도 얻을 수 없다.

전도자는 "내가 이것도 살펴보니"라고 말하며 하나님의 일을 관찰의 대상으로 삼는다. 전도자는 모든 것의 근원이 되시는 하나님에 대해 관찰한다. 전도자가 하나님이 하시는 일을 어떻게 관찰했을까? 그가 하나님의 사역을 경험을 통해 관찰한 것일까? 여기서 전도자는 구약의 전통적인 하나님에 대한 개념을 기본전제로 한다. 전도자는 인식론적으로 하나님을 깨닫는 것이 아니라, 하나님이 모든 것의 근원과 주관자가 되신다는 근본적인 믿음을 전제로 관찰한다.

25절[하나님 없이 행복은 없다] 이 구절에서 "나"를 전도자로 생각할 수 있다.[93] 크뤼거는 "나 외에 누가 먹을 수 있고, 돌볼 수 있겠는가?"로 번역한다.[94] 그는 솔로몬 왕이 만일 자기가 없다면 백성이 먹고 마시며

---

91) Schönberger, *Kohelet,* 2012, 94쪽.

92) 크뤼거는 24절을 "어떤 좋은 것도 사람을 통해 나오지 않는다. 사람이 모든 수고 가운데 먹고 마시고 좋은 것을 누릴 수 있는 것은, 내가 보건데 이것도 하나님의 손에서 나오는 것이다"고 번역하며, 사람이 누리는 행복은 하나님께 달려 있다는 것을 강조한다(Krüger, *Kohelet*, 126, 148쪽).

93) Schönberger, *Kohelet,* 2012, 95쪽.

94) Krüger, *Kohelet*, 126쪽.

삶을 누릴 수 있겠는가라고 말하며, 행복을 누리는 것이 얼마나 어려운 것인지 아이러니하게 강조하는 것이라고 말한다. 그러나 실제로 솔로몬 통치하에서 사람들은 "먹고, 마시며, 즐거움"을 누릴 수 있었다(참조 왕상 4:20, 25). 우리는 25절은 하나님이 하시는 말로 이해해야 한다.[95] 하나님이 이런 말씀을 어디서 하셨는지 출처는 알 수 없다. 아마도 전도자가 자신의 믿음을 기초로 하나님이 하시는 말로 표현한 것일 것이다. 우리는 하나님의 말을 24절의 맥락에서 이해해야 할 것이다. 그것은 하나님이 주시지 않는다면, 누구도 즐거움을 누릴 수 없다는 것이다.

26절[인과응보의 하나님] 하나님은 인과응보의 원리대로 사람들에게 행복과 형벌을 주신다. 하나님은 자신에게 좋은 사람에게는 지혜와 지식과 기쁨을 주신다. 반면에 죄인에게는 열심히 일을 해서 모으고 쌓게 하셨다가, 그것을 자기가 좋은 사람에게 넘겨주게 하신다. 그런데 침멀리는 하나님이 도덕적인 잣대를 가지고 사람을 구별하시지 않는다고 말한다.[96] 그리고 로핑크는 침멀리보다 더 강하게 "하나님은 사람이 기대하듯이 인과응보나 도덕적인 개념으로 세상을 다스리지 않는다."고 말한다.[97]

전도자는 여기서 지금까지 인정되는 인과응보의 신학적 관점을 다시 살펴본다. 지금까지 인과응보의 법칙은 선인에게는 복으로, 악인에는 심판으로 갚아준다는 것이었다. 그러나 전도자는 인과응보를 새로운 관점에서 관찰한다. 하나님이 어떤 도덕적인 잣대를 가지고 사람에게 보응하시는 것이 아니라, 하나님의 눈에 보시기에 좋은 자에게 베푸신다는 것이다. 인과응보의 판단의 잣대가 사람의 도덕성에 달린 것이 아니라, 하나님이 보시기에 좋다는 주관적인 관점에 서게 된다.

하나님이 무엇을 베풀거나 베풀지 않는 것은 사람이 아니라 온전히 하

---

95) 참조 김영진, *삶의 의미를 찾아서*, 이레서원 2008, 78쪽.
96) W. Zimmerli, *Das Buch des Predigers* 1980, 161-62쪽.
97) N. Lohfink, *Kohelet*, 1993, 30쪽.

나님께만 달려있다.[98] 사람의 행복은 전적으로 하나님의 손에 달려 있고, 그것을 받을 수 있는 잣대가 사람에게 있지 않다. 따라서 하나님이 베푸시는 행복은 도덕의 잣대를 근거로 하는 인과응보가아니라, 철저히 하나님의 주권적인 자유선택에 달려있다. 따라서 하나님이 어떻게 하실지 사람이 마음대로 조정할 수 없기 때문에, 결국 사람에게는 영원하고 확실한 소득이 보장되지 않는다. 따라서 하나님이 사람에게 행복을 주신다는 신학적인 개념도, 소득을 확실히 보장하는 잣대가 되지 못하기 때문에 이것도 헛된 것이 된다.

3. 소득이 있는가? (3:1–9)

1 하늘아래 모든 것에 제시간이 있고,
모든 일에 제때가 있다.
2 낳는 때가 있고 죽는 때가 있으며,
심는 때가 있고 심은 것을 뽑을 때가 있으며,
3 죽일 때가 있고 고칠 때가 있으며,
허물 때가 있고 지을 때가 있으며,
4 울 때가 있고 웃을 때가 있으며,
통곡할 때가 있고 춤출 때가 있으며,
5 돌들을 던질 때가 있고 돌들을 모을 때가 있으며,
포옹할 때가 있고 포옹을 멀리 할 때가 있으며,
6 찾을 때가 있고 잃을 때가 있으며,
간직할 때가 있고 버릴 때가 있으며,
7 찢을 때가 있고 꿰맬 때가 있으며,
침묵할 때가 있고 말할 때가 있으며,
8 사랑할 때가 있고 미워할 때가 있으며,

98) Michel, *Untersuchungen*, 40쪽.

전쟁의 때가 있고 평화의 때가 있다.
9 사람이 수고하며 일하는 것에 무슨 소득이 있는가?

전도자가 마치 전통적인 지혜교사처럼 나타난다. "제때"에 대한 가르침이 전통적인 지혜에서 중심주제가 되기 때문이다. 세상에서 일어나는 모든 사건에는 각각 합당한 때가 있다. 나무는 "제때"에 열매를 맺고(시 1:3), 곡식 단은 "제때"에 운반되며(욥 5:26), 하늘의 새들도 "제때"를 알고(렘 8:7), 사람도 "제때"에 맞는 말이 아름다운 법이다(잠 15:23).[99] 따라서 지혜의 교훈은 사람이 때에 맞게 행동하도록 "제때"를 분별하는 능력을 가르치는 것이다.[100]

이 문단은 전체문맥에서 볼 때 1:12-2:26절과 연결된다. 전도자는 여기서 "해 아래서는 소득이 없다"는 2:11절의 결론을 강화한다. 전도자는 왕의 입장에서 자신이 하는 모든 사업에서 합당한 "때"를 관찰했었다. 그리고 때를 분별하여 소득을 얻으려는 시도에 결국 부정적인 결론을 내렸다. 이런 면에서 이 문단은 1:3-11절의 논지를 그대로 이어가며 보충한다고 할 수 있다.[101] 1:3-11절에서 전도자가 "영원(올람/올라밈 עוֹלָם/עוֹלָמִים)"의 관점에서 사람이 하는 일의 소득에 대한 문제를 다뤘다면, 여기서는 사람의 삶 속에 나타나는 다양한 "때(에트 עֵת)"의 관점에서 이 문제를 다룬다.[102] 여기서도 1:9절의 "있던 것이 있을 것이고 행해졌던 것이 행해

---

99) Michel, *Untersuchungen*, 53쪽.

100) 참조 "무릇 명령을 지키는 자는 화를 모르니, 현자의 마음은 제때와 질서를 안다" (전 8:5; 시락서 20:5-7).

101) 이 문단이 1:3-9절과 대칭구조를 이루는 것이 이것을 확증해준다.

일반적인 주장	3:1	1:9
다양한 현상들을 통한 예증	3:2-8	1:4-8
결론적인 질문	3:9	1:3

102) Krüger, *Kohelet*, 155쪽; 참조 채은하, "*하나님의 때, 인간의 때(전 3:1-15)*", 성경연구 6(2000), 한국성경연구원, 58-69쪽.

질 것이니, 해 아래 새것이란 없다"란 말과 마찬가지로 같은 것이 계속 반복되는 것을 보여준다.

1절[모든 것에는 제 시간과 때가 있다] 이 구절은 서로 평행하게 교차 대조를 이룬다. "모든 것"과 "모든 일[103)]"이란 말과 "제시간(저만 זְמָן)"과 "제때(에트 עֵת)"란 말이 평행을 이루며 의미를 보충해준다. "모든 것"과 "모든 일" 앞에 오는 전치사 "러(לְ)"는 "특별한, 적당한, 합당한"이란 의미를 갖는다. 따라서 이 전치사는 뒤에 나오는 말을 한정하여 "제시간"과 "제때"라는 의미를 갖는다. 이 구절은 세상에서 자연적이고 우발적으로 일어나는 사건이 아니라, 사람이 목표를 가지고 의도적으로 시행하는 일과 사업을 다룬다는 것을 보여준다.[104)] 이런 합당한 "때"에 대한 문제가 2-8절에서 자세히 다루어진다.

2-8절[삶에서 만나는 다양한 때] 사람들이 삶에서 만나는 다양한 경우들이 14쌍(2x7)과 28개(4x7)의 다양한 때로 다루어진다. 14쌍이나 28개는 완전수인 7의 배수들로 사람에게 일어날 수 있는 "때"의 가능한 모든 경우들을 대변해준다. 여기서 쌍으로 주어지는 경우들은 삶에서 좋고 나쁜 경우 등 서로 반대의 때를 말하는 것은 아니다. 왜냐하면 둘이 서로 반대되는 개념이 아니기 때문이다. 한편 여기서 전도자가 전통적인 지혜교사처럼 보이지만, 9절의 결론은 그가 전통적인 지혜교사와는 전혀 다른 모습을 보여준다. 전도자는 "사람이 수고하며 일하는 것에 무슨 소득이 있는가?"라는 질문으로 결론을 맺는데, 우리는 이 결론의 말을 토대로 3:2-8절에 나오는 14쌍의 대조되는 경우들을 이해해야 할 것이다.

---

103) חֵפֶץ(헤페츠)란 말은 "원함, 관심, 소망, 목표, 일, 사업" 등의 의미를 갖는다. 따라서 이 말은 사람이 어떤 결과를 얻으려고 의도적으로 계획한 사업 등을 가리킨다.

104) "때(עֵת)"는 헬라에에서 chronos가 아니라 kairos에 해당되는 말로서, 일반덕인 시간보다 특정한 시간(에 일어난 사건)의 의미를 갖는다(참조 김이곤, *구약성서에 나타난 '시간'의 의미*, 말씀과 교회 21[1999], 한국기독교장로회신학연구소, 51-60쪽).

2절에 나오는 "낳는 때"와 "죽는 때"는 사람에게 가장 중요한 경우들이다. 사람이 세상에 태어나는 것을 스스로 계획할 수 없다.[105] 그리고 죽음의 때도 계획하기 어렵다(참조 전 8:8). 이 경우에서 우리는 하나님이 배후에 계신 것을 본다.[106] 낳는 것과 죽는 것은 서로 연결되어 "한 세대가 가고 다른 세대가 오되(1:4)"라는 말처럼 세대교체를 의미하게 된다.[107] 이와는 달리 "심은 것을 뽑는 것은" "심은 것"을 무의미하게 만드는 행위이다. 아마도 이것은 서로 상반되는 행위를 가리키는 것으로 보인다. 그러나 이 말이 "추수"를 가리키거나(추수에는 뽑는다는 말을 쓰지 않기 때문에), 잡초를 뽑는 것을(잡초는 심지 않기 때문에) 의미하지는 않는다. 하여튼 서로 상반되는 심는 때와 뽑는 때를 사람이 결정하기 어렵지만, 그러나 죽음의 때보다는 쉬울 것이다(참조 신 20:19f).

3절에서 "죽이는 것"과 "고치는 것"은 "심는 것"이나 "뽑는 것"과 마찬가지로 그 의도와 결과가 서로 상반되는 경우들이다. 반면에 "허무는 것"과 "짓는 것"은 연속되는 행위를 가리키는 건물의 신축이나 개축 같은 좀 더 포괄적인 행위들을 가리킨다. 4절에서 "우는 것"과 "웃는 것", "탄식"과 "춤"은 그 동기에 따라 자동적으로 이루어지는 행동들이다. 사람들이 합당한 "때"에 맞춰 스스로 웃거나 울거나 할 수는 없을 것이다(참조 2:2; 7:2-4; 7:14; 9:8-9).

5절에서 "돌들을 내던짐"과 "돌들을 모으는 것"은 다양하게 해석된다. 로핑크는 유대의 전통(Midrasch Rabba)을 따라 성관계로 이해한다.[108] 미드라쉬는 이 구절을 "네 아내가 정결하면 돌을 던질 때고, 네 아내가 부정하면 돌을 모을 때다"라고 해석하기 때문이다.[109] 또한 이것은 (돌을 골

105) Lauha, *Kohelet*, 65쪽.
106) Schönberger, *Kohelet*, 2012, 100쪽.
107) Krüger, *Kohelet*, 158쪽.
108) Lohfink, *Kohelet*, 32쪽; 많은 주석가들이 이런 해석을 따른다.
109) Schönberger, *Kohelet*, 2012, 102쪽; 쇤베르거는 이 말이 1) 포옹과 연관되고, 2)

라내어) 밭을 일구고, (돌들을 모아) 담을 튼튼히 쌓는 것으로도 이해된다. 그리고 전쟁으로 폐허가 된 건물을 나중에 고치거나(참조 왕하 3:19, 25), 게임에서 돌들을 잃거나 따고, 물건을 거래할 때 수를 나타내는 돌들을 주고받는 것으로도 해석된다.

"포옹할 때"와 "포옹을 멀리할 때"는 사람이 둘 중에 하나를 선택하여 할 수 있는 사소한 경우들을 가리킨다. 이것은 "낳는 때"나 "죽는 때"와는 전혀 다른 경우이다. 그리고 이것은 사람이 둘 다 할 수도 있지만, 합당한 경우를 하나 골라서 하는 행위들을 가리킨다(참조 삼하 11:6이하). 이것은 사람에게 합당한 때를 선택할 수 있는 결정권이 완전히 없지는 않다는 것을 보여준다.

6절에서 "찾을 때"와 "잃을 때", "보관할 때"와 "버릴 때"는 서로 반대되는 선택적인 경우들을 가리킨다. 여기서 처음 경우는 "잃은 것"을 찾거나 아니면 완전히 포기하거나, 둘째 경우는 "물건"을 계속 간직하든지 아니면 버리든지에 대해 말한다. 두 경우다 자기 소유물에 대해 어떤 조치를 취할 것인지에 대한 것이다.

7절에서 "찢는 것"과 "잠잠한 것"은 지금까지 유대전통(Midrasch Rabba)을 따라 슬픔을 나타내는 행동으로 해석되었다.[110] 그러나 "(옷을) 찢는 것"과 "꿰매는 것"은 슬픔이나 기쁨의 표현이라기보다 일반가정에서 일어나는 가사 일을 가리키는 것으로 이해된다. 그리고 "잠잠할 때"와 "말할 때"는 지혜전통에서 자주 다루어지는 주제로, 어떤 때 사람이 침묵하거나 말을 해야 하는지를 가르치는 교훈이다.

8절에서 "사랑"과 "미움"은 사람이 마음대로 조절할 수 없는 영역이다. 그리고 왕들이 전쟁하는 때를 정할 수도 있지만(삼하 11:1), 일반사람

돌이 남성의 생식기를 상징하기(참조 출 1:16 "돌을 보고") 때문에 성관계를 가리키는 말이라고 주장한다.

110) 로핑크는 "찢는 것"과 "꿰매는 것"을 각각 애곡의 시작과 끝으로 이해한다 (Lohfink, *Kohelet*, 32쪽).

들에게는 "전쟁"과 "평화"의 때가 불가항력에 속하는 영역이다(참조 8:8). 고대근동이나 구약에서 전쟁은 하나님이 백성에게 내리는 심판이고 평화는 새롭게 임하는 구원의 시기로 여겨진다. 이 경우에서도 2절과 같이 하나님이 그 배후에 계신 것을 볼 수 있다.[111]

9절[소득이 있는가?] 전도자는 사람이 수고하며 얻는 소득에 대해 부정적인 의미로 질문한다. 이런 부정적인 질문은 2-8절의 때에 종속되는 경우들이 두 가지 관점에서 소득에 대해 제한성을 갖는다는 것을 보여준다(참조 1:3; 2:11). 첫째는 때들의 끊임없는 변화가 사람의 소득의 지속성에 제한을 준다. 사람이 지속적으로 변하는 다양한 때에 맞춰 항상 합당하게 대처하기 어렵기 때문이다. 둘째는 사람의 성공여부가 합당한 때에 달린 것이라면, 소득의 가능성에 대한 확고한 보장이 없어 그 결과가 불확실하게 된다.

갈링(Galling)은 "모든 현상들이 서로 반대되는 짝이 있어, 지속적으로 반복하며 제자리로 돌아옴으로 사람의 수고가 무익하게 된다."는 의미도 아니고, "생성된 것은 계속 소멸한다."는 자연현상에 대한 것도 아니고, "선과 악"처럼(창 2:9) 서로 보충적인 두 개념이 합해서 전체를 의미하는 것도 아니라고 한다.[112] 한편 침멀리는 다음과 같이 말한다. "태어남과 죽음과 같이 사람이 계획할 수 없는 때가 있다. 사람은 태어날 때를 계획할 수 없으며, 죽음도 불식간에 사람에게 닥친다(참조 2:14이하). 제때에 일어나는 일이 예고 없이 사람에게 그냥 닥치는 일도 된다."[113] 낳고 죽는 때처럼 전쟁과 평화의 때는 일반사람이 마음대로 조정할 수 없는 일이다.

---

111) Schönberger, *Kohelet*, 2012, 104쪽.

112) K. Galling, *Das Rätsel der Zeit im Urteil Kohelets(Koh 3:1-15)*, ZThK 58(1961), 1-15쪽.

113) W. Zimmerli, *Das Buch des Predigers*, 164-169쪽.

우리는 이를 기초로 모든 경우들에서 다음과 같은 원리를 생각해볼 수 있다:[114]

1) 반대의 쌍은 둘 다 자기 때가 있으나, 사람이 둘 중에 하나만 할 수 있다는 것을 보여준다. 즉 사람은 어느 경우에든지 한 가지만 선택할 수밖에 없다.

2) 처음과 끝에 나오는 출생과 죽음, 전쟁과 평화의 경우는, 사람이 예측하거나 마음대로 할 수 있는 경우가 아님을 보여준다. 이같이 출생과 죽음, 전쟁과 평화 등 사람이 마음대로 할 수 없는 경우가 전체를 감싸는 인클루시오(inclusio) 구조를 이루는데, 이 틀이 전체 경우들의 의미를 대변한다고 할 수 있다.[115]

전도자는 모든 일에 제 때가 있다는 전통적인 지혜의 교훈을 인정하나, 사람이 언제나 합당한 때를 분별하여 성공적으로 대처할 수 있다고 낙관적으로 생각하지는 않는다. 모든 "때"에는 그 반대의 때가 있고, 또 그 반대의 경우에도 "제때"가 있으므로, 사람이 선택하여 합당한 때를 결정할 수 없다. 사람은 궁극적으로 출생이나 죽음처럼 자기에게 닥치는 때를 그냥 받아드릴 수밖에 없다. 그렇다면 합당한 때를 분별하여 소득을 얻으려는 사람의 시도는 그 결과가 불확실하게 된다.

우리는 1:3절의 질문이 여기서 계속된다는 것을 기억한다. 사람이 하는 모든 일에는 제때가 있다. 그러나 그 때에 대해 사람이 어떤 영향력도 행사할 수 없다면, 사람이 수고하며 일해도 무슨 소득을 얻을 수 있을까? 사람의 일에는 그 반대되는 것과 함께 다 제때가 있으나, 사람은 그 때에 대해 어떤 영향력도 가지지 못한다. 사람은 이런 땐지 저런 땐지 어떤 때가 닥칠지 예측할 수 없기 때문에, 사람에게 확실하게 보장되는 소득도 없다고 할 수 있다.

---

114) Michel, *Untersuchungen*, 56쪽.

115) Schönberger, *Kohelet*, 2012, 99쪽.

4. 소득은 하나님이 주시는 것(3:10-22)

3:10-22절의 단락은 하나님이 사람의 삶에 주신 어떤 제한이나 선물의 주제를 다룬다는 면에서 서로 연결된다(10-11절, 14-15절, 17-18절). 전도자는 하나님이 사람에게 주신 것을 관찰하면서, 사람에게 "좋은 것"이 무엇인가라는 질문에 답변을 준다(12-13절, 22절). 우리는 이 문단을 "살펴보다(רָאָה)", "깨닫다(יָדַע)", "마음으로 말하다(אָמַר + בְּלֵב)"라는 중심단어로 다음과 같은 구조를 살펴볼 수 있다.[116)]

10절 "내가 살펴봤다(רָאִיתִי)..."
    12절 "내가 깨달았다(יָדַעְתִּי)..."
    14절 "내가 깨달았다(יָדַעְתִּי)..."
16절 "나는 다시 살펴봤다(וְעוֹד רָאִיתִי)..."
    17절 "나는 내 마음으로 말했다(אָמַרְתִּי אֲנִי בְּלִבִּי)..."
    18절 "나는 내 마음으로 말했다(אָמַרְתִּי אֲנִי בְּלִבִּי)..."
22절 "내가 살펴봤다(וְרָאִיתִי)..."

첫 번째 10-15절의 단락에서는 하나님이 모든 것을 제때에 맞게 아름답게 만드셨으나, 사람은 그것을 이해하지 못한다는 전제로부터(11절), 두 가지 관점이 도출된다. 첫째는 사람이 추구하여 도달할 수 있는 유일한 "좋은 것"은 즐거움과 행복이다. 그러나 이것은 하나님의 선물로서 사람이 마음대로 얻을 수 있는 것은 아니다(12-13절). 둘째는 하나님이 피조세계에서 행하시는 것을 사람이 자기 마음대로 바꿀 수 없다는 것이다. 사람은 하나님이 주시는 즐거움과 행복을 누리는 동시에, 이 세상에서 하나님의 일을 마음대로 바꿀 수 없기 때문에 하나님의 일을 합당하게 여기며

---

116) Krüger, *Kohelet*, 169-70쪽.

그분을 경외해야 한다(14-15절).

두 번째 16-22절의 단락에서는 하나님이 주신 아름다운 이 세상에 또한 악이 있다는 사실에 대해 살펴본다(16절). 이런 사실은 두 가지 생각을 가능하게 한다. 모든 일에 때가 있듯이 악도 심판 받을 때가 있고, 악은 이 세상에서 그 자리에 한계가 있다. 전도자는 분명히 의인과 악인에 대한 하나님의 심판을 주장한다(17절). 그리고 세상에 있는 악은 하나님이 "구별하여" 창조한 사람이 세상에서 제 역할을 못하기 때문이다. 다시 말해 사람이 짐승처럼 행동하기 때문에 세상에 악이 존재하는 것이다. 따라서 저 세상에서 사람을 심판하고 그것을 기대하기보다, 이 세상에서 올바로 행하는 것이 더 중요하다(19-21절). 22절은 12-13절의 생각을 반복하며 강화해 준다. 사람이 세상에서 누리는 즐거움이 최고로 "좋은 것"이며, 사람이 현재 누려야하는 하나님이 주신 "몫"이다. 따라서 이 세상보다 저 세상에서 좋은 것을 기대하는 것은 하나님이 원하시는 바가 아니다.

4.1. 하나님과 행복(3:10-15)

전도자는 3:1-8절에서 다양한 때들을 관찰하고, 그 결과를 9절에서 회의적인 질문으로 묻는다. 그리고 전도자는 9절의 질문에 대한 대답을 3:10-15절에서 자세하게 서술한다. 이같이 3:1-9절과 3:10-15절이 서로 연관되는 주제를 다룬다는 점에는 대부분의 주석가들이 일치한다.[117] 그러나 11절에 대해서는 주석가들의 수만큼 다양한 의견들이 있다. 라우하(Lauha)는 11절상을 대단히 난해한 구절(crux interpretum)이라고 하며, "그들의 마음에 영원을 주셨다"는 말을 정통적인 감수자가 첨가한 것으로 생각한다.[118] 그리고 크렌쇼(Crenshaw)는 3:11절에 대해 32쪽이나 길

---

117) Michel, *Untersuchungen*, 58쪽.

118) Lauha, *Kohelet*, 68쪽.

게 설명하면서, 이곳은 "모든 주석가들에게 악몽"과 같다고 평가한다.[119] 우리는 "내가 살펴보았다(רָאִיתִי 10절)", "내가 깨달았다(יָדַעְתִּי 12절과 14절)"는 서두의 말을 근거로 이 단락을 3:10-11절, 12-13절, 14-15절의 세 부분으로 나눌 수 있다.[120]

4.1.1. 수고는 인생의 본질(3:10-11)

10 **내가 살펴보니, 수고는 하나님이**
인생들에게 애쓰도록 주신 것이다.
11 **그분은 모든 것을 제때에 맞게 아름답게 만드시고,**
또한 그들의 마음에 영원도 두셨다.
그런데 사람은 하나님이 하신 일을
처음부터 끝까지 알아내지는 못한다.

10절[수고는 하나님이 주신 것] 우리는 "살펴보다"를 새로운 사실을 인식하기보다, 토론을 위해 새롭게 관찰한다는 의미로 이해해야한다. 10절은 1:13절하에서 한 말을 다시 받는다. 따라서 3:10절의 의미를 이해하는데 1:13절하의 결론이 중요하다. 전도자가 1:13절에서 하늘아래 일어나는 모든 일을 마음(이성)으로 깨닫는 것에 대해 토론하는데, 여기서도 같은 경우에 대해 토론하고 있다. 전도자는 13절하에서 관찰한 것을 여기서 새롭게 논의를 이어가고 있다. 전도자는 하나님이 사람에게 주신 "수고(이느얀 עִנְיָן)"에 대해 다룬다. 수고의 문제를 다루는 것은 전도자가 1:12-2:26절에서 한 관찰을 비판적인 관점에서 재론하는 것으로 볼 수 있다.[121] 전도자가 10절에서 제기한 질문에 대한 대답이 11절에 서술된다.

---

119) J. L. Crenshaw, *The Eternal Gospel(Eccl. 3:11)*, in: Essays in Old Testament Ethics(FS J.P. Hyatt), New York 1974, 23-55쪽.

120) 이와 비슷한 구조는 이미 2:13-15절에서도 살펴보았다. 우리는 여기서도 비슷한 논의가 진행되는 것을 기대하게 된다(참조 Michel, *Untersuchungen*, 59쪽).

11절상[하나님이 모든 때를 아름답게 만드시고, 사람의 마음에 영원도 두셨음] 여기서 "모든 것을 제 '때'에 맞게[122] 아름답게 만드셨다"는 말은 하나님이 사람에게 주신 수고에 대한 말처럼 보이지 않는다. 그러나 이어 나오는 "그들의 마음에 '영원'을 두셨다"는 말이 사람이 세상에서 애쓰게 하는 원인이 된다.[123] 하나님이 모든 것(좋은 일이나 나쁜 일이나)을 "제때에 맞게 아름답게"(야페 버잇토 יָפֶה בְעִתּוֹ)[124] 만드셨다면, 사람들은 모든 것을 아름다운 그대로 받아들여야 한다.[125] 그런데 하나님이 사람의 마음속에 두신 "영원"이 모든 것을 그대로 받아들이지 못하게 저해하는 요인이 된다.

"때(에트 עֵת)"가 사람이 살아가는 삶의 시간을 나타낸다면, "영원(올람 עוֹלָם)"은 "긴 시간", "영원히 지속되는 시간"의 의미를 갖는다. 이것은 과거든지 미래든지 사람의 생을 훨씬 벗어나는 시간이다(참조 1:4, 10; 2:16; 3:14; 9:6; 12:5). 따라서 "영원은 때를 넘어서는 시작도 끝도 없는 시간이며, 사람이 도달하지도 마음대로 할 수 없는 것이다."[126] 여기서 "때(עֵת)"와 "영원(עוֹלָם)"이 의미론적으로 쌍을 이루며, "때"는 인생의 삶을 "영원"은 하나님의 일과 연관된 의미로 사용된다. "마음(레브 לֵב)은 구약에서 인식기능의 기관을 의미한다.[127] 따라서 "마음에 영원을 두셨다"는

---

121) Krüger, *Kohelet*, 171쪽.

122) 3:1-8의 "때"에 대한 주제가 בְעִתּוֹ란 말로 다시 나온다. 11절은 창 1장이나 시 104와 같이 세상 창조에 대한 이야기가 아니다. 창 1장에서는 창조된 세계에 대해 "좋은(טוֹב)"이란 말로 평가한다. 본문은 이와 달리 "아름다운"(יָפֶה)이란 말을 쓰는데, 이 말은 "합당한, 적절한"이라는 특별한 의미를 갖는다. 이 구절은 하나님이 좋게 창조하신 세상이 아니라, 제 때에 맞게 합당하게 만드신 사람의 삶에 대한 말이다.

123) 사람이 알려고 하는 노력이 "평안이 아니라 좌절과 격분"으로 인도한다(Longman, *Ecclesiastes*, 121쪽).

124) יָפֶה는 "합당하게, 적합하게"라는 의미를 갖는다(Krüger, *Kohelet*, 172쪽, 각주 13).

125) 참조 Michel, *Untersuchungen*, 60-61쪽.

126) Schönberger, *Kohelet*, 2012, 110쪽.

말은 하나님께서 "때"를 넘어서는 영원한 것을 사람이 생각하고 찾도록 하셨다는 것이다.

11절하[사람은 하나님의 일을 알아내지 못함] 그런데 사람이 알려고 하는 이런 노력이 사람에게 수고의 일이 된다. 결국 "사람은 처음부터 끝까지 하나님이 하신 일을 찾지 못하기" 때문이다(11절하; 참조 8:16-17; 11:5; 1:8-11).[128] 따라서 하나님이 사람에게 영원을 생각하도록 하신 것은, 사람이 하나님의 일을 온전히 깨달을 수 없기 때문에, 사람에게 끝없는 수고만 될 뿐이다. 하나님이 사람의 "때"를 아름답고 합당하게 만드셨다면, 그 아름다운 "때"를 있는 그대로 받아들이는 것이 최상이다. 그런데 사람은 그렇게 하려하지 않는다. 사람의 마음속에 "영원"을 추구하려는 경향이 있기 때문이다.

원래 사람의 마음속에 있는 영원은 하나님을 사모하는 마음을 의미하는데, 전도자는 여기서 영원을 부정적인 면으로 사용한다. 하나님은 사람이 살아가는 때를 "아름답게" 만드셨지만, 사람이 그것을 받아들이지 못하고, 또 다른 뜻을 찾으려는 영원의 추구가 마음속에 있기 때문이다. 물론 사람이 "때"를 넘어서는 것을 발견할 수도 있을 것이다. 하지만 그 발견에는 항상 모자람이 있다(참조 1:8). 사람은 결코 "처음부터 끝까지(영원을)" 완전하게 다 알 수 없기 때문이다. 그러므로 전도자는 이런 것을 하나님이 주신 수고요 고생이라고 말한다(참조 1:13; 2:10, 17).

전도자는 소득이 가능한가에 대한 질문에 부정적으로 대답했었다(참조 1:3; 2:22; 3:9). 여기서도 사람이 이 세상을 완전히 파악할 수 없기 때문에

---

127) לֵב(마음)는 다양한 의미로 번역된다. 그중 인식기관의 의미로 "관심, 결심, 이해, 깨달음" 등의 의미를 갖는다(할러데이, "히브리어, 아람어 사전", 226-227쪽).

128) 여기서 "못하다(לֹא)"는 부정의 말이 "처음부터 끝까지"를 부정하는지 "찾다"를 부정하는지 둘 다 가능하다. 우리는 사람이 하나님의 일을 완전하게 찾지 못하고, 거기에는 항상 부족함이 있다는 전자의 경우로 이해한다.

소득이 없다는 부정적인 결론이 내려진다.[129)] 그럼에도 영원을 탐구하는 자는 몽상에 빠지게 되고, 결국 자기 뿐 아니라 남을 속이는 결과를 가져오게 된다.[130)]

4.1.2. 사람의 본질(3:12-13)

12 나는 사람이 생애에서 즐거워하며
행복하게 지내는[131)] **것보다**
그들에게 더 좋은 것은 없다는 것을 깨달았다.
13 만일 어떤 사람이 먹고 마시며,
그의 모든 수고에서 행복을 느낀다면[132)]**,**
그것은 하나님의 선물이다.

12절[행복이 최고의 선] 전도자는 2:24절상에서 경험적으로 찾아낸 결과를 12절에서 다시 조직적으로 서술한다. 사람의 생애의 모든 것이 제 때에 맞게 합당하다면, 사람이 할 수 있는 것은 때마다 주어지는 것을 아름답게 여기고 즐거움으로 받아들이는 것 밖에 없다. 그 외에 사람이 할 수 있는 일은 아무 것도 없다(참조 9:12). 전도자는 사람에게 주어지는 때가 "아름다운(야페 יָפֶה)" 것이지, "좋은(토브 טוֹב)" 것이라고 말하지 않는다. 사람에게 주어지는 때가 좋지 못하고 악이 되는 경우도 있다(참조 8:9). 그러나 사람은 자기에게 어떤 때가 임할지 알지 못한다. 따라서 자기에게 주어진 때가 "좋지" 않을지라도, 그것을 "아름답게(합당하게)" 여기며 그대로 받아들이는 것이 좋다. 전통적인 지혜가 "때"를 분석하여 소득을 얻

129) 우리는 전도자의 이런 생각을 8:16-17에서도 살펴볼 수 있다.

130) Michel, *Untersuchungen*, 65쪽.

131) לַעֲשׂוֹת טוֹב는 직역하면 "좋은 것을 행하다"이다. 그러나 이 번역은 문맥에 맞지 않는다. 전반절의 "즐거워하다"에 맞춰 "좋게, 행복하게 행하다"의 의미로 번역한다.

132) 직역하면 "좋은 것을 보다"이다.

는 지혜를 가르친다면, 전도자는 사람이 때를 마음대로 할 수 없기 때문에, 그 때를 그대로 수용하는 것이 지혜라고 가르친다. 이런 면에서 전도자는 전통적인 지혜와 차이가 난다. 그런데 전도자는 여기서 결론을 맺지 않고 13절에서 생소하게 보이는 이야기를 덧붙인다.

13절[행복은 하나님의 선물] 13절이 생소하게 보이는 것은 먹고 마시며 행복을 누리는 것이 하나님의 선물로 강조되기 때문이다.[133] 이 구절은 2:24절을 다른 각도에서 비판적으로 조명한다.[134] 2:24절에서는 행복은 하나님의 손에 달려있기 때문에 사람에게 확실하게 보장된 것이 아님을 강조한다. 반면에 여기서는 사람의 행복은 하나님의 선물이기 때문에, 그것이 주어진다면 마음껏 누리라고 말한다.

이런 생각은 전도자의 지금까지의 생각에 비추어 이해하기 어렵다. 그래서 대부분의 주석가들이 이것을 간략하게 다루거나 그냥 넘어가는 경우가 많다. 그러나 우리는 전도자가 이 구절을 통해 어떤 잘못된 이해를 방지하려는 것으로 생각할 수 있다.[135] 전도자는 다른 입장을 가진 사람과의 토론과정에서 잘못된 생각을 비판하기 위해 이 말을 하는 것이다. 선물은 하나님이 누리라고 주신 것으로 전도서 뿐 아니라(5:19), 다른 곳에서도 같은 의미로 사용된다(참조 왕상 13:7; 겔 46:5, 11; 잠 25:14). 전도자는 5:19절에서 사람에게 주어지는 몫을 즐기는 것이 하나님의 선물이라고 말한다.

---

133) 전도서에서 행복을 나타내는 말로 "좋은 것(טוֹב)", "즐거워하다", "즐거움", "먹고 마시다", "좋은 것을 보다/알다"등 다양한 말이 사용된다(참조 Schönberger, *Kohelet*, 2012, 26쪽).

134) 크뤼거는 "비판적으로 교정한다(kritisch korrigiert)"고 말한다(Krüger, *Kohelet*, 177쪽).

135) 레비는 이 구절이 "오해를 방지하기 위함"이라고 말한다(L. Levy, *Das Buch Qohelet*, Leipzig 1912, 83쪽).

전도자가 이런 말을 하는 것은 쾌락주의를 조장하는 것이 아니다. 이것은 전도자가 즐거움을 누리는 것을 부정적으로 말하는 사람들, 예를 들어 금욕주의나 현세보다 내세의 행복을 추구하는 내세주의자들에 반대하기 위한 것이다.[136] 사람이 세상에서 행복을 누리는 것은 하나님이 주신 선물이며, 결코 사람에게 부정적인 것이 아니다. 이것은 전도자가 책 전체를 관통해 계속해서 주장하는 입장이다. 그러면 전도자는 하나님을 어떻게 이해하기에 이런 주장을 하는가? 하나님이 어떤 분인지에 대한 본질의 문제가 다음 단락에서 다루어진다.

4.1.3. 하나님의 본질(3:14-15)

14 나는 하나님이 행하시는 모든 것이
영원하다는 것을 깨달았다.
거기에 더하거나 거기서 뺄 것이 없다.
하나님이 행하시면 그분을 경외할 수밖에 없다.
15 있는 것도 이미 있었던 것이고,
있을 것도 이미 있었던 것이다.
하나님만 사람이 좇는 것을[137] 찾아내실 수 있다.

미헬은 하나님이 하시는 일을 이해하기 위해 뮐러(H.-P. Müller)의 연구를 인용한다.[138] 뮐러는 전도자가 하나님에 대해 어떻게 말하는지를 연구하기 위해 하나님이 주어로 나오는 동사들을 분석한다. 연구 결과 전도서에서 "주다(나탄 נָתַן)"라는 동사가 가장 많이 나온다(1:13; 2:26[2x]; 3:10,11; 5:18, 19; 6:2; 8:15; 9:9; 12:7). 이것을 토대로 그는 "하나님은 사람

136) 참조 Michel, *Untersuchungen*, 68-69쪽.

137) נִרְדָּף는 직역하면 "추구되는 것(사람)"이다. "잃어버린 것, 사라진 것" 등으로 해석하기도 하나, 능동태로 바꿔 "사람이 추구하는 것"으로 번역한다.

138) Michel, *Untersuchungen*, 69-70쪽.

이 그분의 선물로 이해하는 것들이나 사건들에 의해 파악되며, 이것들은 사람, 특히 '현자' 가 매일 다루는 것들이다." 고 말한다.[139] 그리고 전도서에서 "행하다(아사 עָשָׂה)" 는 동사가 두 번째로 많이 나오는데(3:11[2x]; 3:14[2x]; 7:14,29; 11:5), 이것은 "하나님의 행하심을 창조와 섭리의 역사에서 찾는 지혜전통과 일치한다." 고 말한다.[140]

뮐러는 전도자가 하나님을 모든 것의 근원(Urheber)으로 이해하는데, 이것은 지혜의 전통과 완전히 일치한다고 주장한다. "현자는 세상에서 '질서' 를 찾으려하고, 하나님은 이런 질서들을 세상에 주시고, 보장하시며, 조절하시는 모든 것의 근원이 되시는 분으로 다가오신다." [141] 이런 결과를 토대로 전도자가 하나님에 대해 두 가지로 말한다고 결론을 얻을 수 있다. 첫째로 사람은 하나님 자신에 대해 말할 수 없고, 단지 그가 하신 일에 대해서만 말할 수 있다. 둘째로 사람이 하나님의 하신 일에 대해 어떻게 말할지는, 먼저 모든 질서의 근원이신 하나님을 인정하면서, 이 세상의 질서를 어떻게 이성적으로 판단하느냐에 달려 있다. 이런 하나님에 대한 이해가 3:14-15절에서 그대로 전개된다.[142]

14절[하나님이 하시는 일은 영원함] 이 구절은 하나님이 행하시는 일의 성격을 알려준다. "때" 를 넘어서는 "영원" 은 인식의 영역을 넘어서기 때문에 사람이 그것을 알려고 하는 것은 고통스러운 수고가 된다. 모든 사건의 근원자인 하나님의 사역은 영원에 속하기 때문에, 사람은 그것에 대해 궁극적으로 파악할 수 없다. 따라서 하나님의 사역을 탐구하여 어떤 소득에 도달한다는 생각은 어리석은 것이다. 사람은 "때" 에 속하는 존재이기 때문에, 하나님이 하신 영원한 일에 어떤 것도 "더하거나 뺄" 수 없

139) H.-P. Müller, *Wie sprach Qohälät von Gott?*, VT 18(1968), 508쪽.
140) H.-P. Müller, *Wie sprach Qohälät von Gott?*, 512쪽.
141) Michel, *Untersuchungen*, 70쪽.
142) Michel, *Untersuchungen*, 70쪽.

기 때문이다(참조 1:15; 신 4:2; 13:1). 따라서 하나님의 사역을 탐구하고 분석하여 깨달음에 도달하려는 생각은 어리석은 짓이다.

그러면 어떤 것도 더하거나 뺄 수도 없는, 즉 알아낼 수 없는 세상의 근원자인 하나님에 대해 사람이 무슨 말을 할 수 있는가? 전도자는 사람은 하나님에 대해 어떤 말도 할 수 없다고 분명하게 말한다. 하나님은 사람이 알 수도 없고, 어떤 영향력도 끼칠 수 없는 분이기 때문이다. 하나님은 우리의 차원을 넘어서는 저 위에 계시는 분이기 때문에, 하나님에 대해 아는 것처럼 말을 많이 하는 것은 결국 미련한자의 말이 된다(참조 5:1-2). 따라서 사람이 하나님에 대해 할 수 있는 유일한 일은 그분을 경외하는 것이다. 여기서 경외는 시편에 나오는 경외의 개념이나, 하나님을 처음 만난 사람의 경외와는 다르다. 경외는 일반적으로 하나님께 두려움의 감정을 나타내는 것이나, 여기서는 하나님이 하신 일을 그대로 받아들이는 절대순종의 태도를 나타낸다.[143]

15절[하나님만 찾아내실 수 있음] 우리는 위와 같은 맥락에서 15절을 이해해야 한다. 전도자는 과거의 일이나 미래의 일이나 이미 있었던 일이라고 말하며 해 아래 새것은 없다는 주제를 반복한다(참조 1:9). 1:9절에서는 과거의 일이 앞으로도 계속 있을 것이니, 사람이 미래에 얻을 소득이 무엇인지 질문한다. 그러나 여기서는 현재의 일이나 미래의 일이나 이미 있었던 일이라며 사건의 영원한 반복을 말한다. 사람에게 순간(때)을 넘어서서 영원을 깨닫는 능력이 있다면, 같은 사건이 영원히 반복하기 때문에 그 의미를 파악할 수 있을 것이다. 그러나 "영원"의 시간에 속하는 하나님의 일을 "때"에 속하는 사람이 결코 완전하게 탐구할 수 없다. 오직 하

143) 일반적으로 경외는 미지의 신에 대한 두려움의 감정이지만, 전도서에서는 하나님의 일을 그대로 받아들여야 하는 순종의 개념이다(참조 Michel, *Untersuchungen*, 72쪽) 참조 Schönberger, *Kohelet*, 2012, 41-42쪽; Schönberger, *Kohelet*, 2004, 98-101쪽.

나님만 사람이 좇아 추구하는 것을 찾으실 수 있을 뿐이다. 따라서 우리는 하나님을 경외하며, 그분이 우리에게 하신 일을 그대로 수용할 뿐이다.

이런 맥락에서 우리는 15절하의 "하나님이 쫓기는 것을 찾으신다(וְהָאֱלֹהִים יְבַקֵּשׁ אֶת־נִרְדָּף)"는 말을 이해해야 할 것이다.[144] 여기서 니르다프(נִרְדָּף)는 רָדַף(라다프, 쫓다)의 (니팔) 수동분사로서 "쫓기는 것/자(a chased)"의 의미를 갖는다. 우리가 이 분사를 인격적으로 이해하면 "쫓기는 자"의 의미를 가지며,[145] 하나님이 "쫓기는 자"를 찾아 도와주신다는 의미가 될 것이다. 그러나 하나님이 쫓기는 자의 도움이 되신다는 것은 본문의 문맥에 잘 맞지 않으므로 수용하기 어렵다.

반면에 이 말을 비인격적으로 이해하면 "하나님은 쫓기는 것을 찾으신다."라고 번역할 수 있다.[146] 여기서 쫓기는 것은 '사라진 것', 즉 '지나간 과거'로 이해할 수 있다.[147] 즉 하나님은 지나간 과거를 다시 찾으신다는 것이다. 그러나 בִּקֵּשׁ(비케쉬)가 지나간 과거를 다시 찾는다는 의미는 아니다. 이 단어는 아직 도달하지 못한 것을 앞으로 도달하려고 노력한다는 의미를 갖는다. 그리고 "쫓기는 것"이 과거의 시간을 의미하는지도 의문이다. 오히려 찾기 위해 "사람이 그 뒤를 쫓는 것"이란 의미가 합당할 것이다.[148]

고디스(Gordis)는 이 말을 시락서 5:3절과 비교하여 "하나님은 언제나 과거를 반복하기를 원하신다."라고 번역한다.[149] 이런 해석은 인식할 수 없이 저 멀리 계신 하나님은 끝없이 과거의 일만 반복하게 하시며, 지나

---

144) 참조 R.B. Salters, *A Note on the Exegesis of Ecclesiastes 3,15b*, ZAW 88(1976), 419-422쪽.

145) 칠십인역(τὸν διωκόμενον)과 랍비 Raschi가 이렇게 번역한다.

146) 랍비 Ibn Ezra가 이런 식으로 번역한다.

147) 많은 성경번역(ELB, LUT, ESV, NAS, NIV, NRS 등)과 주석가들(Hertzberg, Zimmerli, Lauha 등)이 이런 견해를 취한다.

148) 참조 Michel, *Untersuchungen*, 76쪽.

149) R. Gordis, *Kohelet*, 1968, 156, 233쪽.

간 것만 찾으시기 때문에 사람의 일에는 소홀하시다는 의미를 준다. 반면에 레비(Levy)는 비케쉬(בִּקֵּשׁ)와 라다프(רָדַף)를 동의어로 간주하며, 둘 다 "...을 추구하다"라는 의미로 해석한다(참조 습 2:3; 신 16:20; 시 34:15). 그는 이 구절을 "하나님은 (전에 이미) 추구된 것을 다시 추구하신다."라고 번역한다. 즉 "하나님은 이전에 추구하셨던 것을 다시 추구하시며, 새로운 일을 도입하시지 않으신다."는 것이다.[150]

이런 해석은 언어적으로나 문맥으로나 틀리지는 않는다. 그리고 이런 사용법은 지혜서에서도 많이 발견된다(참조 잠 2:4; 11:27; 14:6; 15:14; 18:15). 그러나 우리가 비케쉬(בִּקֵּשׁ)가 전도서의 다른 곳에서 사용된 용례를 살펴보면, 이 말은 사람이 깨닫기 위해 추구한다는 의미를 갖는 것을 알 수 있다(7:25, 28, 29; 8:17; 12:10; 참조 3:6절은 예외). 이 구절을 이런 의미로 이해하면, "현자가 계속해서 추구하지만 할 수 없는 것을 하나님은 하신다!"라고 해석할 수 있다(참조 8:17). 우리는 이런 의미로 "하나님만 사람이 추구하는(좇는) 것을 찾아내실 수 있다."라고 번역한다.

4.2. 미래보다 현재에 있는 행복(3:16-22)

16 나는 다시 해 아래서 다음의 말을 살펴봤다.
"악은 심판의 자리, 거기로[151] 갈 것이다!
악은 정의의 자리, 거기로[152] 갈 것이다!"
17 나는 내 마음속으로 말했다.
"하나님이 의인과 악인을 심판하시리니,
모든 하는 일에 때가 있고
모든 행위에 거기가 있음이다."

---

150) L. Levy, *Qohelet*, 84쪽.

151) שָׁמָּה(샴마)를 "거기(dort)"가 아니라 "거기로(dorthin)"로 번역한다(참조 Michel, *Untersuchungen*, 251-52쪽).

152) 위의 각주 참조.

18 나는 인생들의 문제에 대해 마음속으로 말했다.
"하나님이 사람들을 구별하셨으나,
그들은 서로가 짐승이라는 것을 깨닫는다."
19 이는 인생들의 운명과 짐승의 운명이
하나의 같은 운명이기 때문이다.
이도 죽는 것처럼 저도 죽으니
모두 똑같이 호흡을 한다.
사람이 짐승보다 나은 것이 없으니,
모두 없어질 존재이기 때문이다.
20 모두 같은 곳으로 간다.
모두 흙먼지에서 나서,
모두 흙먼지로 돌아간다.
21 인간의 영은 위로 올라가고,
짐승의 영은 땅 아래로 내려가는지 누가 아는가?
22 내가 살펴보니,
사람이 자기 일을 즐기는 것보다
더 좋은 것은 없다.
이것이 그의 몫이기 때문이다.
누가 그의 미래에 있을 일에 대해
그를 데려다 보여줄 수 있겠는가?

16절[인과응보의 구호] 전도자는 3:14-15절의 하나님의 사역에 대한 관찰로부터 16절에서 다시 해 아래의 일을 관찰한다. 전도자의 새로운 관찰의 대상은 "불의가 심판과 정의의 자리로 (갈 것)"이라는 말이다. 여기서 "심판과 정의의 자리"는 불의가 심판을 받는 재판정을 의미한다. 전도자는 불의는 언제라도 반드시 재판정에서 심판을 받게 될 것이라는 말에 대해 관찰한다. 이런 말이 나오는 것은 사회에서 공의와 정의가 제대로 실행되지 않기 때문이다. 선지자들은 사회에서 자행되는 불의에 대해 수 많이 탄식했고(사 5:7; 암 5:7-15; 미 3:1-4), 성경에서는 불의를 행하지 말 것을 곳곳에서 가르친다(출 23:1-9; 신 16:18-20; 잠 18:5; 22:22-23; 24:23-5). 불의는 반드시 재판정에서 심판을 받는다는 믿음의 표현으로 사후심판까지 표현하는 말이다.

17절[하나님은 인과응보를 시행하심] 전도자는 사람이 하는 모든 "일(참조 3:1)과 행위"는 "때"가 되면 "거기(심판의 자리; 참조 16절)"로 가서 반드시 심판받게 될 것을 인정한다. 즉 "의인이나 악인"이나 최후에(사후에) 하나님의 심판의 자리에서 합당한 보응을 받게 된다는 것이다(참조 신 25:1; 왕상 8:31절 이하). 그러나 전도서에는 이런 인과응보의 심판을 부정하는 것 같은 구절들이 여러 번 나온다(참조 7:15; 8:10-12; 9:1-3). 따라서 많은 주석가들이 "전통적이고"도 "정통적인" 의미를 가진 이 구절은 후대의 정통주의적인 학자에 의한 첨가라고 말한다.[153] 그러나 전도서에서 인과응보의 심판을 부정하는 것 같은 말은 전도자가 이 세상에서 일어나는 불합리한 현실을 관찰하기 위한 것뿐이다. 전도자는 하나님의 인과응보의 법칙을 근본적으로 인정한다(참조 8:12-13).

18절[구별된 사람이 짐승과 같음] 이 구절은 두 가지로 해석될 수 있다.[154] 첫째는 창 1-9장의 맥락에서 하나님이 사람을 구별되게 창조하셨으나(창 1:26-28), 사람이 범죄 하여 짐승처럼 됐다는 것이다(창 6:12-13). 따라서 이 세상에서의 불의는 창조주가 아닌 사람에게 그 책임이 있다(참조 전 7:29). 둘째는 하나님이 사람을 구별하여 만드신 것은 자신들이 짐승임을 깨닫는데 있다는 것이다(참조 창 2:7, 19). 이 말은 약간 아이러니처럼 보이는데, 사람이 짐승과 구별되는 것은 자신이 짐승과 같다는 사실, 곧

153) 대부분 제 2 추기자(참조 12:14)의 첨가로 이해한다; Krüger, *Kohelet*, 180쪽; Michel, *Untersuchungen*, 250쪽 등.

154) Krüger, *Kohelet*, 181-82쪽.

짐승과 같이 죽는다는 것을 아는 데 있다(19절; 참조 9:5).[155]

19-21절[사람이나 짐승이나 같은 운명] 우리는 비교적 그 의미가 명백한 19-21절로부터 이 어려운 본문의 이해를 시작해야 한다. 죽음은 사람을 짐승과 같게 만든다. 사람이나 짐승이나 같은 운명을 가지기 때문이다(19절). 사람이나 짐승이나 모두 헛되이 (사라져) 없어지고, 죽으면 흙으로 돌아간다(20절; 참조 시 104:29-30; 욥 34:14-15). 이런 면에서 사람이 짐승보다 나은 것이 없고, 모두 같은 영을 갖는다. 그리고 사후에 사람의 영은 위로 올라가고, 짐승의 영은 아래로 간다는 것도 우리는 알 수 없다(21절). 그 당시 사람의 영(생명의 숨/생기)은 하나님이 다시 취하셔서 하늘로 올라간다는 믿음이 있었다.[156] 그러나 전도자는 사람이 사후에 그 영혼(생기)이 "위로", 즉 하나님께로 올라감으로 동물과 구별된다는 생각은 사람이 알 수 없는 것이라고 말한다.

22절[현재의 즐거움이 가장 좋은 것이며 하나님이 주신 몫임] 죽음은 사람을 짐승과 같게 만든다. 사람이나 짐승이나 죽으면 호흡을 멈추고 흙으로 돌아가기 때문이다. 그러므로 사람에게 가장 좋은 것은 자신이 가진 것을 누리는 것이다. 전도자는 현자나 어리석은 자나 죽음 앞에 마찬가지이므로(2:14-16) 자기 삶을 미워한다고 했었다(2:17). 사람이나 짐승이나 마찬가지로 죽는다는 면에서 기쁨과 즐거움이 사람에게 최고의 선이 된다. 이런 삶은 현재에 적용되는 것이며, 사후의 일은 죽음에 의해 현재와 단절된다. 사람이 죽으면 현재의 삶에서 끊겨진다. 그러므로 사람에게 가장 좋은 것은, 사후의 세계에서 받을 보상의 기대보다, 하나님이 "몫"으로 주신 현실의 삶을 만족하고 누리는 것이다(22절; 참조 3:12-13). 우리가 행복을 누려야할 곳은 "미래의 저곳"이 아니라 "현재의 이곳"이다.

---

155) Schönberger, *Kohelet*, 2012, 119쪽.
156) 참조 Schönberger, *Kohelet*, 2012, 121쪽.

전도자가 여기서 사후에 보상이 있다는 사람들의 주장을 반박하는 것으로 보인다.[157] 이들은 사람의 죽음은 마지막이 아니며, 사후에 세상에서 행한 불의가 반드시 심판의 자리로 간다고 생각하는 사람들이다. 이들의 주장에 따르면 사람은 사후의 일에 대비하여 살아야 한다. 그런데 이런 생각은 사람이 사후에 맞춰 살게 하기 때문에, 오히려 현실의 삶인 하나님이 주신 "때"에 대해 소홀히 생각하게 할 수 있다. 전도자는 이런 주장의 폐단을 비판하며, 사람은 사후에 대해 알 수 없기 때문에, 우리에게 선물로 주어진 "현실(몫, 때)"에서 만족하며 누리는 것이 가장 좋은 것이라고 말한다.

157) Krüger는 "그의 후에 일어날 일"을(22절) 사람의 삶 속에서 후의 일이든지, 삶 이후의 일이든지 다 가능성이 있다고 말한다(*Kohelet*, 185쪽). 그러나 Backhaus는 이 구절을 죽음 이전의 삶에서 일어나는 것으로 설명한다(F.J. Backhaus, "*Zeit und Zufall trifft sie alle*": *Studien zur Komposition und zum Gottesbild im Buch Kohelet*, 1993, 141-42쪽). 한편 "Michel, *Untersuchugen*, 251쪽"이나 "Longman, *Ecclesiastes,* 131쪽"은 죽음 이후의 일로 해석한다. 이것은 16절의 정의의 회복이 이생에서인지 아니면 사후인지의 여부에 달려있다. 우리는 둘 다 가능성이 있는 것으로 생각할 수 있다.

제 3 장

행복: 왕이냐 하나님이냐?(4:1-5:10)

전도자는 소득에 대한 질문을 하며, 사람이 해 아래서 하는 모든 일에 대한 가치를 판단했다. 그 결과 "때"에 속한 사람은 "영원한" 소득을 얻을 수 없다는 결론을 내린다. 하나님은 "영원"에 속한 분이고, 사람은 "때(현실)"에 속한 존재이기 때문에, 사람이 영원에 속한 것을 결코 얻을 수 없다. 만일 사람이 영원에 속한 것을 알거나 얻으려고 시도한다면, 그것은 사람에게 끝없는 수고와 고통만 될 뿐이다(참조 1:13; 3:10-11). 사람은 하나님이 주신 "때"를 수용할 수밖에 없는 존재이다(3:11). 하나님이 하시는 일은 영원하기(완전하기) 때문에, 사람이 하나님을 경외하는 외에 다른 태도가 있을 수 없다(3:14).

사람이 세상에서 살아가는데 가장 좋은 것은 하나님이 주신 삶의 행복을 누리는 것이다(참조 2:24; 3:12; 3:22). 그런데 사람이 세상에서 행복을 누리는데 방해요인들이 나타난다. 사람이 세상에서 행복을 누리는 데는 기본 전제가 요구된다. 전도자는 다음단락에서 행복의 전제가 되는 몇 가지 예를 선별적으로 다루는데, 세상에서의 "압제(4:1-3)"와 "시기(4:4-6)"와 "동료(4:7-12)"의 문제이다.

사람들이 세상에서 행복을 얻기 위해 어떤 통치제도나 왕 같은 통치자를 의지하기도 한다. 그러나 전도자는 세상의 왕이나 통치제도를 의지하는 것은 헛된 것이라고 말한다(4:13-16; 5:8-10). 전도자는 하나님에 대해 올바른 신앙의 태도를 가질 것을 교훈한다(5:1-7). 여기서 하나님에 대해 올바른 태도를 가르치는 본문을(5:1-7) 세상의 왕을 헛되게 기대하는 본문이(4:13-16; 5:8-10) 감싸는 구조(inclusio)를 보인다. 전도자는 이런 구조를 통해 세상의 왕이 아니라, 하나님을 올바로 섬길 때 행복을 얻을 수 있다는 교훈을 전한다.[1]

1. 행복의 전제(4:1-12)
    1.1. 압제(4:1-3)
    1.2. 시기(4:4-6)
    1.3. 동료(4:7-12)
2. 왕이냐 하나님이냐?(4:13-5:10)
    2.1 왕에 대한 헛된 기대(4:13-16)
    2.2. 하나님에 대한 올바른 태도(5:1-7)
    2.3 왕에 대한 헛된 기대(5:8-10)

1. 행복의 전제(4:1-12)

3:10-22절처럼 4:1-12절도 "살펴보다"는 말로 1-3절, 4-6절, 7-9절의 세 문단으로 나뉜다. 각 문단들은 어떤 상태나 행동이 헛되다는 결론을 내리고, "그것보다 더 나은(טוֹב...מִן) 것"을 제시한다.[2]

1절 "내가 돌이켜 살펴보았다"

(2-)3절 "....보다 더 낫다"

---

1) 참조 Schönberger, *Kohelet*, 2012, 141쪽.

2) Krüger, *Kohelet,* 185-86쪽.

4절 "내가 살펴보았다"
4절 "이것도 헛되니 바람을 잡는 것이다"
6절 "...보다 더 낫다"
7절 "내가 돌이켜 헛된 것을 살펴보았다"
8절 "이것도 헛되니 불행한 일이다"
9절 "...보다 더 낫다"

1-3절은 사는 것보다 죽는 것이 더 나은 것처럼 보이는 때가 있음을 보여준다. 전도자가 이런 절망적인 상황 때문에 죽음이 삶보다 낫다고 주장하는 것은 아니다. 전도자는 근본적으로 삶을 최고의 가치로 평가하기 때문이다(참조 9:4-6). 전도자는 세상에서의 압제가 사람의 행복을 망치나, 압제에 저항하는 사람이 없다는 현실을 탄식할 뿐이다.

4-6절은 일과 성공을 시기란 관점에서 상대화시킨다. 전도자는 일과 평안의 균형을 맞출 것을 제안한다. 전도자는 왕으로서 선왕들을 넘어서려는 모든 사업과 노력들을 헛된 것으로 평가했었다(참조 1:16; 2:7, 9). 전도자가 일과 사업을 통해 소득을 얻는데 실패했었다면, 이제는 일과 성공을 통해 얻을 수 있는 행복을 방해하는 사람 사이의 시기를 관찰한다.

7-12절은 사람이 부를 위해 일만 하는 것을 비판하며 동료애의 가치를 강조한다. 사람은 세상에서 혼자 살 수 없다. 혼자서는 진정한 행복을 누릴 수 없기 때문이다. 사람은 공동체를 이루고 살아야 하기 때문에, 형제나 동료 등 공동체에 속하지 못한 사람은 행복을 누릴 수 없다.

1.1. 압제(4:1-3)

1 나는 돌이켜, 해 아래서 행해지는
모든 압제들을 살펴보았다.

보라, 압제받는 자들의 눈물은 있었지만,
그들을 위로하는 자는 없었다.
압제자가 손으로 권력을 휘둘러도,
그들을 위로하는 자는 없었다.
2 **이에 나는 아직 살아있는 산 자들보다**
이미 죽은 망자들을 더 부러워했다.
3 **그러나 아직 태어나지 않아**
해 아래서 행해지는 악한 일을
보지 않은 자가 그 둘보다 낫다.

1절[압제는 있으나 위로하는 자가 없음] 전도자가 돌이켜 해 아래서 행해지는 것을 살펴본다. "돌이키다"는 말은 4:7절과 9:11절에서도 나온다. 4:1절과 9:11절에서는 사후의 상급에 대한 문제를 다루다가, 전도자가 돌이켜 이 세상에 대한 일을 관찰한다. 따라서 "돌이키다"는 말은 어떤 행동을 반복하기보다, 같은 사건을 새로운 관점에서 살펴본다는 의미이다.[3] 전도자는 지금까지 있었던 일을 새로운 시각으로 다시 살펴본다.

전도자는 이 세상에서 행해지는 압제들에 대해 살펴본다(참조 암 3:9-10). 그런데 압제 받는 사람들의 눈물과 고통이 넘쳐흘러도, 그들을 위로하는 자는 하나도 없었다(참조 애 1:2, 9). 권력을 가진 사람들이 힘없는 과부나 고아나 객 등을 착취할 때, 아무도 그들을 도와주거나 눈물을 닦아주며 위로하는 자가 없었던 것 같다. 로핑크는 압제에 대한 구체적인 예로 빚 때문에 팔리는 종 제도를 생각한다(참조 느 5:1-5; 암 2:6; 8:6).[4]

이 구절은 전도자가 염세주의를 주장하는 대표적인 말로 여겨진다. 구약의 선지자들은 세상의 불의와 압제에 대해 강력하게 비판하는데, 전도자는 세상의 불의에 대해 절망적인 태도를 보이기 때문이다. 세상에서 힘

---

3) Michel, *Untersuchungen*, 251쪽.
4) N. Lohfink, *Kohelet*, 1980, 36쪽.

없는 사람이 불의한 일을 당할 때, 압제자에게만 그 책임이 있는 것은 아니다(참조 겔 22:29-30; 사 59:13,16). 불의를 당하는 사람을 도와줄 책임이 공동체에게 있기 때문이다(참조 애 1:2,9,17,21).5) 고통 받는 자를 위로한다는 것은 그에게 실질적인 도움을 주는 것으로, 공동체에 속한 사람은 누구에게나 이런 의무가 있다.

2-3절[산자보다 죽은 자나 태어나지 않은 자가 낫다] 전도자는 해 아래서 자행되는 심각한 압제에 대해 관찰한다. 그런데 압제자의 폭력에 고통 받는 자의 눈물을 닦아주며 위로하는 자가 아무도 없는 상황에서, 전도자는 현실을 부정하고 도피하는 것 같은 절망적인 얘기를 한다. 전도자는 이런 절망적인 현실이라면, 산자보다 죽은 자가 부럽고, 아예 태어나지 않아 악한 일을 보지 못한 자가 그 둘보다 낫다고 전도자는 말한다. 여기서 전도자가 삶보다 죽음을 예찬하는 것처럼 보인다.[6]

전도자가 왜 이런 염세주의적인 말을 할까? 아마도 이전단락인 3:16-22절에서 이 세상에서 보상받지 못한 것을 저 세상에서 받을 수 있다고 주장하는, 다시 말해 사후에 보상받는다는 인과응보를 주장하는 사람들에게 이런 말을 하는 것으로 보인다. 전도자가 이 세상에서 압제받는 자의 보상이나 보응에 대한 문제를 다루면서 이런 말을 하는 것 같다.[7] 전도자는 이 세상에서 하나님이 주신 몫을 행복하게 누리는 것이 가장 좋은 것이라고 말한다.

아마도 인과응보에 대해 말하는 사람들이 현실에서 고통 받더라도 사후에 하나님께 보상받을 수 있으니 인내하라고 가르쳤던 것 같다.[8] 그러

---

5) Krüger, *Kohelet*, 187쪽.

6) 크뤼거는 이 구절을 왕이 그의 삶을 미워한다고 말하는 것과 비교한다(2:17). 그러나 왕은 자신의 소원이 다 이루어지지 않아 이런 결론에 도달하지만, 전도자는 압제받는 자들의 입장에 서서 말한다. 이것은 자신의 욕심 때문이 아니라, 다른 사람들의 고난을 관찰한 결과이다(Krüger, *Kohelet*, 187쪽).

7) 마카비 2서 7장을 예로 들 수 있다(Michel, *Untersuchungen*, 252쪽).

나 이런 가르침이 오히려 현재 압제받는 사람들의 고통에 무관심하게 만드는 원인이 될 수 있다. 전도자는 사람이 미래(사후)의 일은 결코 알 수 없다고 말한다(3:22). 따라서 미래보다 하나님이 주신 현실에서 행복을 누리는 것이 최고의 선이라고 말한다. 그러나 전도자는 권력자들의 압제가 이런 행복을 방해하는데, 사후보상을 말하는 인과응보의 가르침이 오히려 압제에 대한 저항과 위로를 가로막는 현실에 대해 탄식한다. 전도자가 삶보다 죽음을 찬양하는 것이 아니라, 불의와 그것을 조장하는 교훈에 대해 분노의 감정을 표출하는 것이다.[9]

1.2. 시기(4:4-6)

4 내가 사람의 모든 수고와 모든 일의 성취를 살펴보니,
각자 이웃에 대해 서로 시기가 있다.
이것도 역시 헛되니 바람을 잡는 것이다.
5 "어리석은 자는 손은 팔짱끼고
자기 살을 뜯어먹는다."
6 "한 손에 평안이 가득한 것이
두 손에 수고가 가득하며
바람을 잡는 것보다 낫다."

4절[이웃 사이의 시기] 현실의 비참한 압제에 대해 살펴본 전도자는 이제 사람이 수고하여 얻는 성공에 대해 살펴본다. "성공(키슈론 כִּשְׁרוֹן)"은 "기술(skill)"이라는 의미도 갖는다. 이 말은 세상에서 능력과 기술을 가지고 수고하여 얻는 성공이란 의미를 갖는다. 전도자는 이런 성공의 문제에 대해 관찰한다. 그런데 전도자는 사람들의 성공에 대해 관찰한 후에, 이것도 헛되니 바람을 잡는 것이라는 부정적인 평가를 내린다. 그 이유는

---

8) 칼 막스가 "종교는 아편이다"라고 말한 것이 이런 맥락에 속할 것이다.
9) Schönberger, *Kohelet*, 2012, 125쪽.

사람의 성공에는 항상 이웃의 시기와 질투가 자리하기 때문이다.

어떤 사람의 성공이 다른 사람의 실패를 의미할 수 있다. 이같이 성공은 이웃 간의 경쟁을 불러일으키고, 이웃의 성공은 다른 사람의 시기와 질투를 유발한다. 성공을 위해 사는 사람들의 삶은 시기나 질투에 의해 지배당하는데, 이것이 사람들의 삶에서 행복을 앗아가는 요인이 된다. 경쟁과 시기가 사람의 행복에 큰 영향력을 가지니, 전도자의 눈에는 세상에서의 성공이 긍정적이지만은 않다. 물론 모든 경쟁과 질투를 평가절하 할 수는 없다. 스트레스가 사람에게 나쁜 것이지만, 적당한 스트레스는 오히려 사람에게 도움이 되기도 한다. 스트레스가 사람이 집중해서 살게 하는 긍정적인 기능을 갖듯이, 경쟁과 질투도 지나치지만 않으면 반드시 부정적인 것은 아니다. 그러나 사람들은 대부분 성공을 위해 전심전력하기 때문에, 경쟁으로 촉발되는 시기와 질투가 이웃의 관계를 파괴하고, 행복한 삶을 불가능하게 만드는 요인이 될 수 있다.

5절[경쟁에 대한 극단적인 소극적 반응] 전도자가 5-6절에서 그 당시에 통용되던 두 개의 격언을 인용하는 것으로 보인다.[10] 5절은 전통적인 격언으로 게으르지 말고 부지런 하라는 교훈이다(참조 잠 6:9-11; 24:30-34 등). 현실에서의 경쟁이나 그로인해 유발되는 시기나 질투를 싫어하는 사람은 극단적으로 일 자체를 거부할 수 있다. 사람이 성공을 쟁취하려면, 반드시 고통과 경쟁이 수반되기 때문이다. 전도자는 이런 소극적인 태도는 올바르지 않다고 말한다. 경쟁이 싫어 일을 극단적으로 거부하는 사람은 결국 자기 살을 뜯어먹으며 파멸에 빠지게 되기 때문이다.

6절[일과 평안이 균형을 이뤄야 함] 전도자는 경쟁과 시기에서 벗어날 수 있는 5절과는 다른 방법을 보여준다. 전도자는 한 손에 평안이 가득한

---

10) Michel, *Untersuchungen*, 252쪽; 반면에 크뤼거는 전도자의 말로 이해해도 문제없다고 말한다(Krüger, *Kohelet*, 189쪽).

것이 두 손에 수고가 가득한 것 보다 낫다고 말한다. 한 손에 평안이 가득한 것은 다른 손으로는 일을 하는 것을 의미한다. 반면에 두 손에 수고가 가득한 것은 성공만을 위해 사는 삶이고, 결국 "바람을 잡는 것"이 된다. 사람이 수고하여 성공을 쟁취해도 평안(행복)이 없을 수 있고, 열심히 수고하고도 성공을 얻지 못하면 시기와 질투에 빠질 수 있기 때문이다. 전도자는 이웃 간에 일어나는 경쟁과 시기의 심각한 결과를 깨닫고, 성공이 적더라도 평안이 있는 것으로 만족하라고 한다. 전도자는 균형 잡힌 중도적인 삶의 태도를 권장한다(참조 7:16-18).

경쟁이 싫어서 아무 일도 안하는 자는 어리석은 자요 게으른 자라는 비난을 받는다. 반면에 성공과 평안의 균형을 취하는 것은 바람직한 태도이다. 한 손에 필요한 것만 가지고 온전한 평안을 누리는 것이, 경쟁과 시기 속에서 성공만 추구하는 것 보다 낫다. 이것은 전통적인 지혜의 가르침과 일맥상통한다(잠 15:16,17; 16:8; 17:1; 시 37:16; 참조 잠 21:9,19; 25:24).[11] 그러나 이런 균형을 이루는 삶을 영위할 수 있는 사람이 얼마나 될까? 전도자는 4-6절에서 사람 사이의 관계를 회의적이고도 부정적으로 평가한다.[12] 사람들 사이에서 성공하려면 결국 경쟁과 시기의 상관관계를 벗어나기 어렵기 때문이다. 이런 일과 성공의 연관성이 사람의 행복을 저해하는 요소가 된다.

1.3. 동료(4:7-12)

7 내가 돌이켜, 해 아래서 헛된 것을 살펴보았다.
8 한 사람이 있는데 그에게는 옆 사람,
즉 아들도 형제도 없다.

---

11) Krüger, *Kohelet*, 190쪽.
12) 미헬은 사람 사이의 이런 관계를 "homo homini lupus(사람이 사람의 늑대다)"는 말로 표현한다(Michel, *Untersuchungen*, 253쪽).

그는 끝없이 모든 수고를 하고,
그의 눈도 재물에 만족이 없다.
그가 "내가 누구를 위해 수고하며,
스스로 좋은 것을 멀리하는가?" 한다면,
이것도 역시 헛되니 불행한 일이다.
9 **두 사람이 한사람보다 나으니,**
그들의 수고에 더 나은 보수가 있다.
10 **만일 그들이 넘어진다면,**
한 사람이 자기 동료를 일으켜준다.
한 사람이 넘어졌는데,
그를 일으켜줄 옆 사람이 없다면 불행하다.
11 **또한 만일 둘이 눕는다면 서로 따뜻해지지만,**
한 사람이면 어떻게 따뜻해지겠는가?
12 **만일 누가 한 사람은 이길 수 있어도,**
두 사람이라면 그에게 대항할 수 있고,
세 겹줄은 쉽게 끊어지지 않는다.

7-8절[옆에 아무도 없는 사람] 전도자는 돌이켜 해 아래서 헛된 경우를 살펴본다. 전도자가 관찰하는 대상은 옆에 아무도 없는 혼자 사는 사람이다. 이런 사람의 모습은 4-6절에서 말하는 것과 정반대되는 경우이다. 어떤 사람이 있었는데 끝없이 수고하여 많은 재물을 얻게 되었다. 그의 눈은 재물에 만족을 하지 못하고, 그는 만족 못하는 대로 끝없이 재물을 모을 수 있었다. 그러나 그가 재물은 끝없이 모을 수 있었지만 평안은 누리지 못한 것 같다(참조 4:6).

사람의 눈은 재물에 결코 만족하지 못하는 중독성이 있다. 그런데 사람이 재물에 중독되면, 재물이 사람에게 해를 끼친다. 이 사람은 수많은 재물을 얻고 성공적인 삶을 살았어도, 혼자이기 때문에 회의를 느낀다. 그는 "내가 누구를 위해 수고하며, 내게서 좋은 것을 멀리 하는가?"라고 혼잣 말을 한다. 그가 세상에서 재물과 성공은 얻었어도, 곁에 아들이나 형제 등 아무도 없으니, 이것도 헛되고 불행한 일이라고 전도자는 말한다.

9절[혼자보다 둘이 나음] 전도자는 한 사람보다 두 사람이 낫다고 말한다. 한 사람보다 두 사람에게 더 나은 보수가 따르기 때문이다. 여기서 두 사람이 받는 더 나은 보수가 무엇인지 분명치 않다. 10-12절에 나오는 세 가지 경우가(10절 כִּי אִם; 11절 גַּם אִם; 12절 אִם) 더 나은 보수에 대해 보여준다.

10-12절[더 나은 보수의 경우들] 여러 사람이 혼자보다 나은 경우를 여행을 예로 들어 설명하는 것 같다. 10절은 여행 중에 피곤해 넘어질 경우, 11절은 여행 중 밤에 찾아오는 추위의 경우, 12절은 여행 중에 강도를 만나는 경우를 말하는 것 같다.[13] 전도자는 1-2-3의 숫자를 사용하며 교훈을 말한다. 혼자는 힘이 없어도, 둘은 안전하며, 셋은 더욱 강하다는 교훈의 말이다.

둘이 한 사람보다 나은 것은 한 사람이 넘어졌을 때 일으켜줄 동료가 있기 때문이다. 구약에서 넘어짐은 종종 삶이 파괴되는 것으로 표현된다(참조 암 5:2; 호 4:5; 시 121:3; 91:11-13).[14] 사람이 어려움을 당할 때 혼자서 살 수 없으며 다른 사람의 도움에 의존하는 존재이다. 사람이 추운 밤에 혼자 자는 것보다 둘이 자는 것이 따뜻하다(참조 왕상 1:1-4). 혼자 자면 추워도, 둘이 자면 따뜻하게 추위를 이길 수 있다. 사람이 혼자서는 할 수 없고 협력해야 되는 일이 있다. 사람이 강도의 위험에 처했을 때, 혼자서는 힘없이 당할 수 있지만, 둘이라면 대항해볼 수 있다. 더구나 셋이라면 능히 위험을 물리칠 수도 있다. 사람이 서로 협력하면 더욱 강한 힘을 발휘할 수 있다.

---

13) Krüger, *Kohelet*, 191쪽.

14) Schönberger, *Kohelet*, 2012, 129쪽.

전도자는 여기서 1-6절에서 말하는 압제와 시기의 해결책을 제시하는 것처럼 보인다. 압제와 위로 없음(1절)이나 시기나 질투(4절)를 동료애를 통해 극복할 수 있기 때문이다. 그러나 4-6절과 7-12절이 우연히 이어 나오는 것이 아니라면, 전도자가 다음과 같은 교훈을 의도하는 것으로 생각할 수 있다.[15] 사회에서 한 사람의 성공이 반드시 다른 사람의 실패를 의미한다면 사람은 결코 공동체를 이룰 수 없다(4-6절). 그러나 사람은 동료를 필요로 하는 존재이기 때문에 혼자 살 수 없는 존재이다(7-12절). 이같이 4-6절과 7-12절은 서로 상반되는 경우를 서술한다. 전도자는 두 문단을 나란히 서술함으로 사람들 사이의 진퇴양난의 상태를 서술한다. 사람은 경쟁하며 사는 존재인 동시에, 다른 사람과 더불어 살아야 하는 존재이기 때문이다. 따라서 이것이 사람이 사는 사회의 비극이 되고, 또 삶의 행복을 저해하는 요소가 된다.

2. 왕이냐 하나님이냐? (4:13-5:10)

2.1. 왕에 대한 헛된 기대(4:13-16)

13 가난해도 지혜로운 아이가
더 이상 조언을 들을 줄 모르는
늙고 어리석은 왕보다 낫다.
14 그가 감옥에서 나와 왕이 되었지만,
그의 통치 때도 역시 가난한 자가 태어난다.[16]

---

15) Michel, *Untersuchungen*, 253쪽.

16) 많은 번역들이 "그가 늙은 왕의 통치 때 가난하게 태어났어도, 감옥에서 나와 왕이 되었다."라고 번역한다. 그러나 이 문맥은 아이의 입지전적인 성공을 칭송하는 것이 아니라, 왕에 대한 기대가 허무하다는 것을 말한다. 가난한 자가 왕이 되어도, 그도 가난을 해결하지 못한다는 의미이다. 그리고 גַּם(감)이 이런 문맥을 뒷받침해준다.

15 **나는 왕위를 이어받을 후계자 소년과 함께 있는**
해 아래서 사는 모든 사람들을 살펴보았다.
16 **모든 백성들이 끝도 없이 그 앞에[17] 서있지만,**
후세들은 역시 그에게 만족하지 못할 것이다.
이것도 역시 헛되니 바람을 잡는 것이다.

13절[지혜로운 아이가 어리석은 왕보다 나음] 전도자는 지혜가 유익하다는 교훈을 가진 한 이야기를 예로 든다. 전도자는 지혜문학에 나오는 교훈이야기를 통해(14절) 지혜가 왕이 가지고 있는 부나 권력이나 나이보다 낫다는 것을 말한다. 이야기에서 아이는 가난하지만 지혜롭고, 왕은 권력이 있지만 어리석다. 전도자는 실제로는 비교가 안 되는 "아이"와 "왕"을 비교함으로, 지혜가 권력보다 낫다는 교훈을 극대화시킨다. 그리고 "지혜로운 아이"와 "어리석은 왕"을 대조시킴으로, 지혜와 권력의 상관관계를 말하는 고대근동과 헬라의 이상적인 왕을 상대화시킨다.[18] 전도자는 늙고 고집 센 어리석은 왕보다 가난하지만 지혜로운 아이가 더 왕의 자격이 있다는 것을 보여준다. 따라서 지혜로운 젊은 왕이 어리석은 늙은 왕을 대신하는 것은 당연한 일이다. 이것은 누구나 일반적으로 수긍할 수 있는 지혜의 교훈이다.

14절[지혜로운 왕이 통치해도 마찬가지] 감옥에서 나온 자라도 지혜가 있다면 왕이 될 수 있다.[19] 일반적으로 14절을 13절의 연장선상에서 해

---

17) 원문은 "그들 앞에"이다. "그들"은 왕들을 의미하는 것 같다. 일반적으로 사람들이 왕들에게 환호를 보내지만, 나중에는 그들에게 실망한다는 의미일 것이다. 한편 "그들(왕들) 앞에 있는 모든 자들, 곧 백성들에게 끝이 없었다. 그러나 후세들(왕들)도 그(백성)에게 만족하지 못할 것이다."라고 번역할 수도 있다.

18) Krüger, *Kohelet*, 200쪽.

19) Krüger, *Kohelet*, 200-01쪽; 이와 같은 경우를 역사적으로 살펴볼 때 우리는 세 가지 경우를 생각해 볼 수 있다. 첫째로 이것이 얼마 전에 일어난 사건을 말한다면, 프톨레미 왕조의 프톨레미 IV세에서 V세로 넘어가는 과정을 염두에 두는 것 같다. 둘

석하여, 가난한 아이가 감옥에서 나와 왕이 된 입지전적인 이야기로 이해한다. 이런 해석은 14절하의 "키 감(כִּי גַּם)"을 어떻게 번역하느냐에 달려 있다.[20] 일반적으로 "키 감"을 양보(concessive)를 나타내는 말로 이해하여 "그가 가난하게 태어났어도"로 번역한다. 그러나 "키 감"을 반의(adversative)를 나타내는 말로 이해하면 "그가 왕이 되었지만"으로 번역된다.

14절은 13절과 같이 가난한 아이가 감옥에 갔을지라도 왕이 되었다는 입지전적인 이야기를 말하는 것이 아니다. 이 말은 입지전적인 지혜로운 아이가 왕이 되었어도, 그의 통치 때도 가난한 사람이 계속 태어난다는 이야기다. 다시 말해서 새로운 왕의 통치가 시작돼도 가난의 문제 같은 근본적인 문제는 해결이 어렵다는 것을 비판적으로 말하는 것이다. 이런 해석이 15-16절과 맥락을 같이 한다.

15-16절[새 왕도 만족을 주지 못함] 입지전적인 왕에 대한 전도자의 주석은 "내가 살펴보았다"는 말로 시작된다. 전도자가 살펴본 것은 다음과 같은 것이다. 사람들은 왕좌에 오른 후계자 젊은이에게 환호하며 그의 편에 선다는 것이다. 이것은 지혜의 대표적인 예로 거론된 입지전적인 왕에게도(13-14절) 예외는 아니다. 그러나 새 왕이 지혜를 가지고 감옥에서 나와 왕이 된 입지전적인 사람이라도, 백성에게 환호를 받는 것이 오래가지 못한다.[21] 후대의 사람들은 그에게 더 이상 만족하지 않기 때문이다.

째, 이것은 미래의 소망을 나타내는 것으로 볼 수 있다. 그러면 선지서에서 말하는 미래의 메시아 소망과 연결될 것이다(아기 - 사 9:6; 미 5:2; 메시아 통치자의 지혜- 사 11:2; 렘 23:5; 메시아의 천한 출신 - 슥 9:9). 셋째로 무엇보다 일반적인 경우를 염두에 두는 것으로 볼 수 있다. 지혜의 인물인 요셉이 대표적인 예가 될 것이다(창 39장 이하). 이 이야기가 구체적으로 어떤 역사적인 배경을 갖는지는 독자의 상상에 맡기는 것 같다.

20) 참조 Krüger, *Kohelet*, 202쪽.

21) 쇤베르거는 솔로몬의 경우를 예로 든다(Schönberger, *Kohelet*, 2012, 133쪽). 처음에는 많은 백성이 그를 따랐지만(왕상 1:35,40) 후에는 그에게 많은 대적들이 생겨났다(왕상 11:14-40).

수많은 왕들이 왕위에 오르지만 인기는 그때뿐이다. 그들이 왕위에서 사라지면 인기도 함께 사라지기 마련이다. 따라서 전도자는 "이것도 헛되니 바람을 잡는 것"이라고 부정적인 평가를 내린다.

만일 어떤 사람이 지혜를 통해 왕위에 올라도 그 성공은 영원히 지속하지 못한다. 따라서 이런 성공도 영원한 소득이 되지 못한다. 이전 왕에게 실망한 사람들이 새로 왕위에 오른 "지혜로운 왕"에게 몰려 큰 희망을 걸지만(15절), 이런 실망의 과정은 계속 반복되기 때문에 결국 끝없는 쳇바퀴처럼 헛된 것이 된다(16절). 대중은 항상 현재의 통치자에게 환호를 보내지만, 후대의 사람들은 그들과 생각을 달리한다. 새로운 왕에 대한 백성의 환호와 기대는 일시적인 것이며 헛된 것일 뿐이다. 엘러마이어(Ellermeier)가 이런 현상을 잘 요약한다. "한 젊은이가 지혜로 목표에 도달하지만, 이것도 결국 아무 것도 아니다. 왜냐하면 백성은 권좌에 오른 또 다른 이에게 환호하기 때문이다. Sic transit gloria mundi(이같이 세상의 영광은 지나가니), 이것도 역시 헛되어 바람을 잡는 것이로다!"[22]

이 본문은 요지는 "명예의 지나감"(the transitoriness of fame: Gordis)도, "지혜의 무가치"(the worthlessness of wisdom: Loader)도, "대중들의 선호도의 흔들림"(Lohfink)을 나타내는 것도 아니다. 이것은 왕 제도에 대한 근본적인 비판의 말이다.[23] 사람들은 새로운 왕이 등극하여 통치가 바뀌면 많은 기대를 하게 된다. 그러나 새 왕이 아무리 지혜로워도 가난과 같은 근본적인 문제는 해결하지 못한다. 사람들의 새 왕에 대한 기대는 오래가지 못하고, 다시 새 왕에게 기대를 걸게 된다. 이런 현상은 다람쥐 쳇바퀴 돌 듯 통치자가 바뀔 때마다 계속 반복된다.

2.2. 하나님에 대한 올바른 태도(5:1-7)

---

22) F. Ellermeier, *Qohelet* I, 232쪽.

23) Krüger, *Kohelet*, 203쪽.

1 네가 하나님의 전으로 갈 때,
너의 발걸음을 조심하라!
어리석은 자들처럼 제물을 드리기보다,
듣기 위해서 전으로 나아가라!
이는 그들이 알지 못하고 악을 행함이다.[24]
2 네가 하나님 앞에서 말을[25] 낼 때,
너의 입으로 서두르거나
너의 마음이 조급하지 마라!
하나님은 하늘에 계시고,
너는 땅위에 있기 때문이다.
그러므로 너는 말을 적게 하라.[26]
3 이는 일이 많으면 꿈이 생기고,
말이 많으면 어리석은 소리가 되기 때이다.
4 네가 하나님께 서원을 드렸다면
갚는 것을 미루지 마라!
그분은 어리석은 자들을 기뻐하지 않으시니,
너는 서원한 것을 갚아라.
5 네가 서원하고 갚지 않는 것보다
차라리 서원하지 않는 것이 낫다.
6 너는 네 입으로 육신이 죄짓게 하지 말지니,
사자[27] 앞에서 서원은 실수였다고 말하지 마라.

---

24) כִּי־אֵינָם יוֹדְעִים לַעֲשׂוֹת רָע는 세 가지 방향으로 번역할 수 있다. 1. 그들은 악을 행할 줄 모른다. 2. 그들은 몰라서 악을 행한다. 3. 그들은 악을 행하는 것을 모른다. Lohfink는 1의 의미로 해석하고[N. Lohfink, *Kohelet*, 83-94쪽], Longman은 3의 의미로 해석한다(Longman, *Ecclesiastes*, 151쪽). 그러나 필자는 Michel과 함께 2의 의미를 선호한다(Michel, *Untersuchungen*, 254쪽[각주 18]; 참조 A. Lauha, *Kohelet*, 98쪽).

25) 혹은 "무엇(דָּבָר)"을 냄에로 번역할 수도 있다.

26) 직역하면 "그러므로 네 말들이 적어야 한다."

27) 칠십인역은 "하나님"으로 읽는다.

왜 하나님이 너의 소리에 진노하고,
너의 손이 한 일을 멸하셔야 하는가?
7 **이는 꿈이 많아서 헛된 것이 많으면,**
말이 많아지기 때문이다.[28)]
너는 하나님을 경외하라!

5:1절에서 형식적으로나 내용적으로 새로운 문단이 시작된다. 전도자가 이전에는 "내가 보았다"라는 표현으로 자기가 관찰한 일들을 1인칭으로 서술했다. 그리고 그는 자기가 관찰한 일들에 대해 비판적인 평가를 했다. 그러나 본문에서는 전도자가 교훈을 받는 사람을 "너"라고 부르며, "... 하라, 하지 말라"는 명령형을 사용하여 직접화법으로 말한다.[29)] 그리고 주제의 내용도 사람이 예배에서 행하는 종교행위에 대한 것이다.[30)] 지혜서가 제의문제에 대해 별로 다루지 않는 것이 일반적인데, 전도서에서 제의문제를 전적으로 다루는 이 문단은 매우 독특하다.[31)]

1-7절의 본문에서 1, 3, 7절의 כִּי(키)가 다음 구절과 구별하는 기능을 한다.[32)] 우리는 이 단어를 중심으로 본문을 1절, 2-3절, 4-7절의 세 문단으로 나눌 수 있다. 세 문단은 각각 "제물"(1절), "기도"(2-3절), "서원"(4-

28) כִּי בְרֹב חֲלֹמוֹת וַהֲבָלִים וּדְבָרִים הַרְבֵּה의 번역이 까다롭다. וַהֲבָלִים의 ו를 "강조-ו"로 이해하고 독립문처럼 번역한다[참조 C.F. Whitley, *Kohelet: His Language and Thought* (BZAW 138) 1979, 49-50쪽; Krüger, *Kohelet*, 206쪽; Michel, *Untersuchungen*, 50쪽]; 다양한 번역의 가능성에 대해 "Longman, *Ecclesiastes*, 155-56쪽"을 참조하라.

29) 전도자가 처음으로 직접화법으로 말한다.

30) 브라운은 이 문단이 제물과 성전을 주제로 사람의 말과 행동에 대한 도덕적인 교훈을 말해준다고 해석한다(윌리엄 P. 브라운, 전도서, 한국장로교출판사 2006, 108-112쪽).

31) Lauha, *Kohelet*, 97쪽; Longman은 "제의가 지혜문학에서 주된 주제는 아닐지라도 전혀 결여된 것은 아니다"고 말한다(Longman, *Ecclesiastes,* 148쪽).

32) 개역에는 이에 대한 분명한 번역이 나타나지 않는다.

7절)에 대한 주제를 다룬다.[33] 사람은 하나님에 대해 잘못된 태도를 가지고 종교행위를 할 수 있다. 전도자는 그것을 제물, 기도, 서원의 예를 들어 다룬다. 전도자는 잘못된 태도를 가진 사람들을 "어리석은 자"라고 부른다. 전도자는 어리석은 자가 "제물", "기도", "서원"에 대해 어떤 잘못된 태도를 갖는지 말해준다.

2.2.1. 제물(1절)

1절[제물을 드리는 목적을 분명히 하라] 전도자는 하나님의 전에 들어갈 때 발을 조심하라고(쉐모르 שְׁמֹר) 경고한다. 발을 조심하라는 말이 하나님의 전에 들어가지 말라는 금지의 말은 아닐 것이다.[34] 전도자는 하나님의 전에 가는 것이 제물을 드리기 위해서가 아니라, 듣기 위한 것이라고 말한다.[35] 전도자가 발을 조심하라는 것은 하나님의 전에 들어갈 때 목적을 분명히 하라는 말이다. 사람이 하나님의 전에 들어갈 때 새로운 것을 깨닫게 된다(참조 시 73:17).

전도자는 제물을 드리기보다 듣기 위해 전에 가라고 말한다. 제물을 드리기 위한 목적으로 전에 가는 자는 어리석은 자이다. 여기서 "제물을 드림"이 하나님의 말씀을 "들음"과 대비된다.[36] 따라서 제물을 드리는 것

---

33) Michel, *Untersuchungen*, 254쪽; Krüger는 "1. 성전에서의 태도(1절), 2. 기도의 태도(2-3절), 3. 서원을 갚음(4-5절), 4. 실수를 다루는 법(6절), 5. 하나님을 경외하라는 결론"의 5 부분으로 나눈다(Krüger, *Kohelet*, 207쪽); 그러나 Lauha는 서원을 다루는 3과 4를 나눌 이유가 없다고 말한다(Lauha, *Kohelet*, 97쪽).

34) 죽을까봐 거룩하신 하나님 앞에 나아가는 것을 금하는 것은 아닐 것이다(참조 출 19:12; 민 17:13; 삼상 6:19; 삼하 6:6-7); 그러나 Longman은 이런 방향으로 해석한다(Longman, *Ecclesiastes*, 150쪽).

35) לִשְׁמֹעַ + קרב가 목적을 나타내는 용례는 신 5:27; 사 34:1에서도 볼 수 있다.

36) 제물(זֶבַח)은 피 없는 소제(מִנְחָה)나 완전히 태워드리는 번제(עֹלָה)와 구별되는데, 제물의 일부는 제사를 드린 후 참석자들이 같이 먹는다. 그래서 Lohfink는 여기서 전도자가 비판하는 제물을 "특별히 잔치를 위해 선별된 제물들"로 해석한다

은 말씀을 듣는 것과 반대의 목적이다. 제물을 드리기 위한 목적은 말씀을 듣기보다 하나님께 요구하는 태도로 해석할 수 있다. 어리석은 자는 하나님의 말씀을 들으러 전에 가는 것이 아니라, 자기의 요구를 하나님께 말하러 가는 사람이다. 어리석은 자는 예배에서 말씀을 듣는 자가 아니고, 하나님께 말하는 예배의 주체가 되는 사람이다.[37)]

어리석은 자들이 드리는 제물(제바흐 זֶבַח)의 문제점이 무엇일까? 전도자는 어리석은 자들이 알지 못하고 악을 행한다고 말한다. 이들이 악한 마음을 가지고 제물을 드리는 것은 아닐 것이다. 단지 그들이 알지 못하고 행하는 것이 문제다. 그러면 그들이 알지 못하는 것이 무엇일까? 그것은 제물의 성격에 대한 무지로, 제물과 연관하여 하나님을 제대로 알지 못한다는 것이다.[38)] 그리고 그들이 알지 못하여 악을 행한다고 하는데, 여기서 악은 제물과 연관된 악이다. "악"이라고 번역된 "라(רַע)"는 "좋은(good)"의 반대인 "나쁜(bad)"이란 의미도 갖는다. 우리는 어리석은 자들이 제물의 성격에 대해 무지하여 잘못된 제물을 드리는 것으로 볼 수 있다.

하나님께 악이 되는 잘못된 제물은 어떤 것일까? 구약은 제물 자체를

(Lohfink, *Kohelet*, 39쪽). 그러나 여기서 제물은 삼상 15:22; 호 6:6과 같이 "청종/순종"의 반대되는 태도로 이해해야 할 것이다.

37) 오늘날 많은 예배들이 하나님을 예배의 중심대상으로 삼지 않고, 사람을 중심대상으로 삼는다. 소위 "열린 예배"는 예배에 참석한 사람들을 소비자로 생각한다. 그리고 많은 소비자들이 모이도록 소비자 중심의 예배를 꾸민다. 예배에 참석한 소비자들이 감동을 받을 수 있도록 다양한 감동적인 프로그램(연극, 동영상 등), 신나는 찬양, 쾌적한 예배 환경 등, 소비자들이 만족할 만한 예배 환경을 꾸민다. 그러나 반면에 하나님에 대한 경외심, 공경심 등 하나님 중심적인 모습은 결여되어 있을 때가 많다(참조 김홍만, *개혁신앙으로 돌아가라*, 옛적길 2004).

38) 어리석은 자의 무지는 하나님에 대한 것으로 전도자는 하나님을 사람이 알 수 없는 따라서 어떤 영향력도 미칠 수 없는 분으로 이해한다(전 3:14-15). 어리석은 자에게는 이런 하나님에 대한 이해가 결여되어 있다(참조 Michel, *Untersuchungen*, 254쪽).

악한 것으로 말하지 않는다. 단지 하나님이 제물을 원치 않고 싫어하신다고 말할 뿐이다.[39] 그러면 어리석은 자가 드리는 하나님이 원치 않으시는 잘못된 제물은 어떤 것인가? 우리는 잘못된 제물의 예를 호 8:11-13절에서 볼 수 있다. 호세아 선지자는 제물을 드리는 제단이 많을수록 하나님께 더 많은 범죄가 된다고 말한다. 이것은 많은 교회를 세우고 하나님께 많은 예배를 드릴수록 더욱 많은 범죄를 행한다는 말과 같은 말이다. 하나님께서 제물을 기뻐하지 않으실 뿐 아니라 하나님께 범죄가 되는 이유가 무엇일까?

우리는 암 4:4-5절에서 좀 더 자세한 이유를 찾아볼 수 있다. 벧엘과 길갈은 성소가 있는 곳으로 하나님께 제물을 드리는 곳이다. 아모스는 벧엘과 길갈에 가서 제물을 드리는 것이 범죄하는 것이며, 제물을 드릴수록 죄를 더 짓는 것이라고 말한다. 아모스는 아침마다 제물을, 삼일마다 십일조를 드려보라고 말하며 잘못된 제물에 대해 조롱조로 말한다. 사무엘의 아버지 엘가나는 매년 실로에 올라가 희생제물을 드렸다(삼상 1:7). 이것과 비교할 때 매일 희생제물을 드리는 것은 엄청난 종교적 열심이다.

이스라엘은 삼년마다 소산의 십일조를 모아 가난한 나그네와 고아와 과부, 기업이 없는 레위 사람에게 주어 그들로 먹게 하였다(신 14:28-29; 26:12). 이것과 비교할 때 삼일마다 십일조를 드리는 것도 엄청난 종교적 열심이다. 그러나 아모스는 아무리 열심히 드리는 제물이라도 이것은 "너희의 기뻐하는 바"라고 말을 한다. 다시 말하면 하나님은 전혀 기뻐하지 않는다는 말이 된다. 그래서 아모스는 "너희 희생제물", "너희 십일조"라고 말하며 "너희"라는 말을 강조한다. 이것은 사람들이 드리던 제물이나 십일조가 "자기(너희)"가 좋아서 드리는 제물이지 하나님과는 전혀 상관

39) 예를 들면, "주는 제물과 예물을 기뻐하지 아니하시며, 번제와 속죄제를 요구치 아니하신다(시 40:6).", "내가 수소의 고기를 먹으며 염소의 피를 마시겠느냐?(시 50:13)", "주는 제물을 즐겨 아니하시나니, 번제를 기뻐아니하시나이다(시 51:16)." 등이다.

없다는 말이다.

이렇게 열심히 드리는 제물을 하나님이 기뻐하지 않으시고, 오히려 범죄가 되는 이유가 무엇일까? 호세아와 아모스에 의하면 제물을 여호와께 드리면서 바알에게 드리듯이 풍요와 축복을 기대했기 때문이다. 하나님께 감사로 제물을 드린 것이 아니라, 더 큰 복을 받을 것을 기대하며 드렸기 때문이다. 이런 제물에 대한 태도는 바알 숭배에서 기인하는 것이며, 따라서 하나님을 바알 신처럼 만드는 것이 된다. 이렇게 복을 기대하고 드리는 제물은 하나님께 역겨운 악이 되고, 이런 제물을 드리는 단이 많아질수록 죄가 더 많아지게 된다.

어리석은 자는 제물을 뇌물처럼 하나님께 드려 더 많은 것을 돌려받기를 기대한다. 하나님께 제물을 드리는 것이 목표가 아니라, 그 제물을 통해 받는 복이 그들의 목표이다. 이같이 어리석은 자는 제물을 복을 받는 도구로 사용한다. 어리석은 자들은 자기들이 드리는 제물이 하나님께 악이 되는지도 모르면서, 즉 하나님이 역겨워하시는 줄도 모르면서 기대감 속에 계속 제물을 드린다. 이것이 어리석은 자의 잘못된 제물이다. 제물자체가 악은 아니지만, 되돌려 받을 것을 기대하면서 드리는 제물은 하나님께 악이 된다.

우리는 하나님의 말씀을 듣고 순종하기 위해 예배에 가는 것이지, 하나님에게 어떤 영향력을 끼쳐 무엇인가 더 받기 위해 가는 것이 아니다. 하나님은 제물보다 우리가 듣는 것을 더 기뻐하신다(참조 잠 21:3; 삼상 15:22; 호 6:6; 비. 잠 15:8; 사 1:10이하; 66:3; 렘 7:22; 암 5:21f). 하나님은 우리가 예배에 나와서 말씀을 잘 듣고 실행하는 것을 기뻐하신다. 만일 예배드리는 목적이 복을 받기 위한 것이라면 제물을 드리러 전에 가는 어리석은 자와 같을 것이다.

2.2.2. 기도(2-3절)

2절[기도할 때 말을 적게 하라] 하나님께 말을 낸다는 것은 기도를 의미한다. 전도자는 하나님 앞에서 기도할 때 "서두르거나"(바할 בָּהַל[40]), "마음을 조급하게(마하르 מָהַר)" 갖지 말라고 한다. 그 이유는 "하나님은 하늘에 계시고 너는 땅에 있기 때문"이다. 그리고 전도자는 결론적으로 기도할 때 "말을 적게 하라"고 한다.[41]

전도자는 서둘러서 조급한 마음으로 하는 기도를 말을 적게 하는 기도와 대비시킨다. 따라서 서둘러 조급한 마음으로 하는 기도는 말을 많이 하는 기도로 생각할 수 있다. 그러면 말을 많이 하는 기도는 어떤 기도일까? 그 당시 사람들은 큰소리로 공공장소에서 길게 기도하는 것을 좋은 기도로 생각했다. 우리는 바리새인의 기도를 예로 들 수 있다(눅 18:9-14). 전도자는 길게 드리는 기도 자체를 부정적으로 말하는 것 같지는 않다.[42] 단지 "서둘러서, 급한 마음으로"하는 기도를 비판한다.

서둘러서 급한 마음으로 하는 기도는 빨리 응답되기를 바라는 마음으로 드리는 기도다. 이런 기도는 하나님의 뜻대로 이뤄지기보다, 하나님이 자기 뜻대로 들어주시기를 바라는 태도이다. 예수님은 이런 태도의 기도를 전형적인 이방인의 기도라고 말한다.[43] 예수님은 제자들에게 기도할

---

40) 개역개정은 "함부로"라고 번역한다. בָּהַל은 원래 "놀라다, 경악하다"의 의미를 갖는데 후에 "서두르다"의 의미도 갖게 된다(전 7:9; 8:3; 잠 28:22; 스 6:14; 습 1:18).

41) Lohfink는 전도자가 "하나님께 격의 없이 친구같이 기도하는" 그 당시 널리 퍼진 기도의 태도를 비판하는 것이라고 한다(Lohfink, *Kohelet*, 40쪽). 이것은 사람 사이에 말을 할 때 조심스럽게 하는 것이 지혜로운 태도라는 그 당시의 지혜서를 말하는 것으로 해석한다(참조 W. Bühlmann, *Vom rechten Reden und Schweigen*, Freiburg 1976); 한편 Longman은 기도할 때 많은 말로 하나님의 귀한 시간을 뺏고 괴롭히는 태도를 비판하는 것이라고 말한다(Longman, *Ecclesiastes*, 151쪽).

42) 길게 드리는 기도가 나쁜 것은 아니다(참조 삼전 5:17). 유대교에서도 "기도할 때 주저하지 말라(시락서 7:10)"는 가르침이 있는 반면 "기도할 때 말을 반복하지 말라(시락서 7:14)"는 가르침도 있다(Krüger, *Kohelet*, 209쪽). 반드시 기도의 길고 짧음이 문제되는 것은 아니다.

43) 침멀리는 "이 말이 중언부언하지 말라는 예수님의 경고와 간단히 동일시되지는 않지만, 인간이 자기의 신앙을 이용해서 하나님의 마음을 움직일 수도 없고 움직여서도 안 된다는 사실을 알고 있다는 점에서는 코헬렛과 예수가 일치한다."고 말한다."(W.

때 은밀하게 골방에서 기도하되, 이방인과 같이 말을 많이 하지 말라고 하신다. 말을 많이 해야 하나님이 들으실 것이라 생각하는 것은 이방인의 기도이니, 이방인들을 본받지 말라고 하신다. 그러면서 하나님은 우리가 구하기 전에 있어야 할 것을 미리 아신다고 말씀하신다(마 6:6-8).[44] 전도자가 기도할 때 서둘러 급한 마음으로 말을 많이 하지 말라는 것은 예수님이 말씀하시는 이방인의 기도와 맥락을 같이한다.

이방인들은 기도할 때 말을 많이 해야 하나님이 들으실 것으로 생각한다. 말을 많이 하는 것은 지극한 정성을 신에게 보이는 태도이다. 지극정성의 기도로 신을 감동시켜서, 원하는 것을 신이 들어주도록 하는 태도이다. 사람이 신을 감동시키기 위한 여러 가지 종교적 방법이 있다. 신의 호의를 얻기 위해 많은 예물을 갖다 바치거나, 자기가 얼마나 절실한지 보이기 위해 자기를 괴롭히며 기도하기도 한다. 모두 다 신을 감동시켜 자신이 원하는 것을 얻어내려는 방법이다. 그런 방법 중의 하나가 기도를 오랫동안 말을 많이 하며 신에게 자신의 절실함을 보이는 것이다.

우리는 대표적인 이방인의 기도의 모습으로 갈멜 산에서 "누가 참신인가?"라는 기도의 싸움을 벌였던 엘리야와 바알 선지자들의 기도의 대결을 비교할 수 있다(왕상 18:25-29). 큰 소리로 말을 많이 하면서 기도하든지, 춤을 추며 기도하든지, 피를 내어 자기들을 괴롭게 하면서 기도하든지 다 이방인의 기도의 태도를 보여준다. 모두 다 신을 움직여 자기의 뜻을 이루어내려는 기도의 방법이다.

하나님을 믿는 사람들도 이런 이방인과 같은 기도를 할 때가 있다. 우리는 하나님께 한 시간 기도하는 것보다 두 시간, 세 시간 기도하면 하나님이 더 응답해주시겠지 생각할 때가 있다. 이것도 이방인의 기도의 태도

침멀리, *잠언 전도서*, 한국신학연구소 1992, 296쪽).

44) 쇤베르거는 하나님께 말하기보다 하나님의 말씀을 듣는 "침묵기도(das Gebet des Schweigens)"가 이런 맥락에 서있다고 말한다(Schönberger, *Kohelet,* 2012, 136쪽).

이다. 또 금식하며 기도하든지, 잠을 안자고 철야하며 기도하든지, 모든 즐거움을 멀리하고 몸을 괴롭게 하며 기도하면, 하나님이 더 잘 들어주시겠지 생각하기도 한다. 그러나 이것도 이방인의 기도의 태도이다. 우리가 기도하는 것이 하나님께 정당한지 아닌지, 즉 하나님의 뜻에 맞는지 살피지 않고, 우리가 원하는 대로, 우리 뜻대로 받아내려고 하는 태도는 이방인의 기도의 태도이고 잘못된 것이다.

이런 맥락에서 전도자는 하나님께 서둘러 급한 마음으로 기도하지 말고, 말을 적게 해야 하는 이유로 "하나님은 하늘에 계시고, 너는 땅에 있기 때문이라"고 말한다. 하나님은 하늘에, 사람은 땅에 있다는 말은 하나님과 사람 사이에 엄청난 간격이 있다는 말이다. 하늘과 땅 사이에 측량할 수 없는 엄청난 간격이 있듯이, 하나님과 사람 사이에도 하늘과 땅만큼 엄청난 차이가 있다.[45] 사람은 이 간격을 극복하여 넘어설 수 없고, 또 하나님도 그렇게 하시지 않는다.[46] 그러면 "이 말은 신앙의 표현인가 아니면 하나님이 무관심하다는 말인가?"[47]

이 말은 우리에게 전 3:14-15절을 상기시킨다. 하나님이 행하시는 것은 영원하다. "영원하다"는 것은 하나님이 하신 일은 중간에 바뀌거나, 교정을 필요로 하지 않는다는 말이다. 하나님이 하신 일은 처음부터 끝까지 완벽하여 변하지 않는다. 하나님이 하시는 일은 완벽하여 실수가 없고, 따라서 나중에 더 하거나 뺄 필요가 없이 완전하다. 사람은 하나님이 하시는 이런 일을 보고 오직 하나님을 경외할 뿐이다. 여기서 경외한다는

---

45) 그러나 이런 간격이 사람의 기도가 하나님께 전혀 도달할 수 없다는 것을 의미한다는 Lauha의 주장은 옳지 않다(Lauha, *Kohelet,* 99쪽).

46) 그래서 사람들은 전도자를 회의론자, 비관론자로 부르기도 한다. 세상에서 일어나는 모든 일을 파악할 수 없다는 면에서 전도자를 회의론자라고 할 수 있지만, 사람에게 주어지는 삶에서 최선을 다하라는 면에서는 비관론자라기보다 오히려 낙관론자로 부를 수 있을 것이다.

47) Longman, *Ecclesiastes,* 149쪽; 머피는 "여기서 강조점은 하나님의 무관심이 아니라 절대주권이다"고 말한다(머피, *전도서,* 197쪽).

것은 하나님이 하시는 일이 너무도 완전해서, 하나님이 하신 일을 그대로 수용하는 태도를 말한다.

3절[말이 많으면 어리석은 소리가 된다] 전도자는 기도할 때 말을 적게 해야 하는 이유를 결론적으로 말한다. 그 이유는 "말이 많으면 어리석은 자의 소리가 되기 때문이다"(3절하). 그런데 여기서 말을 많이 하는 어리석은 기도가 "일이 많으면 꿈이 생기고"(3절상)라고 일이 많은 자에게 나타나는 꿈과 비교된다. 일이 많은 것을 말이 많은 것과 비교하고, 꿈을 어리석은 자의 소리와 비교한다.[48)]

일은 사람이 계획하는 사업을 의미한다. 사람은 많은 일들을 계획하는데, 전도자는 많은 일들을 계획하면 꿈이 생긴다고 말한다.[49)] 꿈은 하나님의 계시를 전달하고, 미래의 비전을 의미하는 긍정적인 것도 되지만[50)] 헛된 것을 의미하는 부정적인 의미도 갖는다.[51)] 여기서 전도자는 꿈을 부정적인 의미로 헛된 것, 몽상과 같은 것으로 사용한다.

사람이 많은 일을 계획하면 그것이 이루어질 것 같은 몽상에 빠지듯이, 하나님께 많은 말을 하며 기도하는 자는 어리석은 몽상에 빠질 수 있다. 일이 많은 자가 그 일이 다 이루어질 것이라는 꿈(몽상)에 빠져 비현실적인 생각을 가지듯이, 기도를 많이 하는 자도 그 기도가 다 이루어진다는 비현실적인 몽상에 빠질 수 있다. 그리고 그런 꿈에 빠지면 하나님의 뜻이 어떻든지, 그것을 이루기 위해 하나님께 많은 말을 하며 영향력을 가하고, 자기가 원하는 대로 이루어져야 한다는 잘못된 기대를 할 수 있다.

---

48) Longman이 두 비유의 비교를 이해하는데 얼마나 어려워하는지 참조하라(Longman, *Ecclesiastes*, 152-53쪽).

49) Lauha는 과중한 사업이 밤에 불안한 꿈을 야기한다고 말한다(Lauha, *Kohelet*, 99쪽). 그러나 이것은 밤에 꾸는 꿈이 아니라 성공할 것이라는 몽상으로 해석해야 할 것이다.

50) 예를 들어, 욥 4:12-13; 33:14이하; 창 40장이하; 단 2; 4; 7.

51) 참조 "신탁과 예언과 꿈들은 헛된 것이다"(시락서 34:1-7).

이런 위험 때문에 전도자가 "그러므로 네 말을 적게 하라!"고 말하는 것이다. 말을 많이 하는 것은 하나님께 어떤 영향력을 끼쳐 자기의 뜻을 관철하려는 잘못된 행동이며, 이것이 바로 어리석은 자의 기도가 된다.

2.2.3. 서원(4-7절)

어리석은 자의 제물이나 기도처럼 어리석은 자의 서원도 하나님을 움직여 자신의 뜻을 관철시키고, 자신이 원하는 것을 받아내려는 태도로 드리는 것을 말한다.[52] 성경에서는 서원 자체를 부정적으로 말하지 않는다. 이스라엘 뿐 아니라 고대근동에서 "사람은 어려운 과제나 위험한 상황 앞에서 하나님이 도와주시면 하나님께 예물을 드리거나 무엇을 하지 않겠다고 약속했다(창 28:20이하; 민 6:2이하; 삿 11:30이하; 삼상 14:24 등)."[53] 따라서 서원은 "만일 ... 해주신다면", "그러면 제가 ...을 하겠습니다(혹은 하지 않겠습니다)"라는 형식을 갖는다.[54]

서원은 특히 기도와 밀접한 관계를 갖는다. 시편의 기도는 "'만일' 하나님께서 ...을 해주신다면, '그러면' 하나님께 찬양(감사)를 드리겠습니다."라는 찬양과 감사의 약속으로 끝난다. 서원의 첫째 형태는 하나님께서 기도를 들어주시면 "…을 하겠습니다(드리겠습니다)"는 것이다. 그래서 하나님께 서원한 것을 이행하는 감사시에는 하나님께 약속한 서원을 갚는다는 고백이 많이 나온다(참조 시 22:25; 50:14; 56:12; 66:13-15; 116:17-19; 잠 7:14). 그리고 레위기에는 하나님께 약속한 서원을 갚는 서원 제물에 대해 많이 언급된다(레 7:16; 22:18, 21, 23; 23:38; 27:2, 8).

반면에 하나님이 기도를 들어주시면 "…을 하지 않겠습니다"는 서원을 하기도 한다. 대표적인 것이 나실인의 서약이다(민 6:1-12). 이들은 남자든

---

52) "제물"과 "기도"처럼 "서원"도 예배를 구성하는 요소로 볼 수 있다(참조 사 19:11; 욘 1:16).

53) Lauha, *Kohelet*, 99쪽.

54) 참조 H.D. Preuß, *Gelübde II*, TRE 12, 302-324쪽.

지 여자든지 하나님께 특별한 서원, 곧 나실인의 서원을 하고 구별된 생활을 하는 사람들이다. 그들은 포도주와 독주를 멀리하고, 삭도(면도칼)를 머리에 대지 않고, 시체를 가까이하지 않아 몸을 부정케 않는 삶을 약속한 사람들이다.

4-5절[서원은 반드시 갚아야 한다] 성경은 서원 자체를 부정적인 것으로 말하지 않는다. 단지 전도자는 어리석은 자의 제물과 기도의 경우처럼 자기가 원하는 것을 받아내기 위해 생각 없이 서원을 했다가 나중에 갚지 않는 경우, 즉 서원을 오용하는 경우를 비판한다. 전도자는 잿밥에만 관심을 두고 앞뒤 생각 없이 성급하게 서원하는 자를 어리석은 자라고 말한다.

우리는 서원의 긍정적인 예로 아들 사무엘을 드리겠다고 한 한나의 서원을 생각할 수 있다(삼상 1장). 한나는 아들을 얻기 위한 욕심으로 서원을 드리지 않았다. 한나의 서원에는 진정성이 있었다. 그래서 귀하게 얻은 아들이지만 서원대로 하나님께 바쳤다. 사무엘은 이스라엘의 위대한 지도자가 되었다. 사무엘은 이스라엘의 선지자로(3:19-20) 이스라엘을 블레셋의 손에서 구원하고(7장), 이스라엘을 다스리는 사사로(7:15-17) 이스라엘의 지도자 역할을 했다. 그리고 우여곡절 끝에 결국 이스라엘에 왕 제도를 도입하여 새로운 이스라엘의 역사를 시작하게 한 위대한 인물이었다. 한나는 하나님께 한 서원을 갚았고, 하나님은 한나의 서원을 받으셔서 사무엘을 이스라엘의 위대한 지도자로 삼아주셨다.

전도자는 서원하고 지키지 않는 자를 어리석은 자라고 부른다(4절). 그러므로 서원하고 지키지 않느니 차라리 서원을 하지 말라고 경고한다(5절). 여기서 전도자가 서원자체를 금하는 것은 아니다. 단지 서원하고도 지키지 않는 태도를 어리석은 자들이라고 말하며, 서원은 반드시 지켜야 한다고 경고하는 것이다. 전도자의 이 말은 신 23:21-23절을 거의 그대로 인용하는 것이다: "네 하나님 여호와께[55] 서원하거든 갚기를 더디게 하지 말라. 네 하나님 여호와께서 반드시 그것을 요구하시리니 더디면 네게 죄라."

전도자는 "더디면 네게 죄다" 라는 신명기의 말을, "하나님은 어리석은 자를 기뻐하지 않기 때문이다" 로 바꾼다. 만일 사람이 서원하고 지키지 않으면 '하나님이 기뻐하시지 않는 어리석은 것' 인데, 이것은 곧 '하나님께 죄' 가 되는 것이다. 하나님께 서원하고 지키지 않으면 단지 미련하고 지혜롭지 못한 행동이라는 도덕적 가치판단의 문제 뿐 아니라, 하나님께 범죄가 된다는 말이다.[56]

서원은 갚아도 되고 안 갚아도 되는 가벼운 일이 아니다(참조 민 30:2). 서원은 약속한 대로 다 지켜야 한다. 따라서 서원을 갚을 수 없다면 아예 서원을 하지 말아야 한다. 이같이 서원은 신중하게 잘 생각해서 해야 한다(참조 잠 20:25). 이런 의미에서 전도자는 "너는 네 입으로 네 육체가 범죄치 말게 하고, 사자[57] 앞에서 그것은 실수였다고 말하지 말라. 왜 하나님께서 네 소리에 진노하시고, 네 손의 일을 멸하시겠느냐?" (6절)고 말한다. 전도자는 입으로, 즉 서원함으로 육체가 범죄치 말게 하라고 한다. 사람이 가볍게 서원했다가 갚지 못하고 "그것은 실수였다!" 고 변명할 수 없다는 것이다. 하나님은 서원을 어기는 행위에 대해 징계하시기 때문이다. 따라서 서원을 하고 지키지 않는 것보다는, 서원자체를 아예 하지 않는 것이 낫다(5절).

---

55) 전도서는 "네 하나님 여호와" 를 단순히 "하나님" 으로 대치한다. 신명기에서 이스라엘의 하나님 여호와를 말한다면, 전도서는 어떤 인칭접미사로도 제한되지 않는 저 멀리 하늘에 계셔서 사람과 엄청난 간격이 있는 하나님을 언급한다(참조 Michel, *Untersuchungen*, 256쪽).

56) 이런 의미에서 예수님도 "금, 제물" 을 두고 맹세하는 것보다 "제단, 성전, 하늘", 곧 하나님을 두고 맹세하는 것이 더 엄중한 일이라고 경고한다(마 23:16-22).

57) 여기서 "사자" 는 하나님의 사자로 "제사장" 을 의미할 것이다(참조 말 2:7); 그러나 Longman은 제사장이 (서원의) 실수를 판단하는 제도가 이스라엘에 있었는지 의문을 제기하며, 칠십인역이 "하나님" 으로 다른 헬라어 역본들이 "천사" 로 번역한 것을 예로 든다(Longman, *Ecclesiastes*, 154쪽).

6절[서원을 실수라고 변명하지 마라] "실수"라는 말은 히브리어로 שְׁגָגָה (쉐가가)이다.[58] 이 말은 무의식적인 실수를 의미하는 전문용어로 실수를 용서받기위한 속죄규정들을 가진다.[59] 민 15:22-31절은 용서받을 수 있는 잘못과 용서받을 수 없는 잘못에 대해 말한다. 이스라엘이 그릇 범죄 하면(민 15:22; 참조 24, 25, 26절) 속죄제를 드려 용서받을 수 있다(25절). 여기서 "그릇 범죄 한다"는 말은 전도서의 "실수"라는 말과 같은 어근을 갖는다. 이것은 사람이 의도하지 않게 실수로 행한 잘못을 말한다. 사람이란 실수할 수 있기 때문에 이런 잘못은 용서가 가능하다. 반면에 사람이 "짐짓" 무엇을 행하면 그것은 결코 용서받을 수 없다(30-31절). 여기서 "짐짓"을 직역하면 "높이 든 손(야드 라마 יָד רָמָה)"이라는 말이다. 손을 높이 들고 무슨 일을 한다는 것은 자기가 지금 무슨 일을 하는지 분명한 의식을 가지고 한다는 말이 된다(참조 출 14:8).

누구든지 의도적이고 분명한 의식가운데 행한 잘못은 결코 속죄 받거나 용서 받을 수 없다. 그는 백성 중에서 반드시 끊어질 것이다. 단지 "실수로" 범한 범죄만 용서받을 수 있다. 그러나 실제 제의에서는 사실상 범죄가 "실수"라고 인정되는 사람만 용서받을 수 있다(참조 시 15; 24). 성경은 그릇 범죄 하는 경우, 즉 실수로 범죄 하는 경우를 자세하게 설명한다(참조 레 4장이하; 민 15:22이하; 35:9이하). 이같이 용서받을 수 있는 구체적인 범죄들을 언급하는 것은 사람들이 자기 잘못을 모두 실수로 인정받으려고 하기 때문일 것이다. 전도자는 서원한 것을 실수라고 변명하며 용서받으려 하지 말라고 말한다. 서원은 분명한 의식을 가지고 드려야 하는 것이기 때문이다.

우리는 부정적이지만 반드시 지킨 서원의 예로 입다를 생각할 수 있다(삿 11장). 입다는 하나님이 암몬 자손에 대한 승리를 주시면 자기 집에서

---

58) "실수"와 "제의"와의 관계에 대해, "Krüger, *Kohelet*, 210-211쪽"을 참조하라.
59) Lauha, *Kohelet*, 100쪽.

처음 자기를 영접하러 나오는 자를 누구든지 번제로 드리겠다고 서원한다 (삿 11:31). 그가 흥분가운데 깊은 생각 없이 잘못 서원한 것으로 보인다. 아무리 승리가 중요해도 사람을 번제로 드리겠다는 서원은 잘못된 것이기 때문이다. 입다의 잘못된 서원은 부메랑이 되어 다시 그에게 돌아온다. 무남독녀 외동딸이 아버지의 승리를 축하하기 위해 춤추며 제일 먼저 영접하러 나오기 때문이다. 입다는 끔찍한 서원이지만 하나님께 한 서원이기 때문에 지켰다. 서원이 얼마나 무섭고 엄중한 것임을 보여주는 예이다.

7절상[서원을 쉽게 하는 이유] 그런데 어리석은 자는 왜 가볍게 서원하는 것일까? 그 이유가 7절에 나온다. "꿈이 많으면 헛된 것이 많고 말이 많아도 그러하기" 때문이다. 이 말의 번역이 어렵지만, 우리는 "꿈이 많으면 헛된 것과 말이 많아진다."로 번역할 수 있다. 다시 말하면 꿈이 많으면 헛된 말이 많아진다는 것이다. 이 말은 우리에게 3절을 연상시킨다. 거기서 "일이 많으면 꿈이 나타나고"가 여기서는 "꿈이 많으면 헛된 말이 많아진다."로 바뀔 뿐이다.

비현실적인 헛된 꿈을 꾸는 자들은 헛된 말이 많아진다. 즉 자기가 무엇을 이루고자 하는 욕망과 꿈을 꾸는 자들은 그것을 이루기 위해 헛된 말, 즉 헛된 서원을 많이 하게 된다는 말이다.[60] 하나님이 이렇게 저렇게 해주시면, 내가 이렇게 저렇게 하겠다고, 자기가 원하는 것을 얻으려는 목적으로 앞뒤 생각안하고 가볍게 서원하게 된다. 이런 사람은 자기가 받을 것에만 관심이 있지, 자기가 드리는 서원은 깊이 생각하지 않는다. 서원을 단지 하나님께 영향력을 끼쳐, 원하는 것을 얻으려는 수단으로 삼을 뿐이다. 그래서 (하나님의) 사자가 서원을 지킬 것을 요구하면, 그냥 실수였다고 가볍게 말하는 것이다. 이것은 하나님을 가볍게 여기는 태도로 용서받

---

60) 7절을 전체의 결론으로 보아 헛된 것과 헛된 말을 "제물, 기도, 서원"을 총칭하는 것으로 생각할 수 있다. 물론 이것은 제물, 기도, 서원 자체를 부정하는 것이 아니라, 잘못된 제물, 기도, 서원을 말한다(참조 Krüger, *Kohelet*, 211쪽).

을 수 없는 행동이다.

7절하[하나님을 경외하라] 전도자는 모든 것의 결론으로 "오직 너는 하나님을 경외하라"고 말한다. 전 3:14절에서 하나님을 경외한다는 말이 나온다. 하나님의 행하시는 것은 영원하여, 거기에 더하거나 뺄 필요가 없을 정도로 완벽하다. 하나님이 하시는 이런 완전한 일에 대해 사람은 하나님을 경외할 뿐이다. 그런데 어리석은 사람은 하나님이 하신 일을 경외 가운데 수용하지 않고, 자기 뜻대로 자기가 원하는 대로 하나님을 움직이려고 한다.

전 7:18에도 하나님을 경외하는 자에 대해 나온다. 전도자가 세상의 일을 보니 의인이 멸망하기도 하고, 악을 행하는 악인이 장수하기도 한다(15절). 하나님의 인과응보가 세상에서 제대로 시행되지 않는 것이다. 의인이 망하고 악인이 잘 된다면 하나님의 말씀을 지켜 순종하면 복을 받을 것이라는 하나님의 약속, 즉 하나님의 인과응보의 통치의 법칙이 깨지는 것이다. 이러면 지나치게 의를 추구하던 사람은 경악할 수 있다. 세상에서 의인이 망하기 때문이다(16절).

어떤 사람은 악인에게 징벌이 임하지 않으니 마음 놓고 악을 행한다. 그러나 이런 사람은 제명에 죽지 못할 수 있다(17절). 따라서 전도자는 이것을 잡으며 저것도 놓지 말라고 말한다. 하나님을 경외하는 자가 이 모든 것에서 벗어날 수 있기 때문이다(18절). 하나님을 경외하는 것이 무엇이기에 이 모든 것에서 자유로울 수가 있을까? 그것은 의인이 망하고 악인이 잘되는 경우에도 하나님의 통치를 의심하지 않고 하나님의 하시는 일을 전적으로 신뢰하는 태도이다. 따라서 "하나님을 경외하는 것도 일종의 하나님에 대한 지식에 속한다."[61]

전도자는 종교행위에서 세 가지 주된 예(제물, 기도, 서원)를 들어 어리석은 자의 신앙 태도를 설명한다. 이들은 제물, 기도, 서원을 통해 하나님

---

61) Schönberger, *Kohelet*, 2012, 138쪽.

을 움직여 자기의 뜻을 관철하려는 자들이다. 우리가 하나님께 무엇을 얻기 위한 목적으로 예배를 드리든지, 기도를 하든지, 심지어 서원을 드린다면, 하나님을 가볍게 여기는 어리석은 자가 되는 것이다. 우리는 하나님이 저 높이 계셔서 우리가 경외할 수밖에 없는 분임을 알아야 한다.[62] 따라서 우리가 그분에게 무엇을 요구하기보다, 그분의 뜻이 무엇인지 잘 듣고 그 뜻에 순종하는 자가 되어야 한다.

2.3. 왕에 대한 헛된 기대(5:8-10)

8 만일 당신이 지방에서 가난한 자가 압제받고
공법과 정의가 탈취되는 것을 보아도,
그 일에 대해 놀라지 마라!
이는 높은 자를 더 높은 자가 지키며,
또 그들 위에 더 높은 자들이 있음이다.
9 "땅의 소득은 무엇보다도 이것이니,
경작되는 땅에 왕이 있다는 것이다."[63]
10 돈을 사랑하는 자는 돈에 만족치 못하고,[64]

62) 이런 의미에서 "하나님을 경외하여 명령을 지키는 것"이 전도서의 결론이다(전 12:13).

63) 9절의 번역은 너무나 다양하다. Gordis는 9절을 "insuperable crux"로 얘기한다. 한편 Lauha는 이 구절을 이차적인 것으로 여긴다. 이 구절에 대해 다음과 같은 다양한 번역들이 있다. NEB: "그의 땅이 잘 경작된 왕", Gordis(AV): "왕도 땅에 복속된다.", Plumptre: "경작된 땅을 위한 왕", Moffat: "통제를 하는 왕", Lauha: "경작된 땅이 왕을 갖는다는 것(타락한 관료제도에 대해)", H. Fisch(The Holy Scripture 1992): "땅은 모두에게 이득이 있다: 땅을 경작하는 이는 왕이다", Zlotowitz: "땅의 이득은 매우 크다: 왕도 땅에 의존한다."(참조 Krüger, *Kohelet*, 216쪽; Michel, *Untersuchungen*, 108쪽).

64) 10절을 새로운 문단으로 해석하기도 한다(예. Krüger, *Kohelet*, 221쪽이하). 그러나 "이것도 역시 헛됩니다."는 10절하가 한 문단의 결론임을 말해준다(Michel, *Untersuchungen*, 49, 110쪽). 10절을 8-9절의 결론의 말로 해석한다.

재물을 사랑하는 자는 이득에 만족치 못하니,[65)]
이것도 역시 헛되다.

8-9절은 5:1-7절처럼 직접대화의 형식을 계속 이어간다. 이 문단은 4:13-16절의 주제(왕에 대한 헛된 기대)와 연결되고, 4:1-3절의 "압제"와 3:16-21절의 "정의와 공법의 부재"의 주제를 연상시킨다. 그리고 10절은 8-9절에 대한 전도자의 결론적인 주석이다.

8절[공법과 정의가 없는 관료제도] 5:1-7절과 같이 조건문의 명령형이다. 이 구절은 사회 통치구조의 모순에 대해 얘기한다.[66)] 여기서 "타마(תָּמַהּ, 경악하다/놀라다)"와 "샤마르(שָׁמַר, 감시하다/지키다)"는 다음과 같이 두 가지 의미로 번역될 수 있다.[67)]

(1) "...에 경악하지 말라. 이는 더 높은 자가 위에서 높은 자를 감시함이다."

(2) "...에 놀라지 말라. 이는 더 높은 자가 위에서 높은 자를 지킴이다."

(1)의 경우는 유다에서 행해지는 불의와 압제에 대한 것으로, 그 당시 관료제도에서 불의가 자행되어도 불안해하지 말라고 말하는 것이다. 불의는 잘 구성된 관료들의 감시제도로 반드시 걸러져 시정될 것이기 때문이다. 위로부터 높은 자가 그 아래 사람을 감시하는 감독시스템이 잘 작동되기 때문에 혹시 불의가 있다할지라도 걱정하지 말라는 의미이다.

반면에 (2)의 경우는 그 당시 관료제도에 대한 비판의 말이다. 불의가

---

65) 크뤼거는 מִי를 살려서 "이득이 없다면 누가 재물을 사랑하겠는가?"로 번역한다(Krüger, *Kohelet*, 221쪽).

66) 사회의 불의에 대해서는 3:16-4:3에서도 다루고 있다.

67) Krüger, *Kohelet*, 217쪽.

계속 자행되는 것은 관료제도의 부패 때문이라는 것이다. 높은 관리가 아래 관리들을 서로 지켜주면서 관리들의 불법을 눈감아준다. 따라서 이런 부패한 관료제도로 인해 불의가 계속 자행되어도 놀라지 말라는 것이다. 전혀 개선의 여지가 없다는 관료제도에 대한 비판의 말이다.

(2)의 의미가 문맥에 합당한 것 같다. 최고 통치자인 왕이 멀리 있기 때문에 지방의 관리들이 서로 눈감아주며 불법을 저지르는데 그 희생자는 힘없는 백성이다. 여기서 지방이란 말인 머디나(מְדִינָה)는[68] 유다의 지방 행정구역을 가리키는 말이다. 지방은 왕을 대신하여 총독과 관리들이 다스린다. 그런데 지방 관리들이 조직을 형성하여 자기 마음대로 그 통치권을 악용한다. 여기서 "지키다"는 말은 위로부터 아래까지 감시해야하는 기관이 서로서로 눈감아주고 봐준다는 의미를 갖는다. 전도자는 이와 같은 현상에 선지자들과 같이 격렬하게 비판하지 않고, 그런 것을 보더라도 놀라지 말라고 차분하게 얘기한다.

9절[왕의 직접통치를 원하는 구호] 통치기관의 부패에 대한 대안으로 왕이 등장하게 된다(9절). 그러나 이것은 전도자의 생각과는 다르다. 전도자는 왕이 무소불위의 권력을 가지고 자기 마음대로 한다고 평가하기 때문이다(참조 8:4). 이 말은 불의한 관료조직에 대항하는 사람들의 주장이다.[69] 아마도 그 당시 불의를 행하는 관료 제도를 없애버리고, 왕이 직접 통치해야 한다는 구호일 것이다.[70] 사람들은 왕의 직접적인 통치가 부패한 관료사회를 변화시킬 수 있으리라고 믿었다. 높은 관료들은 자기들의

---

68) דִּין(판단하다)에서 나온 말로 "재판구역"의 의미를 갖는다.

69) 프톨레미 왕국의 "시리아-페니키아" 지방에서는 왕이 아니라, 항상 "고위의", 혹은 "더 고위의" 관료들에 의해 통치되었기 때문에, 이것은 8절에서 서술된 상황을 개선하기 위한 이상적인 왕정제도에 대한 구호일 수 있다; 프톨레미 시대의 상황에 대해, N, Lohfink, *melek, šallît, môšēl bei Kohelet und die Abfassungszeit des Buches*, Bib 62(1982), 535-43쪽; Lohfink, *Kohelet*, 42-43쪽을 참조하라.

70) Schönberger, *Kohelet*, 2012, 140쪽.

이익만 추구하기 때문이다(참조. 느 5:4; 9:36-37). 그러나 이것이 전도자 자신의 생각은 아니다. 왜냐하면 그는 "소득"이란 개념을 얻을 수 있는 긍정적인 의미로 사용하지 않기 때문이다. 따라서 8-9절은 왕정을 찬성하는 사람들이 하는 말의 인용이고, 10절이 그에 대한 전도자의 주석이다.[71)]

10절[왕도 돈을 사랑하는 사람] 이 구절에서 전도자는 인간의 연약성을 언급함으로, 왕정에 대한 사람들의 기대에 비판적인 주석을 단다. 위와 같은 왕정을 옹호하는 구호도 사실상 헛된 것이 된다. 왜냐하면 사람의 욕심은 끝이 없어서 가지면 가질수록 더욱 많이 갖고 싶어 하기 때문이다. 왕도 마찬가지로 가질수록 더욱 더 욕심을 낼 것이다. 이와 같은 인간의 욕심 때문에 왕이 사회의 불의를 없앤다고 반드시 말할 수 없다. 전도자는 8절의 사회적 불의를 왕의 직접통치로 개선할 수 있다는 사람들의 주장에, 사람이란 본질적으로 돈에 약한 존재라는 점을 들어 의문을 제기한다. 결국 정치제도의 변화도 소득을 확실하게 보장할 수 없는 것이다.

전도자는 그 당시 만연한 관료체제에 사람들의 회의적인 평가와(8절), 왕정체제로의 전환만이 희망이 있다는 주장에 대해(9절) 관찰하면서, 그 누구도 인간의 약점에서 벗어나지 못한다는 평가의 말로(10절) 정치제도의 변화가 근본적인 문제해결이 되지 못한다는 것을 주장한다. 결국 이 세상에서의 행복은 세상의 왕이 아니라, 하늘의 왕이신 하나님을 경외하는 것으로부터 오는 것이다.

---

71) 많은 주석가들(Krüger, Schönberger 등)이 10절을 11-12절과 연결시킨다. 그러나 10절하의 "이것도 역시 헛되다"는 말이 앞 단락의 결론임을 보여준다.

제 4 장

재산과 행복(5:11-6:9)

왕과 행복에 대한 주제를 다뤘던 전도자는 재산과 행복에 대한 주제로 넘어간다. 사람에게는 재산이 있는 경우와 없는 경우가 있는데, 전도자는 재산이 사람의 행복에 어떤 가치를 가지는지 다룬다. 먼저 전도자는 재산이 행복에 큰 가치를 가지지 못한다는 부정적인 격언을 인용한다(5:11-12; 6:7-9). 일반적인 지혜의 교훈에서 영적인 가치를 물질보다 더 중시하는 경우가 있는데, 전도자는 과연 재산이 삶에서 가치가 덜한 것인가를 다룬다.

전도자는 재산이 행복에 주는 가치를 논증하기 위해, 사람이 재산을 누리지 못하는 부정적인 경우와 재산을 누리고 사는 긍정적인 경우를 각각 예로 든다. 여기서 재산에 대한 부정적인 경우와 긍정적인 경우가 서로 동심원 구조를 이룬다.[1] 이 구조를 통해 전도자는 사람에게 누릴 수 있는 재산이 없다면 불행한 일이고(5:13-17), 또 재산이 있더라고 그것을 누리지 못한다면 그것도 불행한 경우로 말한다(6:1-6). 전도자는 결론적으로 사람에게 누릴 수 있는 재산이 있다면 행복한 것이고, 그것은 하나님이 주신 선물임을 강조한다(5:18-20).

1) Krüger, *Kohelet*, 224쪽.

1. 재산에 대해 부정적인 격언(5:11-12)
   2. 재산의 부정적인 경우: 누릴 재산이 없음(5:13-17)
      3. 재산의 긍정적인 경우: 누릴 재산이 있음(5:18-20)
   4. 재산의 부정적인 경우: 재산이 있어도 누리지 못함(6:1-6)
5. 재산에 대해 부정적인 격언(6:7-9)

5:11-12절은 두 개의 격언의 말로 재산이 사람의 행복에 전부는 아니라는 부정적인 교훈을 주는 말이다. 그러나 재산이 인생에서 큰 가치를 지니지 못한다는 이런 평가절하의 입장은 13-17절에서 전도자에 의해 비판적으로 다루어진다.

5:13-17절은 재산이 없는 부정적인 경우들에 대한 관찰이다. 사람에게 재산이 없는 것은 불행한 일이다. 먼저 13-15절은 힘써 모은 재산을 단번에 잃어 사람에게 재앙이 되는 경우이다. 더구나 아끼면서 써보지도 못하고 모은 재산을 모두 잃어버리는 경우 그에게 더 심각한 재앙이 된다. 이 경우 재산을 잃어버리는 것보다, 그것을 누리지 못했다는 사실이 뼈아픈 불행이 된다. 16-17절은 13-15절의 예와 같은 맥락이지만 또 다른 예를 보여준다. 재산을 단번에 잃어버려 불행한 경우도 있지만, 사람이 평생 일하고도 바람을 잡는 것 같이 아무 재산도 얻지 못했다면 이것도 뼈아픈 불행이 된다. 그는 누릴 재산이 없을 뿐 아니라, 평생 분노와 병과 화속에 지내야하기 때문이다. 13-15절이 사람이 재산을 누리지 못하여 불행한 경우를 말한다면, 16-17절은 가난하기 때문에 재산을 원천적으로 누릴 수 없는 불행한 경우를 말한다.

5:18-20절은 재산에 대해 긍정적으로 서술한다. 전도자는 "먹고 마시며" 행복을 누리는 것이 사람에게 최고로 좋은 것이며, 하나님의 선물이라고 말했다(참조 3:12-13, 22). 전도자는 13-17절에서 재산이 없으면 행복을 누릴 수 없는 경우들을 살펴보았다. 따라서 사람에게 "좋은 것(재산)"은 필요한 것이며, 그것을 누리는 것은(직역하면 "좋은 것을 보다" 이다) 아름

다운 것이다. 그리고 하나님이 재산을 주셔서 그것을 즐길 수 있게 하셨다면, 그것은 또한 "하나님의 선물"이다(18절). 이같이 재산은 그 자체로 가치를 가지는 것이 아니라, 사람이 재산을 가지고 행복을 누릴 수 있다는데 있다(19절). 그리고 재산을 가진 사람은 인생에서 너무 많은 걱정을 하지 않고 행복을 누릴 수 있다. 그래서 재산은 사람에게 가치가 있는 것이며, 하나님도 원하시는 것이 된다(20절).

6:1-6절에서 전도자는 재산과 관련된 불행한 경우를 다시 다룬다. 5:13-17절에서는 재산이 없기 때문에 행복을 누릴 수 없는 불행한 경우를 다룬다면, 여기서는 충분한 재산이 있어도 그것을 누리지 못하는 불행한 경우를 다룬다. 어떤 사람이 자기가 원하는 대로 재산을 모았지만, 그러나 어떤 이유인지 하나님이 그것을 누리지 못하게 하셔서 엉뚱한 사람이 그것을 대신 누린다면 이것도 뼈저린 불행이라고 말한다. 이와 같은 불행한 경우는 그 사람이 (상상을 초월할 정도로) 장수하여 복을 받았다 할지라도, 인생에서 행복을 누리지 못한다면 심각한 일이라는 말로 더욱 강조된다.

6:7-9절에서 전도자는 먼저 자기 욕구를 채우고 사는 행복이, 사람에게 반드시 최고는 아니라는, 재산의 가치에 대해 부정적인 일반적인 격언을 인용한다(7절). 이것은 부를 추구하기보다 올바른 삶을 추구하라는 일반적인 지혜의 교훈이다. 그러나 전도자는 이런 교훈에 대해 의문을 제기하며(8절), 누리지 못하고 욕구로 헤매는 것보다 실제로 누리는 것이 낫다고 결론을 맺는다(9절). 9절은 7절의 격언에 대한 반박이면서, 동시에 이 문단 전체의 결론의 역할을 한다.

1. 재산에 대해 부정적인 격언(5:11-12)

11 "좋은 것(재산)이 많아지면,
그것을 먹는 자들이 많아진다.

그 주인이 눈으로 보기만 한다면,
그에게 무슨 이득이 있겠는가?"
12 **"적게 먹든지 많이 먹든지**
일꾼의 잠은 달콤하다.
그러나 부자의 배부름은
그에게 편안한 잠을 주지 못한다."

11절[재산이 많아도 소용없다] 11-12절에서 전도자는 재산을 부정적으로 평가하는 두 개의 지혜격언을 인용한다. 왜냐하면 이 구절들에서 전도자의 전형적인 관찰방법과 논증의 용법이 나타나지 않기 때문이다.[2] 이 말은 내용적으로도 재산에 대한 전도자의 생각이라기보다 일반적인 교훈의 말처럼 보인다. 따라서 우리는 전도자가 일반적인 잠언의 교훈을 인용하고 있는 것으로 생각한다. 전도자는 재산에 관해서 비판적으로 말하는 일반적인 격언을 살펴봄으로 재산과 행복이란 주제에 대해 그의 논증을 시작한다.

11절하의 질문을 어떻게 이해하느냐에 따라 이 구절의 해석이 달라진다.[3] 첫째 1절하의 질문을 수사적 질문으로 이해할 수 있다. 즉 재산이 많아질수록 그 재산에 참여하는 사람들도 많아져서, 결국 다른 사람들이 자기 재산을 다 먹어치우고, 자신은 눈으로만 구경하게 된다는 것이다. 둘째로 11절하를 실제 질문으로 이해할 수 있다. 즉 어떤 사람도 자기 재산을 남이 먹어치우는 것을 보고만 있겠느냐는 것이다. 즉 그가 눈으로 보기만한다면, 어떤 이득이 있겠는가라는 질문에, 아무도 그렇게 하지 않을 것이라는 부정적 대답이 기대된다. 셋째로 "눈으로 보다"는 말을 구경하는 것이 아니라 "즐기다"는 말로 이해할 수 있다(6:9; 11:9; 참조 3:13; 5:18). 만일 주인이 실제로 자기 재산을 누린다면, 그에게 무슨 이득이 있겠는가

2) Michel, *Untersuchungen*, 188쪽.
3) 참조 Krüger, *Kohelet*, 227쪽.

는 질문에, 이득이 있다는 긍정적인 대답을 기대하게 된다.

우리는 첫째의 질문으로 본문을 이해한다. 이 격언은 재산이 많으면 군식구들이 더욱 많아진다는 것이다(참조 잠 19:4, 6). 그런데 주인은 누리지도 못하고 다른 사람들이 다 먹어치우면 그에게 아무 이득이 없다. 이것은 고대근동의 씨족공동체의 모습을 보여주는데, 한 사람이 부자이면 그 재산에 붙어사는 친척들이 많이 모이게 된다. 이럴 경우 사람이 열심히 일해서 많은 재산을 모으지만, 다른 사람들이 그것을 누린다면, 재산이 그에게 최고의 행복을 주는 것은 아니라는 교훈의 말이다.

12절[부자보다 일꾼이 편안한 잠을 누린다] 두 번째 격언은 적게 먹든지 많이 먹든지 상관없이 일꾼의 잠은 달콤한 반면에, 부자의 배부름이 그에게 편안한 잠을 약속하지 못한다는 것이다. 즉 부자가 가진 재산이 가난한 일꾼보다 평안한 삶을 보증하는 것은 아니다. 배부른 부자는 잠을 설칠 수 있지만, 적게 먹든지 많이 먹든지 힘든 노동을 한 가난한 일꾼은 단잠을 이룰 수 있기 때문이다.

이 구절이 부자보다 가난이 더 낫다는 것을 말하는 것 같지는 않다. 그러나 일꾼은 달콤한 잠을 자지만, 부자의 배부름은 그에게 편안한 잠을 주거나 보장하지는 못한다. 부자의 "배부름"이 게으른 삶이나, 혹은 지나친 배부름이나, 혹은 부에 대한 지나친 욕심 등을 의미할 수 있다(참조 10절).[4] 부자는 몸이 피곤하지 않기 때문에, 혹은 너무 배불러서, 아니면 지나친 부에 대한 욕심 때문에 잠을 이루지 못할 수 있다. 그러나 가난한 일꾼의 삶도 결코 달콤한 것은 아니다(12절상; 참조 17절). 일꾼은 배부르게 먹지도 못하고 힘든 노동에 시달려야 하기 때문이다. 이 구절도 11절과 마찬가지로 재산이 사람에게 항상 행복을 보장하는 것은 아니라는 일반적인 교훈의 말이다.

---

4) 참조 Krüger, *Kohelet*, 228쪽.

2. 재산의 부정적인 경우: 누릴 재산이 없음(5:13-17)

13 내가 해 아래서 본 뼈아픈 불행이 있으니,
주인이 아끼던 재산이 불행이 된 경우이다.
14 그는 이 재산을 잘못된 사업으로 잃었다.
그가 아들을 낳았는데,
그의 수중에 아무 것도 없다.
15 그는 어머니 배에서 나왔던 것처럼,
맨몸으로 온 것처럼 돌아갈 것이다.
그는 자기가 수고하여 얻은 것 중에서
아무 것도 손에 들고 가지 못할 것이다.
16 그리고 이것도 뼈아픈 불행이니,
사람이 온 그대로 가게 되는 경우이다.
그가 바람을 잡기위해 수고했다면
그에게 무슨 소득이 있겠는가?
17 더욱이 그는 평생 어둠 속에서 먹으며[5],
수많은 분노와 병과 화가 있다.

13-17절의 본문은 부보다 가난을 더 나은 것으로, 아니면 부를 무가치한 것으로 여기는 사람들에 대한 전도자의 비판이다. 재산을 잃으면 행복을 보장하지 못하고(13-15절), 아무 재산도 없는 가난은 행복한 삶을 불가능하게 한다(16-17절). 그러므로 행복한 삶을 위해서는 사람에게 최소한도의 재산이 필요하다(18절).

13절[아끼던 재산이 불행이 됨] 13절 이하에서 전도자는 사람에게 실제적으로 닥칠 수 있는 불행한 경우를 관찰한다. 이런 경우가 사람에게

---

5) 칠십인역은 πένθει(슬픔, אֵבֶל), 곧 "그는 평생 어둠과 슬픔 가운데 있으며.." 로 번역한다.

항상 일어나는 일은 아니다. 그러나 전도자는 이런 극단적인 경우를 예로 들면서[6] 그의 논증을 전개한다. 전도자는 이런 극단적인 경우를 "רָעָה חוֹלָה (라아 홀라)"라 부른다. 두 단어는 동등어로 "병이 되는 불행"의 의미를 갖는데, 우리는 "뼈아픈 불행"으로 의역한다. 사람에게 병을 일으킬 정도로 불행한 경우라는 의미이다. 여기서 13절하의 שָׁמוּר(샤무르)[7]의 의미도 다양하게 해석된다. 이 말은 금고에 "보관한" 재산이라는 의미도 되고, 아껴서 "모은" 재산이란 의미도 된다. 하여튼 주인이 아끼고 모은 재산이 그에게 불행한 일이 되었다는 말이다.

14-15절[잘못된 사업으로 빈털터리가 됨] 여기서 전도자가 살펴본 극단적인 경우는 다음과 같다. 어떤 사람이 아끼고 노력해서 재산을 모았는데, 그것을 잘못된 사업으로 한 번에 잃었다. 이런 경우 모은 재산이 오히려 그에게 뼈아픈 불행이 된다. 여기서 뼈아픈 불행이 된 것은 자기 재산을 다 잃었기 때문이기도 하지만(14절), 그 재산을 누리보지도 못하고 "아꼈기(저축했기)" 때문이다(13절). 전도자는 여기서 재산의 가치는 그 자체가 아니라, 주인에게 행복을 주는데 있다는 것을 보여준다. 재산이란 그 자체에 목표가 아니라, 행복을 누리기 위한 중요한 수단이다. 그러므로 재물 자체가 행복을 보증해주는 것은 아니다.

그의 계속되는 불행은 아들을 낳았는데 "그의 손"에 아무 재산도 없다는 것이다. 여기서 "그의 손"이 가난하게 된 아버지의 손인지, 새로 태어난 아들의 손인지 모호하다.[8] 아버지의 손이라면 아들을 키울 재산이 없다는 의미이고, 아들의 손이라면 그에게 물려줄 재산이 없다는 의미일 것이다. 이것은 부자였던 아버지나 가난한 아들이 같은 운명을 맞게 된다는

---

6) 그래서 "יֵשׁ(there is)"란 말을 사용한다(참조 Michel, *Untersuchungen*, 189쪽).

7) שָׁמַר(keep)의 수동분사로 "kept"의 의미를 갖는다. 본문에서는 "아끼던"으로 번역했다.

8) 미헬은 아들의 손을 가리킨다고 말한다(Michel, *Untersuchungen*, 189쪽).

것을 강조하기위한 표현인 것처럼 보인다. 이제 그는 어머니의 배에서 나왔던 것처럼 맨몸으로 돌아가야 한다(참조 욥 1:21). 그리고 그는 자기가 수고한 것 중에서 아무 것도 가져가지 못할 뿐 아니라, 아들에게 물려줄 아무 재산도 남아있지 않다.

16-17절[바람을 위해 수고한 불행] 일반적으로 이 단락을 14-15절의 연장으로 이해하여, 가난하게 된 부자와 아들의 계속되는 운명을 서술하는 것으로 본다. 그러나 16절에서 "이것도 뼈아픈 불행이다" 라고 말하는데(참조 13절), 14-15절에 서술된 불행한 경우를 보충하는 새로운 경우라는 것을 보여준다. 어떤 사람이 재산을 모았지만 누려보지도 못하고 날려버린 불행한 경우가 있다면(13-15절), 평생 수고했는데 바람만 잡은, 즉 아무 재산도 모으지 못한 불행한 경우도 있다. 어떤 사람은 모은 재산을 누려보지도 못했지만, 어떤 사람은 누릴 재산조차 없는 경우이다.

그 결과는 그의 나머지 인생을 "어둠" 속에서 지내며, 수많은 "분노" 와 "병" 과 "화" 가운데 지내는 것이다. 모은 재산을 다 잃는 것도 불행한 일이다. 그러나 평생 고생하지만 아무 재산도 모으지 못하고, 평생 동안 생활에 대한 근심과 걱정과 분노 속에 살아야 하는 것은 더 큰 불행이다. 전도자가 여기서 들고 있는 예들은 현실에서 충분히 있을 수 있는 경우들이다. 이것이 언제나 일어나는 일반적인 규칙은 아니지만, 충분히 있을 수 있는 일이기 때문에 재산의 가치를 평가하는데 충분한 근거가 된다. 전도자는 재산의 가치가 덜하다는 일반적인 지혜의 교훈에 대해, 만일 재산이 없다면 사람에게 불행이 될 수 있다는 논증을 펴고 있다. 전도자는 재산이 행복에 중요한 요소임을 계속해서 다음 본문에서 다룬다.

3. 재산의 긍정적인 경우: 누릴 재산이 있음(5:18-20)

18 보라, 내가 좋게 보는 것이 있다.
사람이 하나님이 주신 평생 동안
해 아래서 애쓴 그의 모든 수고 가운데,
먹고 마시고 좋은 것(재산)을 누린다면,
그것은 아름다운 것이다.
이는 이것이 그의 몫이기 때문이다.
19 또 하나님이 어떤 사람에게 재산과 재물을 주셔서
그것으로 먹고, 자기 몫을 지니고,
수고 중에 즐길 수 있게 하셨다면,
이것은 하나님의 선물이다.
20 이는 그가 자기 생애에 너무 많은 걱정을 않아도 되니,
하나님이 그로 마음의 즐거움에 몰두하게 하심이다.

이 단락은 3:10-22(특히 12-13, 22절)과 주제 상 연관된다. 거기서 논의된 최고의 "좋은 것"이란 주제가 여기서는 재산이란 주제와 연관되어 언급된다. 3:12-13, 22절에서 먹고 마시고, 즐기는 것을 모든 사람에게 똑같이 "좋은 것"으로 말했다면, 여기서는 "좋은 것"을 "재산"과 연관시켜 논의한다. 그러면서 5:11-12절에서 언급되고 5:13-17절에서 자세히 다루어진 "재산"의 문제를 다시 언급하며 뼈아픈 불행에 대한 대안을 보여준다. 여기서 18절은 16-17절(재산을 모으지 못한 헛된 수고)과, 19절은 13-15절(누리지 못한 재산)과 연관된다. 20절은 "생애"에 대한 새로운 관점을 제시한다.

이 문단은 전도자의 전형적인 사고와 논증형식을 보여준다. 전도자는 13-17절에서 재산의 불행한 경우를 살펴본 후에, 18-19절에서 자기주장을 전개한다. 그의 주장은 사람이 수고한 가운데 먹고, 마시고 즐길 수 있는 것은 하나님이 주신 "몫"이라는 것이다(18절). 이것은 일반적인 사람뿐 아니라, 하나님이 재산을 주신 부자에게도 해당된다. 부자가 자기 몫을 갖

는 것, 즉 자기 재산을 누리는 것은 하나님의 선물이다(19절). 그리고 재산을 통해 생기는 안정감이 죽음의 두려움에서 그를 지켜주어 즐거운 생활을 가능하게 한다(20절).

18절[재산을 누리는 것은 아름다운 것이며 그의 몫임] 전도자는 사람이 수고해도 삶을 행복하게 누릴 수 있다면 좋을(토브 טוֹב) 뿐 아니라, "아름답다(야페 יָפֶה)"고 말한다. 이것이 사람에게 삶을 주신 창조주의 뜻이며, "먹고 마시며" 행복을 누리는 것은 합당한 일이다(참조 3:11).[9] 그러나 사람이 "좋은 것(토바 טוֹבָה)"을 누리기 위해서는(참조 3:13), 자신의 모든 수고에서 "좋은 것(טוֹבָה)"을 보아야한다. 여기서 "좋은 것"은 "재산과 재물"을 의미한다(19절). 사람에게 최소한의 재산도 없으면 행복한 삶을 누리기 어렵다(참조 5:16-17). "재산"은 모든 사람들이 가지고 누릴 수 있는 자신의 "몫"이다(참조 3:22).[10]

19절[자기 몫을 즐길 수 있다면 하나님의 선물] 전도자는 하나님에게서 생명 뿐 아니라(18절), "부와 재산"을 받은 사람이 좋은 것을 누릴 수 있다고 말한다. 그가 자신의 재산에 대해 먹고 마시며 누릴 수 있는 즐거움에 대한 몫을 갖기 때문이다. 그러나 이 누림은 사람이 가진 "재산이나 재물", 즉 부가 보장하는 것은 아니다. 하나님이 그에게 즐길 수 있도록 해주셔야(히슐리트 הִשְׁלִיט) 하고(참조 6:1-2[11]), 또 사람이 실제로 재산의

---

9) "Longman, *Ecclesiastes,* 168쪽"은 전도자가 "먹고 마시고" 누리는 것을 인생의 의미가 없기 때문에 차선책으로 추구하는 적은 기쁨들이라고 설명한다(... "resignation to the limited best that life can offer. That is, in the light of the absence of a meaningful life, Qohelet advocates a life pursuing the small pleasures afforded by food, drink, and work").

10) Michel은 "사람이 삶 가운데 갖는 '헬렉(몫)'은 그가 먹고 마시고 좋게 지낼 수 있다는데 있는데, 부나 재물도 하나님이 누릴 수 있게 해주신다면 하나님이 주신 좋은 재산이다"고 말한다(Michel, *Untersuchungen*, 124쪽).

누림을 실행해야하기 때문이다(참조 5:13-15와 4:7-8).[12] 전도자는 사람이 재산을 누릴 수 있다면 "이것이 하나님의 선물이다!"라고 강조하는데, 재산의 가치를 평가절하 하는 교훈에 대해 비판적인 생각을 피력한다.

20절[재산이 삶에 걱정을 덜어주고 즐거움을 줌] 이 구절에서 제기하는 이유가 독특한데 이해하기가 쉽지 않다. 그런데 이 구절이 생애, 즉 장수와 노년의 문제를 다룬다는 것이 분명하다(참조 6:3-6). 이것은 사람이 자신의 부를 누리고 즐기는 것이, 미래에 대한 불안 때문에 재산을 모으는 압박감에서 해방시킨다는 것을 말하는 것 같다. 사람이 누릴 수 있는 어떤 부도 없다면 미래에 대한 불안과 걱정 때문에 현실의 삶을 누리기 어려울 것이다(참조 5:13-17). 그러나 사람이 부를 가지고 현실의 삶을 누린다면, 이것이 미래에 대한 걱정과 불안에서 그를 해방시켜준다. 재산이 삶에 안정감을 제공해주고 그의 마음에 즐거움을 더해준다. 사람이 현재 누리는 삶의 행복은 생활의 걱정과 죽음의 두려움으로부터 벗어나게 해준다.

전도자는 부를 총체적으로 폄하하거나 무가치하게 보는 것에 반대한다. 재산은 하나님이 주신 "몫"이며 "선물"이기 때문이다. 그러나 동시에 재산의 가치도 상대화된다. 재산은 누림의 수단에 불과하며 결코 목적이 될 수 없기 때문이다. 부자는 자신의 재산에 대한 몫, 즉 재산에 대한 정당성을 가지고 "거기서 먹고 마시며" 누릴 수 있다. 부자가 재산에 대한 자기 몫을 갖는 반면에, 한편 그는 거기서 남은 것을 다른 사람에게 몫으로 주어 그들도 누릴 수 있게 해야 한다(참조 5:11; 11:2).

---

11) 하나님이 허락하셔야 사람이 "좋은 것"을 누릴 수 있다. 하나님이 "먹지 못하게" 하시면(참조 6:2) 사람이 그것을 누릴 수 없다. 우리는 이런 부정적인 경우로 병, 파산, 누림에 대한 부정적 태도(개인적인 종교적, 윤리적 신념) 등 다양하게 생각해 볼 수 있다.

12) 참조 Krüger, *Kohelet*, 231-32쪽.

4. 재산의 부정적인 경우: 재산이 있어도 누리지 못함(6:1-6)

1 내가 해 아래서 본 불행이 있는데,
사람이 견디기 어려운 경우이다.
2 하나님이 재산과 재물과 명예를 준 사람이 있다.
그는 자기가 원하는 모든 욕구대로 부족함이 없다.
그러나 하나님이 그것을 먹지 못하게 하시고,
엉뚱한 사람이 그것을 먹게 하시니,
이것도 역시 헛되며 뼈저린 불행이다.
3 만일 어떤 사람이 아이 백을 낳고,
오랫동안 장수하여 나이가 많아도,
그가 좋은 것(재산)을 만족하게 누리지 못하면,[13)]
그가 무덤 근처에조차 가보지 않는다 해도,[14)]
나는 유산된 아기가 그 사람보다 낫다고 말한다.
4 이는 유산된 아기는 헛되이 왔다 어둠 속에 가버려,
어둠 가운데 그의 이름이 덮여지기 때문이다.
5 그는 해를 보거나 알지도 못했지만,
이 아기가 저 사람보다 더 평안하다.
6 만일 그가 천년의 두 배를 살면서,
좋은 것(재산)을 보지(누리지) 못해도,
결국 모두 같은 곳으로 가는 것이 아닌가?

---

13) 직역하면 "좋은 것(재산)에 대한 그의 욕구가 만족되지 않는다."이다. 문맥은 재산에 대한 끝없는 욕심을 말하는 것이 아니라, 재산을 누리려는 욕구가 만족되지 못한다는 의미이다. 즉 재산을 충분히 누리지 못하여 욕구가 만족되지 않는다는 의미이다.

14) 직역하면 "그에게 무덤조차 주어지지 않는다."이다. 문맥상 이것은 복된 상태를 서술한다. 즉 죽어 무덤에 가지 않고 장수한다는 말이다. 아무리 죽지 않고 장수해도 누리지 못하는 삶은 불행하다는 의미이다. 따라서 일반적으로 하듯이 "무덤이 주어지지 않는다.", "제대로 매장되지 않는다."라고 번역하면 이것은 저주의 상태이기 때문에 문맥에 맞지 않는다.

이 단락에서 중심이 되는 단어는 네페쉬(נֶפֶשׁ)이다. 이 단어는 전도서에서 7번 나오는데[15], 그중에 4번이 여기서 사용된다(6:2, 3, 7, 9). 네페쉬는 "목구멍, 목, 숨, 생물, 사람, 인격, 삶, 영혼, 욕구" 등의 다양한 의미를 갖는다.[16] 이 단락에서는 네페쉬가 "욕구, 욕망" 등의 의미로 사용된다.

1-2절[재산을 누리지 못하는 불행] 이 구절은 5:18-20절의 내용을 계속 이어간다. 전도자는 5:18-20절의 상황과 반대의 예를 들면서 자신의 주장을 보강한다. 전도자는 5:18-20절에 나온 표현을 반복함으로 거기서 내렸던 평가를 좀 더 세밀하게 서술하는데, "하나님이 먹을 수 있게/없게 하셨다"는 말이 서로 연관된다(6:2와 5:19절). 전도자는 재산이 사람에게 해아래서 견디기 어려운 불행(1절), 곧 헛된 뼈저린 불행(2절; 참조 5:13, 16)이 되는 극한 경우를 보여준다. 하나님이 어떤 사람에게 부와 재산과 영예를 주셔서 그가 원하는 모든 것을 다 얻게 됐는데, 그러나 하나님이 그것을 먹을 수(즐길 수) 있는 기회는 주지 않으셔서, 다른 사람이 그것을 대신 먹는(누리는) 경우이다.

"다른 사람(노크리 נָכְרִי)"은 일반적으로 이스라엘 사람이 아닌 외국인을 의미한다.[17] 아마도 그 당시 유대인들과 같이 살던 암몬 사람들, 헬라 사람들이 여기에 속할 것이다. 그러나 이 말은 여기서 친척이 아닌 전혀 모르는 사람에게 적용된다(참조 시 69:8; 잠 27:2; 사 28:21).[18] 따라서 이 사람이 외국인에게 재산을 빼앗긴다기보다, 외국인 같이 전혀 낯선 사람(엉뚱한 사람)이 그의 재산을 대신 누린다는 의미일 것이다.[19]

이 사람이 재산을 누리지 못한 것은 그에게 누릴 재산이 없는 것이 아

15) 전 2:24; 4:8; 6:2, 3, 7, 9; 7:28.

16) HAL II, 712-23쪽; 윌리암 할러데이, *히브리어, 아람어 사전*, 322쪽.

17) 참조 이태훈, *구약의 외국인 복지*, 구약논단 27(2008년 3월), 한국구약학회, 71-74쪽; R. Martin-Achard, "נֵכָר", THAT II, 66-68쪽.

18) Krüger, *Kohelet*, 234쪽.

19) 참조 민영진, *전도서/아가*, 대한기독교서회 2009, 140쪽.

니라(참조 5:12와 4:8처럼), 하나님이 그것을 먹을 수 없게 하셨기 때문이다. 재산이 있어도 그것을 누릴 수 없다면 그것은 견기기 어려운 뼈저린 불행이 된다. 여기서도 볼 수 있듯이 재산은 그 자체에 가치가 있는 것이 아니다. 재산은 단지 수단에 불과하며, 사람이 재산을 누리는 경우에 그 가치를 갖는다.

이 사람이 재산을 누릴 수 없었던 이유가 무엇일까? 그 이유가 외적 요인인지 아니면 내적으로 자신을 억압하는 심리적인 원인인지 분명치 않다. 아마도 본문은 두 가지 가능성을 다 열어놓는 것 같다. 미헬은 그 이유를 세 가지로 추정해 본다.[20]

첫째는 외부에서 닥친 사건 때문에 재산을 잃게 된 경우이다(참조 5:13-15). 사업이 잘못되었든지, 전쟁과 같은 재난 때문이었든지, 정치적인 사건 때문이었든지 여러 가지 경우를 상상할 수 있다. 그러나 분명한 것은 그에게 재산이 더 이상 없다는 사실이다. 그러나 왜 전도자가 5:13-15절처럼 재산이 없어진 분명한 이유를 말하지 않는지 설득력이 없다.

둘째는 그에게 재산이 아직 있지만, 외부에서 온 장애 때문에 그것을 누릴 수 없다는 것이다. 우리는 그런 이유로 질병과 같은 요인을 생각할 수 있다. 이런 설명이 첫째보다 더 설득력이 있지만 5:19절과 비교할 때 의문이 생긴다. 왜냐하면 5:19절에서도 하나님이 누릴 수 있게 하신 것이 건강과 연관돼야 하기 때문이다.

마지막으로 재산을 하나님이 주신 선물로 생각지 않아, 그것을 즐기려는 생각이 내적인 마음과 연관되는 경우이다. 하나님이 재산을 주셨지만, 재산을 누리는 것을 가치가 덜한 것, 곧 하나님이 기뻐하시지 않는 것으로 생각하기 때문이다. 헤르츠베르크는 “가장 좋은 것을 소유한 사람이 그것을 먹지 않아, 씨 뿌리지 않은 다른 사람이 대신 먹는 것을 바라볼 수밖에 없다.”고 이런 경우에 대해 설명한다.[21] 이것이 전도자의 생각과

---

20) Michel, *Untersuchungen*, 192쪽.

맞는 가장 합당한 해석으로 보이며 6:3-12절과도 잘 부합된다.

3-5절[다산과 장수하면서도 재산을 누리지 못하면 유산된 아이가 차라리 나음] 전도자가 5:13-17절이나 6:1-2절에서 현실에서 일어날 수 있는 가능한 예를 들고 있다면, "만일(3절, 임 אִם; 6절, 일루 אִלּוּ)"로 시작되는 예들은 가상적인 것임을 보여준다. 어떤 사람도 100명의 자식을 낳거나(3절), 2000년 동안 살지 못하기(6절) 때문이다. 전도자가 실현 불가능한 예를 과장해서 드는 것은, 사람이 아무리 많은 자식들을 낳고 또 장수해도, 그것이 삶에서 재산을 누리는 것보다 못하다는 것을 강조하려는 것이다. 3절이 어떤 사람이 "좋은 것(재산)"은 있으나 누리지 못하는 경우를 보여준다면(참조 6:1-2), 6절은 "좋은 것(자기 재산)"도 갖지 못한 경우를(참조 5:16-17) 말하는 것 같다.[22)]

전통적으로 다산과 장수는 큰 복으로 여겨질 뿐 아니라(참조 잠언 3:2,16; 9:11 등), 종말의 구원의 상징으로 사용된다(사 65:20, 22-23; 슥 8:4-5). 어떤 사람이 장수하고 무덤에도 가지 않았다는 말은 에녹이나 엘리야 같은 사람을 말한다(창 5:23이하; 왕하 2:3,5). 전도자는 많은 자식을 가지고 장수하며, 죽음을 보지 않고 하나님께 직접 가는 사람도, 세상에서 재산을 누리지 못한다면 차라리 나지 못하고 사산되어 죽은 아이보다 못하다고 말한다.

전도자는 재산을 누리지 못하는 경우를 사산된 아이와 비교하여 서술한다. 전도자는 사람이 살면서 재산에 대한 "욕구(네페쉬 נֶפֶשׁ)"가 만족되지 못한다면(이 말은 재산에 대한 욕심이 끝없다는 말이 아니라, 어떤 이유로든지 재산을 누리지 못한다는 말이다), 그는 더 이상 행복한 사람이 아니라고 말한다. 행복은 재산과 같은 부를 가졌다는데 있지 않고, 더 이상 욕구의 아쉬움도 없이 누리는데 있기 때문이다. 전도자는 이것을 확실하게 강조하기

---

21) H.W. Hertzberg, *Der Prediger*, 1963, 133쪽.

22) Krüger, *Kohelet*, 236쪽.

위해 구약에서 최고의 복인 다산과 장수의 경우를 예로 들어 비교한다. 백 명의 자식과 무한 장수도 그가 재산을 만족하게 누리지 못하면 행복을 가져다주지 못한다. 그리고 그가 행복을 누리지 못하면 오히려 사산된 아이가 그보다 나을 것이다.

사산된 아이는 허무함의 상징으로 그는 어둠 속으로 가서, 그의 이름이 덮여지고, 해를 보지도 알지도 못한다. 사산된 아이는 이 세상의 삶에 참여한 적이 없다. 그럼에도 그가 태어나서 행복하게 살지 못한 자보다 한 가지 나은 것이 있으니, 최소한도 그가 "평안"은 누리기 때문이다(참조 욥 3:16,13). 평안은 지혜가 추구하는 이상적인 상태로 사람의 행복은 욕구의 만족과 그로 인해 오는 평안에 있다. 이런 면에서 전도자는 행복을 누리지 못하는 자보다 사산된 자가 차라리 낫다고 과장법으로 말한다.[23]

6절[이천년을 장수해도 결국 죽는 법] 전도자의 논증은 같은 방향으로 계속 진행된다. 재산이 있어도 누리지 못하는 부자의 경우에(3절), 재산도 없는 가난한 사람(참조 5:16-17)의 예가 첨가된다. 어떤 사람이 이천년 동안 장수할지라도, 그것이 행복을 누리지 못한 삶을 보상하지 못한다. 이천년을 장수해도, 좋은 것(재산)을 누리지 못하면 행복이 되지 못한다는 것이다. 왜냐하면 사람은 아무리 장수해도, "결국 모두 같은 곳으로 가기 때문이다." 여기서 전도자의 논지는 분명하다. 사람의 행복은 가지고 있는 복들, 즉 "재산과 재물이나 영예"(2절), 혹은 "다산과 장수"(3절), 심지어 "무한 장수"(6절)에 있는 것이 아니라, 사람이 그것을 누려 욕구가 만족되고 평안에 이르는 것에 있다는 것이다.

---

23) Michel, *Untersuchungen*, 141-42쪽.

5. 재산에 대해 부정적인 격언(6:7-9)

7 **"사람의 모든 수고가 자기 입을 위한 것이어도,**
그의 욕구는 결코 채워지지 않는다."
8 **현자가 어리석은 자보다 무엇이 더 나은가?**
사람들 앞에서 올바로 행할 줄 알아도 가난하다면 무엇이 나은가?
9 **욕구로 헤매는 것보다 눈으로 보는 것이 낫다.**
이것도 역시 헛되니 바람을 잡으려는 것이다.[24]

7절[사람의 욕구는 채워지지 않는다] 이 구절은 다양하게 해석될 수 있다.[25] 먼저 2, 3절의 욕구(נֶפֶשׁ)와 연관하여 앞의 단락에 대한 비판으로 이해할 수 있다. 전도자는 5:12-6:6절에서 먹고, 마시고, 즐길 수 있는 가능성을 사람의 행복을 평가하는 잣대로 서술했다. 그런데 전도자가 7절에서 사람의 욕구는 어떤 경우에도 채워지지 않는다고 말한다면, 지금까지의 말을 부정하는 결과가 된다. 따라서 이것은 재산을 누리는 것이 행복이지만 모든 행복은 아니라는[26] 의미를 갖게 된다.

반면에 이 구절을 앞 단락의 연장으로 이해할 수도 있다. 사람에게 "먹고 마시는" 것이 최고의 행복이지만, 사람이 먹고 마시는 욕구를 그때마다 채워야한다면(참조 잠 16:26), 사람의 행복은 일시적이며 제한적일 수밖에 없다. 따라서 먹고 마시는 사람의 행복은 일시적인 것이기 때문에 그때마다 새롭게 채워야 하는 것이 된다. 따라서 사람이 행복이란 일시적이라는 것을 인식하면, 끝없는 허황된 욕구를 갖지 않게 되고(참조 6:9), 또 행복을 영원히 지키기 위해 재산을 누리지 않는 잘못된 태도로부터도 지

---

24) 7절은 욕구를 위해 살지 말라는 일반적인 격언의 말, 8-9절상은 전도자의 주석, 9절하는 7절의 말에 대한 전도자의 결론으로 이해한다.

25) 참조 Krüger, *Kohelet*, 238-39쪽; Michel, *Untersuchungen*, 147-51쪽..

26) 예를 들어 "땅에서는 주밖에 (아무것도) 사모할 자 없다"(시 73:25)는 말과 같은 맥락일 것이다.

켜준다.

마지막으로 이 구절은 꺼지지 않는 욕구는 사람의 본질에 속한다는 일반적인 격언의 말을 인용하는 것으로 해석할 수 있다.[27] 사람이 입을 위해(먹기 위해) 모든 수고를 하지만, 그러나 사람의 욕구는 절대로 채워지지 않기 때문에, 먹기 위해(물질을 위해) 살지 말라는 교훈의 말이다. 따라서 이것은 전도자 자신의 말이 아니라, 전도자가 비판하기 위해 상대자의 말을 인용하는 것이다. 아마도 그 당시에 욕구란 결코 채워지는 것이 아니기 때문에, 이 세상에서 재산을 누리는 것이 최고의 행복은 아니라고 주장하는 사람들이 있었던 것 같다. 이들은 이 세상에서의 행복보다 저 세상에서의 행복을 강조하고, 저 세상에서의 행복을 위해 이 세상에서는 욕구를 억제하며, 재산보다 가난을 추구하라고 가르쳤던 현자일 것이다(참조 8절). 전도자가 이런 주장을 비판하기 위해 그들의 말을 인용하는 것으로 보인다.

8절[현자가 어리석은 자보다 나은 것이 무엇인가?] 7절과 같은 현자의 가르침에 대해 전도자가 비판하는 주장을 편다. 전도자는 여기서 수사적 의문문을 사용하여 부정적인 답변을 유도한다.[28] 전도자는 이미 현자나 어리석은 자나 죽음 앞에서는 일반이라고 말했다(2:13-15). 전도자가 죽음을 잣대로 현자나 어리석은 자나 같다는 주장을 했다면, 여기서는 가난(혹은 재산)이란 잣대를 가지고 현자가 어리석은 자보다 낫다고 할 수 없다고 말한다.

8절하에서 8절상의 현자에 대해 구체적으로 서술한다. 이 사람은 올바른 삶을 살지만 그러나 가난한 현자이다. 현자는 재산에 의존하여 행복을 추구하지 않는다는 면에서 어리석은 자보다 낫다고 할 수 있을 것이다. 그러나 현자나 어리석은 자나 재산이 없으면 삶을 유지할 수 없고, 따라

---

27) Michel, *Untersuchungen*, 150쪽.

28) 8절의 다양한 이해에 대해 "Michel, *Untersuchungen*, 151-55쪽"을 참조하라.

서 행복을 누릴 수 없다는 면에서는 서로 마찬가지이다. 결국 현자나 어리석은 자나 죽음이 그들을 같게 만든다면, 가난도 현자나 어리석은 자를 똑같게 만든다. 그렇다면 "삶을 올바로 사는 현자"도 가난하다면 어리석은 자보다 나을 것이 없다. 여기서 가난한 현자는 그의 재산 상태를 서술하기보다, 가난을 최고의 선으로 추구하는 사람을 말한다. 따라서 전도자가 가난을 예찬하는 교훈(Armenfrömmigkeit)을 비판하는 것이 전체 문맥으로 보아 명백하다.[29] 이에 대한 전도자의 논증이 9절에 서술된다.

9절[욕구로 헤매는 것보다 누리는 것이 낫다] 이 구절도 다양한 해석의 가능성이 있다.[30] "욕구로 걷는 것(הֲלָךְ נֶפֶשׁ)"을 "지혜를 찾는 것"[31], "죽음에 이르는 것"[32]으로 해석하기도 한다. 그러나 대부분의 주석가들은 약간의 차이는 있지만 "욕구로 헤매는 것"의 의미로 번역한다.[33] 가난한 현자가 욕구를 채우지 않고(못하고), 즉 재산(행복)을 누리지 않고(못하고) 사는 태도를 말한다.[34] 전도자는 "욕구로 헤매는 것"보다 "눈으로 보는 것"이 낫다고 주장한다. 전도서에서 "눈으로 보다"는 말은 행복한 삶을 실제로 누리는 것을 의미한다(11:7, 9; 참조 2:10; 5:11).

전도자는 욕구를 억제하고 재산을 누리지 않는 태도보다, 자기 눈으로 그것을 누리는 것이 낫다고 하며, 가난을 예찬하는 지혜의 교훈에 대해 비판한다.[35] 즉 욕구로 헤매는 것을 긍정적으로 말하는 사람들에게 현실에서 행복을 누리는 것이 더 중요하다고 주장하는 것이다. 그러면서 그는

---

29) Krüger, *Kohelet*, 230, 240쪽; Michel, *Untersuchungen*, 159쪽; Schönberger, *Kohelet*, 2012, 158-59쪽.

30) 참조 Michel, *Untersuchungen*, 155-57쪽.

31) F. Ellermeier, *Die Entmachtung der Weisheit im Denken Qohelets. Zu Text und Auslegung von Qoh. 6:7-9*, ZThK 60(1963), 17쪽.

32) K. Galling, *Der Prediger*, 104쪽.

33) Michel, *Untersuchungen*, 156쪽.

34) 참조 Schönberger, *Kohelet*, 2012, 158쪽.

35) 아마도 금욕과 같은 가난을 영적 덕목으로 말하는 사람들에 대한 비판일 것이다.

"이것도"(7절에서 현자들이 가르치는 격언의 말도) 헛되어 바람을 잡는 것이라는 결론을 맺는다. 전도자는 행복은 재산에 달려있지 않다는 일반적인 교훈의 말에, 재산은 행복한 삶에 있어서 중요한 것이며, 만일 하나님이 재산을 주셨다면 그것을 누리라고 말한다.

제 5 장

지혜와 행복(6:10-8:17)

마소라 본문에 의하면 전도서의 절수를 세었을 때 6:9절과 10절 사이가 전도서의 중간이 된다. 그리고 전도서의 구성으로 볼 때도 5:9-6:9절의 단락이 끝나고 6:10절에서 새로운 단락이 시작된다.[1] 이 단락은 두 부분으로 나뉘는데, 서로 대응되는 구조를 이룬다.[2] 두 부분 다 사람의 지혜에 한계가 있다는 말로 시작하는데, 전도자는 그에 대한 여러 예들을 제시하며 논증을 편다.

1. 지혜의 한계에 대한 서론의 말(6:10-12)
   1.1. 지혜에 대한 비판(7:1-10)
   1.2. 무능력한 지혜(7:11-14)
   1.3. 지혜보다 하나님 경외(7:15-18)
   1.4. 불완전한 지혜(7:19-22)
2. 지혜의 한계에 대한 서론의 말(7:23-24)
   2.1 지혜에 대한 비판(7:25-29)
   2.2 무능력한 지혜(8:1-9)
   2.3 지혜보다 하나님 경외(8:10-15)
   2.4 불완전한 지혜(8:16-17)

---

1) Krüger, *Kohelet*, 243쪽.
2) 참조 Schönberger, *Kohelet*, 2012, 160쪽; Schönberger, *Kohelet*, 2004, 360쪽.

전도자는 이전 단락에서 사람이 현실에서 행복을 누리는 것이 하나님의 선물이며 최고의 선이라고 주장했다. 전도자는 이어서 행복에 대한 주제를 지혜와 관련해서 다룬다. 사람에게 행복을 누리는 것이 최고의 선이라면, 과연 지혜가 행복을 줄 수 있는가라는 문제가 제기된다. 전도자는 먼저 사람의 지혜에는 한계가 있다는 전제를 가지고 출발한다(6:10-12; 7:23-24). 여기서 지혜는 전통적으로 내려오는 일반적인 지혜의 교훈을 의미한다. 전도자는 전통적으로 내려오는 지혜의 교훈에 대해 살펴보며 그에 대한 비판을 전개한다(7:1-10; 7:25-29).[3] 그러면서 사람의 지혜로는 하나님의 뜻을 예측할 수도 없고 조정할 수도 없기 때문에(7:11-14; 8:1-9), 하나님이 하신 일을 인정하고 경외하며(7:15-18), 삶에서 즐거움을 누리는 것이 최선이라고 말한다(8:10-15). 사람의 지혜는 불완전하기 때문에(7:19-22) 하나님이 하신 일을 조금도 알아낼 수 없기 때문이다(8:16-17).

1. 지혜의 한계에 대한 서론의 말(6:10-12)

10 그 이름이 무엇이었는지 오래전부터 불렸고,
사람이 무엇이었는지도 이미 알려졌다.
사람은 자기보다 강한 자와 다툴 수 없다.
11 헛된 것을 증가시키는 많은 말들이 있다.
그것들이 사람에게 무슨 이득이 되는가?
12 사람이 그림자처럼 살아가는 헛된 생애동안,
사람의 삶에서 무엇이 좋은 것인지 누가 알겠는가?
해 아래서 그 미래가 어떻게 될지 누가 알려줄 수 있겠는가?

---

3) 크뤼거는 "내용적으로 볼 때 6:10-8:17절은 1:3-6:9절에서 먹고, 마시고, 즐거움을 누리는 것을 최고의 선으로 여겼던 것에 의문을 제기하는 '행복의 결정에 있어서 다른 생각들' 과 비판적인 토론을 전개한다." 고 설명한다(Krüger, *Kohelet*, 244쪽).

미헬은 6:10절은 6:1-9절에 속하는 결론의 말이라고 하며, 6:11-12절이 독립적으로 7:1-10절과 연결시켜주는 역할을 한다고 주장한다.[4] 그러나 6:9절의 "이것도 헛되니 바람을 잡는 것이다"는 말은 전도서에서 전형적인 결론의 말로 단락을 끝내는 역할을 한다. 그리고 6:10-12절에서 "사람(아담 אָדָם)"이란 단어가 10, 11, 12절에서 나오며, 이 구절들을 서로 연결시켜준다. 우리는 6:10-12절의 단락이 통일체를 이루어, 앞 단락과 단절되고 새 단락을 시작하는 서론의 역할을 하는 것으로 이해한다.[5]

이 단락에서는 헛된 것을 증가시키며 사람에게 어떤 이득도 되지 못하는 말들에 대해 다룬다(11절). 이런 헛된 말들이 생겨나는 것은 사람이 본질상 약하고 제한적인데도(10절), 미래의 삶에 대해 아는 것처럼 많은 말을 하기 때문이다(12절). 사람의 과거의 존재는 이미 알려졌고(10절), 미래의 존재에 대해서는 알 수 없다(12절). 사람은 연약한 존재임이 이미 알려졌고, 미래에 대해서는 지혜에 한계를 가진 존재라는 것이다.

10절[사람이 어떤 존재인지 이미 분명함] "무엇이었는지(마 쉐하야 מַה־שֶּׁהָיָה)"[6]라는 말은 이미 언급된 바 있다(1:9, 3:15, 7:24). 사람이 어떤 존재였는지는 이미 그 이름에서 알려졌다는 말이다. 사람이 어떤 존재인지 이미 그 이름에서 자명하기 때문에, 사람에게 붙일 새 이름이 필요 없다. 따라서 사람이 다른 새 이름으로 불릴 일은 없을 것이다. 사람의 존재는 아담(אָדָם; 참조 아다마 אֲדָמָה, 흙)이라는 이름에서 명확하게 드러난다.

---

4) Michel, *Untersuchungen*, 159-165, 193-34쪽; Michel, *Qohelet*, 147-48쪽. 한편 로레츠(O. Loretz, *Qohelet und der Alte Orient*, 231쪽)는 이 본문이 네 개의 격언으로 이루어진 것으로 본다(6:10절상, 10절하, 11절상, 11절하, 12절). 그러나 이 본문은 통일된 단락으로 읽어야 할 것이다.

5) Galling, Lauha, Zimmerli, Krüger, Schönberger 등 대부분의 주석가들이 6:10-12절을 통일체로 본다.

6) "무엇이든지(Whatever exists, Was geschieht)" 등 현재로 번역하기도 하나, 문맥에 맞지 않는다.

사람은 흙에서 나오고 흙으로 돌아가는 흙에 속한 존재이기 때문이다(참조 3:20; 창 2-3장).

사람은 "자기보다 강한 자와 다툴 수 없다." 여기서 강한 자인지 강한 것인지 구체적으로 명시되지 않는다. 7-10장에서 사람이 대면하게 되는 세력들로 왕, 권력자, 여인, 우연, 죽음 등이 언급되는데, 사람이 어찌할 수 없는 막강한 상대를 가리키는 것 같다. 전도자는 사람의 연약성을 하나님과 비교하여 강조하는 경우가 많다(참조 3:14-15; 5:2; 7:11-14; 8:16-17). 그리고 사 45:9절도 사람을 하나님이 만드신 질그릇에 비교하며 하나님과 다툴 수 없는 존재라고 말한다.[7] 우리는 사람이 다투어서 이길 수 없는 강한 자를 하나님으로 생각할 수 있다(참조 욥 9:4,12,32; 렘 12:1; 20:7).[8]

11절[헛된 것을 증가시키는 많은 말들] "헛된 것을 증가시키는 많은 말들"은 10절에 비추어볼 때, 사람이 자기의 능력을 넘어서서 하는 말들일 것이다. 사람은 자기의 제한된 존재를 넘어설 수 있고, 더 많은 능력이 사람에게 있다고 가르치는 말들일 것이다(참조 5:3, 7; 10:12-14). 이런 말들은 사람을 허황된 기대나 소망을 가지게 하여 잘못된 삶으로 인도하기 쉽다. 따라서 사람이 현실의 삶에서 좌절하여 아무 이득(요테르 יֹתֵר)도 얻지 못하게 한다. 전도자는 이런 허황된 교훈을 주는 현자들을 비판하며 전통적인 지혜의 교훈을 재정립한다(참조 6:8).

12절[사람은 미래를 알 수 없음] 전도자는 사람의 삶에서 "좋은 것"은 현실에서 행복을 누리는 것이라고 말했다(참조 3:12-13, 22; 5:18-20). 따라서 전도자가 "좋은 것"이 무엇인지에 대해 의문을 제기하는 것은 아니

---

7) Krüger, *Kohelet*, 246쪽.

8) 쇤베르거는 처음에는 하나님과 죽음 중 죽음의 가능성이 크다고 말했으나 (Schönberger, *Kohelet*, 2004, 365쪽), 후에 하나님으로 확정한다(*Kohelet*, 2012, 161쪽).

다.[9] 전도자는 사람이 현실의 삶에서 최선을 다해 행복을 누려야할 것을 강조한다(참조 7:14; 8:15; 9:7-10; 11:1-12:7). 그런데 전도자가 이런 말을 하는 것은 사람의 행복이 현실에 있지 않다고 말하는 사람들 때문이다. 이들은 사람에게 무엇이 가장 좋은 것인지 알지 못하고, 사람의 참된 행복은 미래(사후)에 온다고 주장하는 사람들이다(참조 7:1-10; 9:1-10). 전도자는 사람의 미래(사후)가 어떻게 될지 누가 알겠느냐며 이렇게 주장하는 사람들을 비판한다. 사람의 행복은 현재보다 미래에 있다고 주장하는 말은 헛된 말이며, 아무 이득도 없는 말이기 때문이다.

전도자는 가난예찬의 사상을 가지고(참조 6:7-9) 세상에서 재산과 행복을 누리는 것을 거부하는 사람들을 비판한다. 가난예찬 사상은 사람의 참된 본질은 미래에, 즉 죽음이나 부활 후에야 명백해진다고 주장한다. 그러나 전도자는 이와 반대의 견해를 피력한다. 인간의 본질은 이미 명백하게 나타났으며, 사람은 자기보다 강한 자, 즉 하나님과 다툴 수 없다. 하나님이 사후에 행복을 주실지 우리는 알 수 없다. 분명한 것은 하나님이 현실의 삶에서 우리가 누릴 몫과 행복을 선물로 주셨다는 것이다. 하나님이 현실에서 주신 것을 거부하고, 미래의 것만 기대하는 것은 신앙이 아니라 하나님과 다투는 것이다.

이 단락은 이런 사상을 가진 사람들의 주장을 서론적으로 제시해준다. 이제 사람의 미래에 무엇이 "좋은 것"인지 안다고 생각하는 사람들의 헛된 말이 인용되고 비판된다.

1.1. 지혜에 대한 비판(7:1-10)

1 "좋은 이름이 좋은 기름보다 낫고,
죽는 날이 태어난 날보다 낫다.

9) Krüger, *Kohelet*, 247쪽.

2 초상집에 가는 것이
잔칫집에 가는 것보다 나으니,
그것이 모든 사람의 종착지임이다.
산 자는 마음에 새겨야할 것이다!
3 근심이 웃음보다 나으니,
심각한 얼굴이 마음에 좋음이다.
4 현자들의 마음은 초상집에 있고,
어리석은 자들의 마음은 잔칫집에 있다.
5 사람이 현자의 책망을 듣는 것이,
어리석은 자들의 노래를 듣는 것보다 낫다.
6 솥 밑에서 타는 가시나무 소리같이,
어리석은 자가 똑같이 웃기 때문이다."
이것도 역시 헛되다.

7 이는 압제가 현자를 어리석게 만들고,
선물이 마음을 타락시키기 때문이다.
8 어떤 일의 끝이 그 시작보다 낫고,
인내의 영이 교만의 영보다 낫다.
9 너는 성급한 마음으로 화내지 마라!
근심은 어리석은 자들의 가슴에 머무는 것이다.
10 너는 어째서 옛날이 지금보다 낫냐고 말하지 마라.
네가 이와 같이 묻는 것은 지혜롭지 않기 때문이다.

6절하에 나오는 "이것도 역시 헛되다"는 평가가 이 단락을 두 부분으로 나눈다. 1-6절에 나오는 말들은 세상에서의 고통을 선한 것으로 보고, 삶을 심각하게(심지어 비관적으로) 생각하는 사상을 격려한다. 이런 교훈의 말들은 지금까지 전도자가 했던 말들(참조 3:11-13; 3:22; 5:18-20; 7:14; 8:15)과 부합하지 않는다. 따라서 이런 말들은 전도자의 말이 아닌, 전도자가 비판하기 위해 인용한 다른 사람들의 말로 판단해야 한다. 그리고 7-10절

은 이런 교훈의 말들에 대한 전도자의 비판적인 주석일 것이다.[10)]

1-6절[죽음의 관점에서 즐거운 삶보다 심각한 삶이 낫다] 전도자가 그 당시에 실제로 있었던 삶의 태도들을 반영하는지, 아니면 일반적으로 알려진 윤리적 격언들을 인용하는 것인지 분명치 않다. 아마 둘 다 가능성이 있을 것이다. 전도자가 인용하는 격언들은 삶에서 행복을 누리는 것을 거부하고, 죽음을 생각하며 심각하게 사는 모습을 시종일관 권장한다.

"좋은 이름이 좋은 기름보다 낫다"는 말은 이 세상에서 호사를 누리는 것보다 사후의 세상이 더 중요하다는 말이다(1절). 좋은 기름은 비싼 향유를 의미하며, 좋은 이름은 사후에 기억될 명성을 의미하기 때문이다. 사람의 이름은 그의 생애뿐 아니라 사후에도 기억될 수 있다. 그러나 전도자는 사람의 이름이 영원히 기억될지 의문을 제기하기 때문에(2:16; 참조 1:11) 이 말이 전도자 자신의 말은 아닐 것이다. 그리고 "죽는 것이 태어난 날보다 낫다"고 죽음을 고대하는 말들로 보아(참조 2, 4절), 이 세상에서의 즐거움보다 사후에 참된 행복을 추구하라는 사람들의 말일 것이다. 이것은 일반적으로 통용되던/는 지혜의 격언이다.

모든 사람은 죽음을 맞이하는 존재이기 때문에, 죽음을 생각할 때 잔칫집보다 초상집을 낫게 여기라고 한다(2절). 죽음을 생각하며 사는 사람은 지혜로운 자이나, 현실의 삶에서 즐거움만 생각하는 사람은 어리석은 자이다(4절; 참조 잠 23:20-21, 29-35). 이와 같이 죽음을 삶보다 중요하게 여기며, 심각한 태도로 삶을 살라는(3절) 말들은 지금까지 본 전도자의 말들과 맞지 않는다. 전도자는 모든 사람이 죽음을 맞이한다는 관점에서 오히려 삶을 적극적으로 누리라고 정반대로 말하기 때문이다(참조 9:7-10; 11:7-

---

10) Michel, *Qohelet*, 149쪽; Michel, *Untersuchungen*, 126-137쪽; 반면에 크뤼거는 이 말들을 그 당시 윤리적 격언들의 "조합(Collage)"으로 부르며, 어디까지 인용이며 또 그에 대한 주석인지 구분할 수 없다고 말한다(Krüger, *Kohelet*, 250쪽); Schönberger, *Kohelet*, 2012, 163, 165쪽.

12:7). 이 말들도 역시 일반적인 지혜의 교훈을 인용하는 말일 것이다.

현자의 책망을 듣는 것이 어리석은 자의 노래를 듣는 것보다 낫다(5절; 참조 잠 13:1; 17:10). 현자는 죽음을 생각하며 사는 사람으로, 삶을 진지하게 살라는 책망의 말을 귀담아들으라는 말이다. 반면에 삶을 노래하며 즐기는 어리석은 자의 말은 듣지 말라고 한다. 어리석은 자는 인생을 가볍게 살기 때문이다(참조 잠 14:13). 이와 같이 현자는 진지한 도덕적인 삶을 살라고 책망하지만, 어리석은 자들은 인생을 즐기다 가라고 노래를 부른다. 어리석은 자들의 웃음은 솥 밑에서 타는 가시나무 소리같이 시끄럽고 일시적인 것으로, 그들은 인생을 즐겁게 살다가 모두 망하게 될 것이다(6절).

6절하의 "이것도 역시 헛되다"는 평가가 일차적으로는 6절상에 연관되지만, 넓은 의미에서 1-6절상 전체에 대한 결론적인 평가로 볼 수 있다. 6절하는 이 세상에서의 삶은 사후의 참된 행복으로 연결하는 다리일 뿐이며, 사후를 생각하며 세상을 살아야 한다는 1-6절상의 전체사상에 대한 전도자의 평가이다. 전도자는 사후를 생각하며, 이 세상에서 즐거움을 멀리하고 절제하며 살라는 교훈에 부정적인 입장을 나타내는데, 그 이유가 이어지는 7-10절에 서술된다.

7절[압제와 선물이 현자의 판단을 어지럽히는 요인] 현자들이 1-6절상과 같이 말하는 이유는 첫째로 현실의 압제 때문이다. "압제"(참조 4:1; 5:8)가 현자를 어리석은 자로 만든다. 현실의 심각한 압제가 사람에게 삶을 포기하게 만들 수 있다(참조 4:1-3). 현실의 암울한 삶이 즐거운 삶을 평가절하하고 심지어 거부하는 사상까지 낳을 수 있다. 그러나 전도자는 행복한 삶을 누리는 것이 최선이라고 생각하기 때문에(3:12-13, 22; 5:18-20), 이렇게 주장하는 사람들을 어리석은 자라고 평가한다. 압제받는 자들의 현실을 생각할 때, 현자들이 이렇게 가르치는 것과 또 그들이 현자들의 말을 받아들이는 것은 이해할만 하다. 그러나 전도자의 입장에서 볼 때, 행복을 부정하는 이런 태도는 그들의 삶에 결코 득이 되지 못하고, 오

히려 그들을 어려운 삶에 안주하게 하는 폐단을 가져온다.[11]

한편 "압제" 뿐 아니라 "선물" 도 현자들의 마음(분별력)을 타락시킨다. 이것은 현자들이 압제받는 자들을 위한 교훈보다, 권력층의 "선물" 을 받으며 그들을 위한 교훈을 주는 것을 의미한다. 현자들은 권력자들의 선물을 받고 가난한 사람들을 착취하는 통치를 합리화해준다. 압제받는 사람들로 하여금 현실의 착취에 저항하기보다, 저 세상의 행복을 기대하라는 말로 현실의 비참한 삶을 받아들이게 만들기 때문이다. 지식층들이 독재 통치를 갖가지 이론으로 합리화하는 것은 어제나 오늘이나 흔히 볼 수 있는 현상이다.

8절[끝이 시작보다 나으니 인내를 가져라] 미헬은 "끝" 은 죽음을 상징하는 말로 이것도 1-6절의 사상과 연결된다고 말한다. 따라서 이 말도 전도자의 말로 여기지 않는다.[12] 그러나 7-10절은 1-6절의 말을 비판하는 전도자의 말이다. 따라서 이 구절을 1-6절의 맥락에서 이해하는 것은 옳지 않다. 여기서 전도자는 1-6절의 형식(...보다 낫다)을 그대로 사용하여 그들의 말을 반박한다.[13] 이 말은 처음에는 모든 것이 미약하나 나중에는 크게 될 것이라는 일반적인 교훈의 말이다(참조 욥 8:7). 처음에는 걷지만 나중에는 뛰게 될 것이라는 우리의 격언과 같은 말이다. 어떤 일의 끝이 시작보다 나을 것이니 소망을 가지고 기다리라는 말이다.

이런 맥락으로 전도자는 "인내의 영이 교만의 영보다 낫다" 고 말한다. "영(루아흐 רוּחַ)" 은 호흡을 의미한다. 이 말을 직역하면 "긴 호흡이 높은 호흡보다 낫다" 는 말이다. "긴 호흡" 은 참고 인내하는 태도를 말하며, 높은(교만한) 호흡은 참지 못하고 쉽게 화를 내는 태도를 말한다.[14] 전도자

---

11) Krüger, *Kohelet*, 252쪽.

12) Michel, *Untersuchungen*, 135쪽; 같은 의미로 "Krüger, *Kohelet*, 253쪽" 을 참조하라.

13) Schönberger, *Kohelet*, 2012, 168쪽.

14) Schönberger, *Kohelet*, 2004, 376쪽; Schönberger, *Kohelet*, 2012, 169쪽; 참조

는 모든 일이 시작보다 끝이 좋을 것이니, 자신의 감정을 다스리고 인내할 것을 가르친다(참조 잠 16:32; 22:24; 25:28). 현실의 상황이 극히 암울할지라도, 인내하면서 현실의 삶을 포기하지 말라고 말한다.

9-10절[성급하게 현실에서 도피하지 말라] 9-10절에서 교차대조 구조로 8절의 말을 응용한다. 9절은 8절하와 연관되고, 10절은 8절상과 연관된다. "성급한 마음으로 화내지 말라"는 말은 인내하며 빨리 포기하지 말라는 말이다(9절상; 참조 8절하). 쉽게 포기하며 근심에 빠지는 자는 어리석은 자들과 같기 때문이다(9절하; 참조 잠 12:16).[15] 전도자는 "옛날이 지금보다 낫다고 말하지 말라"고 한다(10절상; 참조 8절상). 이것은 현실을 부정하고 회피하는 태도로 1-6절의 사상과 부합한다. 전도자는 사후의 삶에 소망을 두고 현실을 부정하지 말며(1-6절), 지금보다 나중이 더 나아질 것이라는 소망을 버리지 말라고 한다. 이렇게 현실을 부정하는 것은 지혜롭지 못한 어리석은 태도이기 때문이다(10절하; 참조 9절하).

10절이 전도자가 비판하는 사람들에 대한 힌트를 준다. 그들은 현재가 과거보다 나쁘다는 비관적인 견해를 갖는다. 그러면서 현실에는 아무 소망도 없으니, 사후의 삶에 소망이 있다고 주장하는 사람들이다. 삶은 계속 악화될 뿐이며 현실은 단지 고통과 근심만 준다는 현실에 대한 비관론이다. 미헬은 이런 사상이 종말사상(Apokalyptik)을 대변한다고 말한다.[16] 따라서 1-6절의 생각은 종말주의자들의 사상을 말해준다고 볼 수 있다. 현실을 부정하는 비관적인 생각은 어리석은 자의 생각들이다. 전도자는 인내를 가지고 현실을 극복하여, (사후가 아닌) 현 세상에서 행복을 누려야 할 것을 주장한다.

Krüger, *Kohelet*, 253쪽.

15) 삶에서 근심의 태도를 격려하는 3절과 반대이다.

16) Michel, *Untersuchungen*, 137쪽; Michel, *Qohelet*, 149쪽.

1.2. 무능력한 지혜(7:11-14)

11 "지혜는 재산처럼 좋은 것이니,
해를 보는 자들에게 유익이다.
12 지혜가 그늘이 되어주듯이,
돈도 똑같이 그늘이 되어준다.
그러나 지식으로 얻게 되는 소득은
지혜가 그 주인을 소생시키는 데 있다."
13 하나님이 하시는 일을 보라!
그분이 구부리신 것을 누가 펼 수 있겠는가?
14 행복한 날에는 좋은 대로 놔두고,
불행한 날에는 관망하라!
하나님은 이것도 저것도 함께 만드셨다.
사람은 미래의 일에 대해 전혀 알 수 없다.

이 문단이 두 부분으로 나뉘는 것은 거의 자명하다. 11-12절은 "전통적 지혜를 반영하는 격언"으로[17] 전도자의 독특한 사상이 반영되지 않는다(참조 잠 3:13-18). 따라서 11-12절은 전도자가 지혜의 교훈에 대해 관찰하는 대상이고, 13-14절은 그에 대한 전도자의 평가의 말로 이해해야 한다.[18] 11-12절에서는 전통적인 지혜에 대한 사람들의 긍정적인 평가가 주어지고, 13-14절에서는 전도자가 이런 평가에 대해 자신의 견해를 피력하며 주석을 한다.[19] 사람들은 지혜는 재산과 같이 좋은 것이며, 만일 지혜가 재산과 함께 있다면 금상첨화라고 생각한다. 지혜와 재산이 사람을

17) 머피, *전도서*, 221쪽.
18) 이 단락의 다양한 분석연구에 대해 "Michel, *Untersuchungen*, 101-02쪽"을 참조하라.
19) Michel, *Untersuchungen*, 101쪽; 한편 크뤼거는 11-12절을 앞의 단락과 연결시킨다(Krüger, *Kohelet*, 248-254쪽).

지켜주기 때문이다. 그러나 전도자는 하나님이 하시는 일을 상기시키며, 이런 생각을 비판한다. 여기서 전도자는 자신이 한 말을 다시 사용하며 논증한다.[20]

11-12절[지혜는 돈처럼 사람을 지켜줌] 11절상을 직역하면 "지혜는 재산과 함께(임 עִם) 좋은 것이다"이다. 이 말은 두 가지로 이해할 수 있다.[21] 첫째로 지혜는 재산과 함께 있어야 좋다는 말이다. 지혜의 제한성을 의미하는 말로(참조 9:13-16), 지혜가 재산과 함께 있으면 금상첨화지만, 재산이 없는 지혜는 그만큼 가치가 떨어진다는 말이다. 둘째로 지혜는 재산처럼 좋다는 동등비교의 말이다. 지혜가 중요한 가치를 가진다는 것을 재산의 예를 들어 강조한다. 이런 의미가 합당하게 보이며, 12절상이 이런 해석을 뒷받침해준다. 12절상에서 지혜와 돈을 동급으로 비교하기 때문이다. 지혜나 재산이나 "해를 보는 자", 즉 세상에 살면서 삶을 영위하는 자에게 좋은 것이라는 일반적인 지혜의 교훈이다.

12절상에서는 지혜를 돈(재산)과 동급으로 비유하며, 그것이 사람에게 좋은 이유에 대해 말한다. 지혜나 돈이나 해를 보는 사람들에게 햇빛을 막아주는 그늘의 역할을 해주기 때문이다.[22] 그늘은 사람을 햇볕으로부터 막아준다. 사람에게 어려운 일이 찾아왔을 때 그가 가진 돈이 그 사람을 지켜준다. 돈과 마찬가지로 지혜도 환난이 닥쳤을 때 사람을 보호해준다. 그런데 돈이 사람을 보호해준다는 말은 좀 세속적인 말처럼 들린다. 사람들이 "역시 돈이 최고야"라는 말을 할 때, 수긍되면서도 거부감이 드는 것 같은 세속적인 교훈의 말이다.

지혜를 돈과 같은 것으로 비유하지만, 12절하는 지혜가 돈보다 더 중요하다는 예를 드는 것 같다. 지혜가 재산보다 더 나은 것이 있는데, 그것

---

20) 참조 13절은 1:15절과, 14절은 3:1-9; 3:11-12; 3:22; 6:12절과 같은 맥락의 말이다.

21) 참조 Schönberger, *Kohelet*, 2004, 379쪽; Michel, *Untersuchungen*, 103쪽.

22) 참조 Lohfink, *Kohelet*, 53쪽.

은 지혜를 소유한 자를 살린다는 것이다. 이 말은 사람이 망했을 때 재산은 다 잃게 되지만(참조 5:14), 지혜나 지식은 그렇지 않다는 것을 말하는 것 같다.[23] 사람이 망하면 재산은 다 없어지지만, 지식이나 지혜는 없어지지 않고 그 사람을 재기할 수 있게 해주기 때문이다. 이것은 지혜를 돈처럼 보호하는 수단으로 삼는 일반적인 교훈의 말이다.

이 말들은 지혜를 가지고 부자나 권력자들의 하수인으로 일하면서 "선물"이나 받고(참조 6:7), 지혜를 자신의 삶을 영위하는 수단으로 삼는 현자들의 세속적인 교훈의 말일 것이다.[24] 그러나 지혜나 돈이나 언제나 사람들을 지켜주는 그늘막이 되는 것은 아니라는 것을 현실이 우리에게 보여준다(참조 9:11-12).

13-14절[하나님이 하신 대로 받아들여라] 전도자는 현실을 "하나님의 사역"으로 인식할 것을 요구한다. 지식과 지혜를 쌓아 돈을 벌고 재산을 모은 사람은, 그 삶이 절대로 안전하다는 세속적인 현자들의 말에 전도자가 반박한다. 전도자는 "하나님이 하시는 일"을 먼저 살펴 볼 것을 요구한다. 그것은 하나님이 구부리신 것은 아무도 펼 수 없다는 것이다(13절). 하나님이 하신 일은 그 누구도 바꾸거나 교정할 수 없다. 이것은 사람을 하나님과 비교할 때 절대적인 한계성을 나타내는 말로(참조 1:15; 3:14), 사람은 하나님이 주신 현실을 있는 그대로 받아들일 수밖에 없는 존재라는 말이다.

이 뿐 아니라 사람은 미래를 아는 데도 한계가 있다(14절하; 참조 3:11, 22; 6:12). 사람은 자기에게 닥친 현실을 되돌릴 능력도 없고, 앞으로 닥치게 될 미래의 현실을 예측할 능력도 없다. 사람은 이런 두 가지 한계성 속에서 자기에게 주어진 현실을 있는 그대로 받아들이고, 현재의 삶에서 가능한 것들을 누리는 것이 최상이다(참조 3:12-13, 22; 5:18-20). 사람에게

---

23) Krüger, *Kohelet*, 253쪽.

24) Krüger, *Kohelet*, 254쪽.

는 좋은 날이 있을 수도 있고, 또 나쁜 날이 올 수도 있다. 그러나 둘 다 하나님이 주신 날들이다. 따라서 전도자는 "좋은 날에는 좋게 놔두고, 불행한 날에는 관망하라." 고 말한다. 하나님이 "이것도 저것도 함께 만드셨기" 때문이다(14절상).

하나님은 우리에게 행복한 날들만 주시는 것이 아니다. 우리에게 불행한 날들도 닥치게 하신다. 사람은 지혜나 돈이 아무리 있어도 우리에게 닥치는 날들을 예방하거나 되돌릴 수 있는 능력이 없다. 하나님이 구부리셨으면 사람이 펼 수 없고, 또 하나님이 펴셨으면 그것을 다시 구부릴 수 없다. "모든 것에는 제 때가 있으니(3:1-8)" 모든 것은 하나님이 하신 일이다.[25] 따라서 하나님이 우리에게 행복한 날들을 주셨으면, 그것을 하나님의 선물로 알고 누리는 것이 좋다. 우리에게는 하나님이 주신 선물을 거부할 이유나 능력이 없기 때문이다.

반면에 하나님이 우리에게 불행한 날을 주셨으면, 그 불행에 대해 한탄하거나 괴로워하지 말고 관망하는 것이 좋다. 하나님이 다시 행복한 날들을 주실 수 있기 때문이다. 하나님은 좋은 날들만 아니라 불행한 날도 만드셨다는 인식이 우리에게 중요하다. 이런 인식이 하나님이 주신 행복을 누릴 수 있는 적극적인 마음을 주고, 반면에 불행의 날도 하나님이 주신 것으로 인정하며 견딜 수 있게 해주기 때문이다. 우리가 미래를 알 수 없는 불확실성은 오히려 자신에게 행복한 날이 다시 올 것이라는 가능성을 기대하게 만들어 준다.

1.3. 지혜보다 하나님 경외(7:15-18)

15 **나는 모든 것을 내 허무한 생애에서 살펴보았다.**
자기의 의 가운데 망하는 의인도 있고,
자기의 악 가운데 장수하는 악인도 있다.

---

25) Schönberger, *Kohelet*, 2012, 171쪽.

16 너는 지나치게 의롭지도 말고,
넘치게 지혜롭지도 마라!
왜 너는 놀람을 스스로 자초하는가?[26)]
17 너는 지나치게 악하거나 미련하지 마라!
왜 너는 네 때가 아닌데 죽으려하는가?
18 너는 이것을 붙들고, 또 저것에서도
네 손을 놓지 않는 것이 좋다.
하나님을 경외하는 자는 모든 것을 벗어남이다.

이 문단은 7:11-14절의 연속이다. 전도자는 지혜의 한계성을 논증하다가, 15절에서 "내가 살펴보았다"는 말로 새로운 경우를 관찰한다. 전도자는 반드시 일어나는 법칙은 아니지만, 사람이 생애에서 경험할 수 있는 예를 든다(15절). 이 경우들은 지혜를 추구하는 것이 반드시 성공으로 귀결되는 것은 아니라는 것이다. 그러므로 지나치게 의와 지혜를 얻으려는 태도는 잘못될 수 있다. 인과응보의 법칙대로 되지 않는 경우 크게 놀랄 수 있기 때문이다. 의와 지혜가 사람에게 행복한 삶을 제공할 수 있지만, 언제나 그것을 보장하는 것은 아니다.

사람은 생애 가운데 지혜가 성공을 보장하지 못하는 예외의 경우들도 계산에 넣어야 한다. 사람이 불의와 어리석음도 피해야하지만, 지혜나 의도 지나치게 추구해서는 안 된다(16-17절). 18절의 가르침은 우리에게 지혜에 대해 새로운 관점을 보여준다. 이것은 단순히 "지혜와 어리석음", "정의와 불의" 가운데 중도의 길을 택하라는 가르침이 아니다. 사람이 의롭거나 지혜롭게 행동하는데 있어서 사람에게 한계가 있다는 사실을 인식해야한다는 것이다.

그러나 사람이 의와 지혜가 반드시 성공을 보장하는 것은 아니라는 인

---

26) שָׁמֵם을 "망하다"로 번역하기도 하나 문맥에 맞지 않는다. 여기서는 "경악하다, 놀라다"로 번역한다.

식으로부터, 무분별하게 악이나 어리석음에 몸을 던져서는 안 된다. 이것은 죽음을 앞당길 뿐이다. 따라서 양자의 조화를 잘 이루는 것이 중요하다. 이런 조화는 하나님을 경외하는 것으로부터 나온다.[27]

15절[인과응보에 예외의 경우들] 전도자는 자신의 "허무한 생애"에서 관찰한 경우들을 예로 든다. "허무한(헤벨 הֶבֶל)"이라는 말은 이해할 수 없는 모순들이 있거나 사라져 없어지는 생애를 의미한다. 전도자는 자신의 삶에서 이해하기 어려운 경우들을 관찰의 대상으로 삼는다. 전도자가 살펴보는 경우는 "자기의 의 가운데 망하는 의인도 있고, 자기의 악 가운데 장수하는 악인도 있다"는 것이다. 이 경우들은 인과응보의 법칙에 반대되는 예들이다. 전통적인 지혜는 의인은 반드시 장수하고 악인은 멸망한다고 가르친다(참조 잠 10:3, 24-25, 27-28, 30; 11:5, 8, 21; 12:3, 7, 12-13, 21: 13:6, 9, 21, 25; 14:11, 32 등).[28] 그러나 전도자는 지혜서가 가르치는 대로 되지 않는 경우들을 관찰하면서, 인과응보의 법칙에도 예외가 있을 수 있다는 것을 말한다. 어떤 법칙에도 예외 없이 수학적으로 완벽하게 맞아떨어지는 경우는 없다.

전도자가 의인이 의 가운데 반드시 망하고, 악인이 악 가운데 반드시 장수한다고 말하는 것은 아니다. 의인이 자기 의로 인해 장수하기도 하지만, 자기 의에도 불구하고 망할 수도 있다는 것이다. 마찬가지로 악인이 자기 악으로 인해 망하기도 하지만, 자기 악에도 불구하고 장수할 수도 있다는 것이다. 전도자는 사람의 삶에서 인과응보의 법칙에 따르지 않는 경우들을 살펴본 후 다음 구절들에서 자신의 견해를 피력한다.

16-17절[지나치지 마라] 전도자는 인과응보의 법칙에서 예외가 있을

---

27) 미헬은 "하나님을 경외하라"는 말을 제 2 추기자(참조 12:13)가 후에 첨가한 것으로 본다(Michel, *Untersuchungen*, 260쪽).

28) 참조 Krüger, *Kohelet*, 257쪽.

수 있는 상황에서 "너무 지나친" 태도에 대해 경고한다. 전도자는 "지나치게 의롭거나 넘치게 지혜롭지도"(16절) 말고, 반대로 "지나치게 악하거나 어리석지도" 말라고(17절) 말한다. 지나치게 의롭거나 지혜를 추구하는 태도는 인과응보의 공의로운 법칙대로 진행된다고 견고하게 믿는 태도이다. 전도자는 이런 태도를 갖는 사람은 "스스로 놀람을 자초하는" 것이라고 경고한다.[29] 자기의 믿음대로 되지 않는 경우를 보고, 그것을 이해하지 못하여 놀랄 수 있기 때문이다. 따라서 전도자는 인과응보의 법칙대로 되지 않는 경우들을 염두에 두고, "너무 지나치게" 의롭거나 지혜로운 태도를 갖지 말라는 결론을 내린다.

전도자는 반대로 "지나치게 악하거나 어리석은" 행동도 하지 말라고 경고한다. 이런 행동은 자기 수명대로 살지 못하고 죽음을 앞당길 수 있기 때문이다. 세상이 인과응보의 법칙대로 진행되지 않는 것을 보고, 어리석은 사람은 악하게 살아도 벌을 받지 않을 것이라는 착각에 빠질 수 있다. 그러면서 징벌을 두려워않고 마음껏 악하게 살 수 있다. 이런 사람은 자기가 저지른 악 때문에 수명을 단축시킬 수 있다. 이런 것은 죽음을 앞당기는 어리석은 사람의 태도이다.

전도자는 "악함"과는 달리 어리석음에 대해서는 "지나치게"라는 수식어를 사용하지 않는다(16절에서는 "의와 지혜"에 둘 다 사용한다). 이것은 "악"과 "어리석음"을 병치어로 놓지 않고, 지나치게 악한 자를 어리석은 자로 서술하기 때문인 것으로 보인다. 그리고 전도자가 이런 어리석음은 사람이 충분히 예방할 수 있는 것으로 말하는 것 같다. 이 구절은 우리에게 "의와 악"에서 적당히 양다리를 걸치라는 기회주의적인 말처럼 보이기도 한다.[30] 그러나 전도자는 인과응보의 법칙대로 시행되지 않는 현실

---

29) תִּשּׁוֹמֵם(hithpolel)을 대부분의 번역들이 "망하다"로 번역한다. 그러나 여기서는 지나치게 의로운 태도 때문에 망하는 것이 아니라, 자기 믿음대로 되지 않는 경우를 보고 놀라는 경우를 말한다(참조 Krüger, *Kohelet*, 255쪽[각주 16a]).

에서(15절), 사람이 그것에 대한 반응으로 취할 수 있는 극단적인 경우들을 경고하는 것이다. 지나치게 의롭고 지혜로운 사람은 이런 예외의 경우들을 볼 때 현실을 받아들이지 못하여 놀랄 수 있고, 반면에 이런 예외의 경우들을 법칙처럼 오해하여 악을 행하기를 두려워하지 않는 사람은 죽음을 자초할 수도 있다는 것이다.

18절[이것도 저것도 붙들며 하나님을 경외하라] 전도자는 인과응보의 법칙대로, 다시 말해 사람의 지혜가 예상하는 대로 진행되지 않는 현실의 경우에서 어떤 태도를 취해야할지 최종적인 결론을 내린다. 전도자는 "이것도 저것도 붙들고 하나라도 손을 놓지 말라."고 말한다. 이것과 저것이 무엇을 의미하는지 두 가지로 이해할 수 있다. 먼저 이것과 저것을 "의(지혜)"와 "악(어리석음)"으로 이해할 수 있다. 그렇다면 이 말은 상황에 맞춰 우리에게 이익이 되는 대로 이렇게도(의롭거나 지혜롭게) 행하고 저렇게도(악하거나 어리석게) 행하라는 말이 된다. 그러나 이것은 전도자가 어리석지 말라고 경고하는 말(17절)과 대치된다.

둘째는 이것과 저것을 16절과 17절의 각각의 경고를 가리키는 말로 이해할 수 있다.[31] 사람은 너무 지나치게 의롭거나 지혜롭지 말아야 할 뿐 아니라(16절), 또 지나치게 악하지도 말아야 한다(17절). 전도자는 이것이나 저것이나 다 붙들고 하나도 놓지 말라고 말한다. 지나치게 의롭고 지혜로운 태도는 인과응보의 법칙에 어떤 예외도 인정하지 않는 태도이다. 이런 태도는 하나님이 인과응보의 원칙대로 보응하신다는 믿음을 대변한다. 전도자는 이런 믿음을 결코 버리지 말라고 말한다. 반면에 지나치게 악한 태도는 인과응보의 법칙에서 예외만 인정하는 태도이다. 물론 지나치게 "의롭거나 악한" 태도가 문제가 되기는 한다. 그러나 전도자는 하나님이 인과응보대로 통치하시지만(16절), 그 통치에 (사람이 보기에) 예외처

30) 참조 Krüger, *Kohelet*, 257-58쪽.
31) 민영진, *전도서/아가*, 대한기독교서회 2009, 164쪽.

럼 보이는 경우들이 있음도 말한다(17절). 전도자는 서로 모순처럼 보이는 두 가지 경우를 다 손에 붙들고 인정할 것을 가르친다.

서로 모순처럼 보이는 두 경우의 가르침에 균형을 잡아주는 것이 하나님을 경외하는 것이다. 하나님에 대한 경외가 "이것이나 저것"에 극단적으로 치우치는 것을 막아주기 때문이다. 그런데 하나님의 경외가 어떻게 사람에게 균형을 잡아주는지 쉽게 이해되지 않는다.[32] 그런데 전도자는 하나님의 경외를 주어진 현실을 하나님이 주신 것으로 인정하는 태도라고 설명한다(3:14; 참조 1:13-15; 3:10-11; 5:7). 하나님을 경외하는 자들은 인과응보에 예외가 되는 경우들도 하나님이 주신 것으로 받아들이기 때문에 극단적인 태도로부터 벗어날 수 있게 된다. 이같이 하나님의 경외는 인과응보의 예외적인 경우들을 인정하고, 우리에게 균형 잡힌 사고를 하게 해준다.

1.4. 불완전한 지혜(7:19-22)

19 "성안에 있는 열 명의 권력자보다,
지혜가 현자에게 더 큰 힘이 된다."
20 선만 행하고 죄를 짓지 않는 의인은
이 땅에 아무도 없다.
21 또한 너는 사람들이 하는 모든 말에
네 마음을 두지 마라!
그러면 네 종이 네게 하는
험담을 듣지 않게 될 것이다.
22 너도 수없이 다른 사람들을 험담한 것을
너의 마음이 잘 알고 있음이다.

---

32) 따라서 많은 주석가들이 18절하의 말을 16-18절상의 말을 교정하는 "정통주의자들의 첨가"(참조 12:13)로 이해한다(Krüger, *Kohelet*, 258쪽[각주 7]).

전도자는 지혜가 성공적인 삶을 보장하는 것이 아니니, 하나님을 경외하는 사람이 되라고 말했다(7:15-20). 다시 말해 전도자는 자신의 지혜를 의지하기보다 하나님을 경외하는 삶을 살라는 가르침을 준다. 이런 맥락에서 19-22절은 전도자의 이런 생각을 보충하고 심화하는 역할을 한다. 전도자는 사람의 지혜의 한계성을 말하기 위해 일반적인 지혜의 교훈을 인용한다(19절). 그리고 전도자는 이런 지혜의 교훈에 자신의 견해를 말하며 주석을 한다(20절).[33] 전도자는 누구도 실수하지 않는 사람은 없으며 현자도 예외가 될 수 없다고 말한다. 따라서 전도자는 아랫사람이 하는 모든 말에 반응하지 말라고 말한다(21절). 자기가 완벽하게 지혜롭다고 생각하는 사람은 아랫사람에게 나쁜 평판을 들으리라는 생각을 전혀 못한다. 그러나 이렇게 완벽한 사람은 없다는 것은 누구나 잘 아는 사실이다(22절). 사람이란 완벽하게 지혜로울 수 없는 불완전한 존재이기 때문이다.

19절[지혜의 능력을 칭송하는 말] 전도자는 사람의 지혜에 한계가 있다는 말을 하기 위해, 지혜가 권력보다 더 큰 능력이 있다는 지혜를 칭송하는 일반적인 교훈의 말을 인용한다.[34] 이 말은 7:11-12절과 같이 현자들이 지혜를 강조하는 자신에 찬 말로 들린다.[35] 지혜가 큰 힘을 가진다는 것을 열 명의 권력자와 비교한다. 열 명의 절대적인 권력자보다 지혜가 더 능력을 발휘한다는 것이다(참조 잠 21:22; 24:5).

20절[실수 없는 사람은 없음] 지혜가 최고라는 19절의 주장에 대한 전도자의 비평적인 주석이다. 전도자는 "세상에 선만 행하고 죄를 짓지 않는 의인은 없다"라고 반박한다. 여기서 의인은 완벽한 현자를 가리키는 말이다. 크뤼거는 이 말은 "인간은 실수하는 존재(Errare humanum est)로,

---

33) 참조 Michel, *Untersuchungen*, 238-39쪽, 261쪽.

34) 참조 R. Gordis, *Kohelet*, 1968, 278쪽; N. Lohfink, *Kohelet*, 1980, 56쪽.

35) Krüger, *Kohelet*, 258-59쪽.

실수하지 않는 사람은 아무도 없다"는 말이라고 설명한다.[36] 여기서 "죄짓다(하타 חָטָא)"라는 말은 종교적이고 윤리적인 범죄뿐 아니라, 일상생활에서 저지르는 잘못이나 실수 등을 가리키는 말이다. 일상생활에서 저지르는 사소한 "실수"는 사람에게 당연한 것이며, 그것은 현자에게도 마찬가지이다. 지혜가 발휘하는 "큰 힘"도 이런 사소한 실수는 막아주지 못한다. 그렇다면 사람이 완벽하게 의만 행하는 것은 사실상 불가능하다.

전도자의 이 말은 16-17절의 의로움과 연관하여 볼 때 새로운 교훈을 우리에게 던져준다. 사람이 실수나 죄를 결코 피할 수 없는 존재라면, 그렇다면 가능한 적게 실수하도록 노력하는 수밖에 없다(17절). 한편 사람이 실수하는 존재임을 인정하지 않고 지나치게 의를 추구하면(16절), 결국 스스로 자신의 잘못에 눈을 감는 결과를 초래하게 된다. 그리고 자신의 잘못을 가리고 밖으로 흠 없는 삶을 사는 것처럼 포장하게 된다. 이렇게 겉으로 포장된 지나친 의는 자신의 실수에는 관대하고, 다른 사람들의 잘못에는 지나치게 엄격한 태도로 나타날 수 있다.

21-22절[자신의 불완전함을 인정하라] 전도자는 실수 없는 사람은 없다는 사실에 근거하여, 다른 사람들이 범하는 실수에 대해 관대할 것을 말한다(21절). 그 이유는 자신도 다른 사람과 비슷한 잘못을 범하기 때문이다(22절; 참조 20절). 전도자는 "또한(감 גָּם)"이란 강조의 말로 21절을 시작한다. 전도자가 강조하는 것은 "사람들이 하는 모든 말에 마음을 두지 말라"는 것이다. 그런데 이 말이 사람들이 하는 어떤 말에도 마음을 두지 마라, 즉 어떤 말도 듣지 말라는 의미는 아닐 것이다. 이 말의 의미는 사람들이 하는 모든 말에 마음을 쓰지 말고 분별하여 들으라는 것이다.[37] 전도자는 사람이 그냥 넘겨듣는 경우도 있어야 한다는 것을 종의 경우를 통해 강조한다.

---

36) Krüger, *Kohelet*, 259쪽.

37) Michel, *Untersuchungen*, 240쪽.

전도자는 분별하여 들을 줄 아는 사람은 종이 하는 험담을 듣지 않게 될 것이라고 말한다. 전도자가 주인이나 상전의 입장에 서있는 사람에게 이런 교훈을 준다. 주인은 종에 비해 자신이 완벽하다고 생각할 수 있다. 그래서 주인은 자기가 생각하는 것을 종에게 강요할 수 있다. 자신의 생각이 종에 비해 지혜롭고 완벽하다고 생각하기 때문이다. 그러나 이런 사람은 종에게 험담을 듣게 된다. 주인이라도 실수 없이 완전할 수는 없기 때문이다.

반면에 자신도 남에게 험담을 하는 불완전한 존재임을 인식하는 사람은(22절) 종이 하는 험담을 듣지 않게 된다. 이 말은 종이 이런 주인에게는 험담하지 않는다는 것을 의미하는 것은 아니다. 자신도 험담을 하는 불완전한 존재임을 인식하는 주인은 종의 험담을 흘려들을 수 있기 때문이다.[38] 전도자는 무엇보다 주인이 종에 대해 관대한 마음을 가질 것을 권고한다. 종보다는 주인이 자신을 완벽하다고 생각하기 쉽기 때문이다. 이런 의미에서 전도자가 종에게는 이런 태도를 권고하지 않는다. 그러나 완전한 사람은 없는 법이며, 사람의 지혜에는 한계가 있기 마련이다.

2. 지혜의 한계에 대한 서론의 말(7:23-24)

23 **이 모든 것을 내가 지혜로 시험했다.**
"나는 지혜롭게 될 것이다"고 말했으나,
그것은 내게 먼 일이다.
24 **무슨 일이 일어났는지,**
지혜는 멀며, 깊고 또 깊으니,
누가 그것을 찾을 수 있겠는가?

38) Krüger, *Kohelet*, 260쪽.

전도자가 자신이 시행하는 관찰과 시험을 다시 일인칭("나")으로 서술하기 시작한다(참조 1:12-2:26). 전도자의 서술에서 "지혜"(23-24절), "깨달음", "탐구", "발견"(25-29절)이라는 말이 주제어로 나온다. 전도자가 지혜를 가지고 다양하게 탐구하는 것을 알 수 있다. 그런데 전도자의 탐구가 성공했는지 그 결과가 너무 다양하기 때문에 약간 혼란스럽게 보인다. 그러나 이런 혼란은 전도자가 지혜란 정직하게 찾으면 반드시 얻게 된다는 일반적인 교훈과 비판적으로 토론하기 때문에 오는 결과일 것이다.[39] 전도자는 지혜로 성공할 수 있다는 일반적인 교훈을 비판적으로 검토하며, 사람의 지혜의 한계성을 하나님의 사역에 비추어서 논증한다.

23절[지혜는 먼 일] 23절은 다음에 나오는 전체 문단(7:23-8:17)의 표제 같은 역할을 한다.[40] 전도자의 지혜에 대한 시험(23절상)에 대한 결과가 23절하에 서술된다. 전도자는 지혜를 가지고(버호크마 בְּחָכְמָה) 시험한다. 지혜가 전도자의 시험의 도구로 사용된다. 전도자가 시험을 통해 도달하려는 목적은 "지혜롭게 되는 것이다(에호크마 אֶחְכָּמָה)." 전도자가 지혜를 가지고 어떻게 지혜에 도달하려는지, 즉 어떻게 지혜를 도구와 목적으로 동시에 사용하는지 이해하기 쉽지 않다.[41] 아마도 전도자가 지혜를 근본적으로 철저하게 시험한다는 것으로 보인다. 전도자의 시험의 결과는 지혜가 자기에게서 멀다는 것이다.

이런 결과는 전통적인 지혜의 가르침과 상반된다. 전통적인 교훈은 지혜를 간절히 찾는 자들은 반드시 발견하게 된다는 것이다(참조 잠 8:17). 이런 가르침은 잠언 뿐 아니라, 그 당시의 지혜를 반영하는 외경에서도 나타난다. 지혜를 열심히 찾으면 헛되지 않을 것이라는 시락서(시락 51:13-30)나 지혜를 사랑하면 지혜가 그에게 눈길을 돌리고, 지혜를 찾으면 발

39) 참조 Krüger, *Kohelet,* 262-63쪽.

40) Krüger, *Kohelet*, 263쪽; Schönberger, *Kohelet*, 2004, 397쪽.

41) 참조 Krüger, *Kohelet*, 264쪽.

견한다는 지혜서(지혜서 6:12-14)와 맥락을 같이한다.[42] 그러나 전도자는 지혜를 아무리 찾아도 찾을 수 없었다고 결론적으로 말한다(참조 8:16-17).

24절[지혜는 찾을 수 없음] 이 구절은 23절의 결과를 이어서 서술한다(각각 "멀다"는 말로 연결된다). 전도자는 지혜가 자기에게서 멀다는 결론을(23절하) 수사적 의문문으로 다시 한 번 강조한다. 여기서 전도자는 지혜가 "멀고", "깊고 또 깊어", "아무도 찾을 수 없다"는 지혜의 한계성을(참조 3:11; 7:14; 8:17) 과거의 사건이나 상황(마 쉐하야 מַה־שֶּׁהָיָה; 참조 1:9; 3:15; 6:10)과 연결시킨다. 전도자가 지혜의 "멂"(23절)을 "과거"(24절)와 연결시키는 것은 전도자가 찾는 지혜가 과거와 연관된 것임을 보여준다.[43] 전통적인 지혜는 과거로부터 내려오는 교훈을 연구하고 정리하여 후세에게 전하는 것이다(잠 1:8; 욥 5:27). 그러나 전도자는 과거에 무슨 일이 있었는지 알 수 없고, 지혜가 멀어 찾을 수도 없다고 말한다. 이것은 전통적인 지혜에 대한 비판의 말이다.[44] 사람은 지혜를 가지고 행복한 삶을 영위할 수 있다는 현자들의 주장에, 전도자가 사람은 그런 지혜를 찾을 능력이 없는 존재라는 말로 반박한다.

2.1. 지혜에 대한 비판(7:25-29)

25 **나는 내 마음을 돌이켜서,**
지혜와 그 결과를 깨닫고, 탐구하고, 발견하며,
또 악이 어리석음이고 미련함이 미친 것임을 깨달으려 했다.
26 **나는 여인이 죽음보다 무섭다는 말을 발견했다.**
여인은 그물이며, 그녀의 마음은 올가미며,

---

42) Schönberger, *Kohelet,* 2004, 397-98쪽.
43) Krüger, *Kohelet,* 264쪽.
44) Schönberger, *Kohelet,* 2004, 398쪽.

그녀의 손은 포승줄이라는 것이다.
하나님 앞에서 선한 자는 그녀에게서 벗어날 것이나,
죄인은 그녀에게 사로잡힐 것이라는 것이다.
27 살펴보라, 내가 이것을 발견했다.
나 전도자가 말한다.
나는 하나씩 하나씩 결과를 찾아나갔다.
28 내가 여전히 찾지만 그런 여인을[45] 발견하지 못했다.
내가 천명 가운데 한 남자는 찾았어도,
이 모든 이들 가운데 여자는 찾지 못했다.
29 내가 혼자 발견한 이것을 살펴보라.
하나님은 사람을 분명하게 만드셨는데,
그들이 많은 이론들을 추구했다는 것이다.

전도자는 사람의 지혜에 한계가 있다는 사실을 여인에 대한 교훈의 예를 들어 논증한다. 이번에도 전도자는 지혜의 교훈과 그 결과에 대해 열심히 탐구한다(25절). 그리고 그가 하는 전통적인 지혜의 교훈에 대한 탐구는 "내가 발견했다"는 말로(26, 27-28, 29절) 세 단계로 그 과정이 전개된다.[46] 여기서 27-28절은 27절의 "발견했다"와 28절의 "발견하지 못했다"는 상반되는 결과의 쌍을 이룬다.

이 본문은 이해하기 매우 어렵다. 미헬은 "내가 7:25-29절의 본문을 계속해서 연구했지만, 그럼에도 완전히 이해했다고 감히 주장할 수 없다."고 말한다.[47] 이 본문에서 특히 어려움을 주는 것은 여인에 대해 매우 부

45) "그런 여인을"은 원문에 없다. 여기서 발견하지 못한 대상이 무엇인지 불분명하다. 많은 번역이 28절하를 가리키는 것으로 본다. 그러나 문맥에서 전도자가 찾지 못한 것은 23-24절에 따르면 "지혜"의 교훈(즉 여인이란 무섭다는 교훈의 말)으로, 26절에 따르면 무서운 "여인"으로 보아야 할 것이다. 우리는 여성폄하에 대한 말을 전도자가 반박하는 것으로 문맥을 이해한다.

46) 참조 Krüger, *Kohelet*, 263쪽.

47) Michel, *Untersuchungen*, 225쪽.

정적으로 말한다는 것이다(26절).[48] 우리는 여성폄하적인 이 말을 전도자 자신의 견해로 이해할 수 없다. 전도자는 여인에 대해 결코 부정적이지 않기 때문이다(참조 9:9). 브라운도 "전도자 자신은 이런 진술의 주범일 수 없을 것이다"고 말한다.[49] 그렇다면 이 말은 다른 사람의 말을 전도자가 인용하는 것일 것이다.[50] 그러나 문제는 문법적으로 26절을 인용으로 해석하기 어렵다는 것이다. 따라서 우리는 26절의 말을 다른 사람이 이렇게 말한다고 하는 간접인용으로 이해한다.[51] 그리고 27절에서 전도자가 직접화법으로 전환하여 말하는 것도 이런 해석을 뒷받침한다.

전도자는 자기가 발견한 26절의 "일반적으로 여인을 폄하하는" 부정적인 말에 대해,[52] 27-28절의 탐구과정을 거쳐, 왜 이런 이상한 가르침이 나왔는지 29절에서 결론을 내린다. 전도자는 지혜의 교훈이 얼마나 잘못될 수 있는지, 여인에 대한 예를 들면서 사람의 지혜의 한계성에 대해 강조한다.

25절[지혜에 대한 새로운 탐구] 전도자는 마음을 돌이켜서, 지혜에 대한 탐구를 새롭게 이어간다. 여기서 "돌이키다"는 말은 새로운 것을 관찰의 대상이나 주제로 삼는 것이 아니라, 지금까지 관찰했던 것을 새로운 관점에서 다시 살펴본다는 말이다(참조 2:20). 전도자는 전 단락에서 지혜를 도구로 사용하여 탐구했는데(23절), 이제 지혜를 깨닫는 대상으로 바꾼다(참조 1:13절과 17절; 2:3절과 12절). 전도자는 지혜 뿐 아니라 지혜의 결과[53]

---

48) 참조 N. Lohfink, *War Kohelet ein Frauenfeind? Ein Versuch, die Logik und den Gegenstand von Koh. 7,23-8,1a herauszufinden*, in: La Sagesse de l' Ancien Testament, ed. M. Gilbert, Louvain 1979(BEThL 51), 259-287쪽.

49) 윌리엄 P. 브라운, *전도서*, 한국장로교출판사 2006, 147쪽.

50) Sch?nberger, *Kohelet*, 2012, 181쪽.

51) 자세한 논의는 "Michel, *Untersuchungen*, 226-238쪽"을 참조하라.

52) Sch?nberger, *Kohelet*, 2012, 182쪽.

53) חֶשְׁבּוֹן은 חָשַׁב(계산하다, 여기다)에서 나온 말로 "계산"의 의미를 갖는다. 전도자는

를 탐구의 대상으로 삼는다. 전도자가 깨달으려고 한 것은 "악", "어리석음", "미련함", "미친 것"이었다. 전도자는 지혜의 결과가 악하여 어리석고, 미련하여 미친 결과를 가져오는 예를 탐구의 대상으로 삼는다.

26절[여인은 죽음보다 무서운 존재] 전도자가 탐구의 대상으로 삼았던, 지혜가 낳은 부정적인 결과에 대한 일예이다. 전도자는 "여인이 죽음보다 무섭다"는 교훈의 말을 탐구의 대상으로 선택한다. 일반적으로 사람들이 여인에 대한 교훈으로 가르치던 이 말은 "악하고, 어리석고, 미련하고, 미친"(25절) 교훈에 속한다. 전도자가 관찰의 대상으로 삼는 부정적인 여인에 대한 성격이 관계대명사 아쉐르(אֲשֶׁר)로 자세히 설명된다.[54] 그것은 여인이 "그물"이며, "올가미"며, "포승줄"이라는 것이다.

전도자가 일반적인 여인에 대한 교훈의 말을 인용하는 것인지, 특별한 천한 여인에 대한 교훈의 말인지, 아니면 어리석음을 "여인"으로 의인화한 한 말인지 본문에서는 분명치 않다.[55] 이 말은 다양하게 해석될 수 있는 모호성이 있는 것이 사실이다. 이 말이 원래는 청소년들에게 주었던 음녀에 대한 경고의 교훈이었는데, 후에 일반적인 여인에 대한 교훈의 말로 확장된 것으로 볼 수 있다.

지혜서에서는 음녀를 스올, 구덩이, 올무 등으로 표현하며 그 위험성에 대해 경고한다(잠 2:16-19; 5:3-6; 6:24-32 등). 그러면서 하나님 앞에서 선하게 사는 자는 이런 여인의 위험에서 벗어날 것이나, 죄인은 여인에게 사로잡혀 망하게 될 것이라고 가르친다. 여인을 폄하하는 이런 교훈이나 속담들은 동서고금을 막론하고 발견된다.[56]

이 말을 지혜로 탐구하고 계산하여 얻은 "결과"의 의미로 사용한다(참조. Michel, *Untersuchungen*, 232-235쪽).

54) 아쉐르가 전통적인 그러나 잘못된 교훈이 여인에 대해 어떻게 설명하는지를 보여준다. 우리말로 "즉, 다시 말해서"와 같은 의미를 갖는다(참조 Michel, *Untersuchungen*, 228쪽; Schönberger, *Kohelet*, 2004, 403-04쪽).

55) Krüger, *Kohelet*, 265쪽.

27-28절[이런 여인을 발견하지 못함] 전도자는 여인을 비하하는 이런 교훈에 대해 비판한다. 전도자는 이런 말이 사실인지 철저하게 살펴보았다고 말한다. 그러면서 자기가 발견한 "이것을" 소개한다. 전도자는 자기가 발견한 것에 신뢰성을 주기 위해 "나 전도자가 말한다."는 말을 첨가한다.[57] 전도자는 자신의 입장을 표명하면서 서론의 말을 길게 하는데, "전도자가 말한다."라는 인용어법을 쓰면서 그의 견해에 특별한 중요성을 부여한다. 전도자는 "나는 하나씩 하나씩 결과를 찾아나갔다"며 자신의 탐구가 철저했음을 강조한다.

전도자가 발견한 "이것"은(27절상) 사람들이 여인은 무서운 존재라고 말하나 그런 여인은 발견하지 못했다는 것이다. 본문에서는 무엇을 발견하지 못했는지 그 목적어가 서술되지 않는다. 우리는 이것을 두 가지로 해석할 수 있다. 먼저 "전도자가 여전히 찾지만 찾지 못했다"는 것은 마치 "나는 내가 알지 못한다는 것을 안다"는 소크라테스의 말과 같은 의미로 볼 수 있다. 나는 내가 찾지 못한다는 사실을 깨달았다, 즉 자신의 지혜의 한계성을 깨달았다는 말이다.[58]

문맥으로 볼 때 전도자가 찾지 못한 것은 26절에 나타난 무서운 "여인"이나, 혹은 여인은 죽음보다 무섭다는 사실일 것이다.[59] 28절하에 전

---

56) 예를 들어, "암탉이 울면 집안이 망한다(한국)"; "여자는 지옥의 문이다(제롬)"; "여성은 모든 죄악의 근원이다. 만약 지옥의 대마왕이 있다면 여성의 모습을 하고 있을 것이다(비트겐슈타인)"; "여자와 포도주는 남자의 판단을 망친다(스페인속담)"; "여자를 만든 것이 알라의 유일한 실수다(이슬람)" 등 많이 있다(참조 미네케 스히퍼[한창호 옮김], *세계 여성 속담 사전: 지혜 혹은 잘 포장된 편견*, 북스코프 2010).

57) 많은 주석가들이 "전도자가 말한다."는 말을 편집자의 첨가로 보고(참조 1:2; 12:8) 본문에서 제외시킨다(참조 Krüger, *Kohelet*, 270쪽).

58) Krüger, *Kohelet*, 268쪽.

59) 민영진은 전도자가 "발탁할 만한 인물이 한 여자도 없더라."고 말하며 여성에 대한 편견을 드러낸다고 곡해한다. 전도서에서 전도자와 다른 사람의 말을 가려내기 어려움을 보여준다(민영진, *전도서/아가*, 168쪽); 머피도 어려움을 토로한다(머피, *전도서*, 238-239쪽).

도자가 천명 가운데 한 사람(남자)[60]은 찾았으나, 여자는 찾지 못했다는 말이 이런 관계를 뒷받침한다. 전도자는 26절에 서술된 여인에 대해 확인하려고 열심히 찾았으나 찾을 수 없었다. 그러면서 자신의 이런 발견을 오히려 이런 사람은 남자 가운데는 찾았어도 여인 가운데는 없었다는 말로 강화한다.

29절[무서운 여인은 사람이 만들어낸 이론] 전도자는 여인을 폄하하는 일반적인 교훈에 대해 잘못된 것이라고 비판한다. 전도자는 이것은 "내가 혼자 발견한 것"이라고 말한다. 이것은 전도자의 자랑이라기보다 자기만의 독특한 깨달음이라는 의미일 것이다. 전도자가 발견한 사실은 "하나님은 사람들을 분명하게/단순하게(야샤르 יָשָׁר) 만드셨는데, 사람들이 크고/수많은 이론들(히슈보노트 라빔 חִשְּׁבֹנוֹת רַבִּים)을 추구했다"는 것이다.

하나님이 사람을 남자와 여자로 만드시고(창 1:27; 5:2), 둘 다 사람(아담 אָדָם)이라고 부르셨다(창 5:3; 참조 전 6:10). 하나님께서는 남자와 여자, 즉 둘 다 사람이라는 동등한 관계로 만드셨다(참조 창 2:18-23). 이것은 아주 단순하고도 분명하여 누구나 이해할 수 있는 사실이다. 전도자는 사람들이 여인에 대해 엉뚱한 이론들을 고안한 것이라고 말한다. 남자와 여자라는 동등한 관계는 타락으로 그 단순함을 잃어버리고(참조 창 3:1-7), 남자가 여자를 지배하는 잘못된 관계로 왜곡되었다(창 3:16). 그리고 사람의 마음의 생각은 더 타락하여(창 6:5) 여인에 대한 수많은 잘못된 이론들을 고안해냈다.[61]

---

60) 여기서 사람(אָדָם)은 "여인"에 대응되는 남자로 이해해야 할 것이다(참조 Krüger, Kohelet, 269-70쪽).

61) 위의 여인을 폄하하는 동서고금의 속담 뿐 아니라, 남성들이 여성을 조롱거리로 삼는 잠 21:9,19; 25:24; 27:15 등이 여기에 속한다; 집회서(시락서)에 나오는 유사본문을 위해, "민영진, *전도서/아가*, 170-73쪽"을 참조하라.

2.2. 무능력한 지혜(8:1–9)

1 "누가 현자와 같으며,
누가 사물을 해석할 줄 아는가?
사람의 지혜가 그의 얼굴을 빛나게 하고,
그의 굳은 얼굴이 부드럽게 변한다.
2 왕의 명령을[62] 지켜라[63],
하나님께 맹세한 일이니라!
3 그 면전에서 조급히 물러나지 말며,
나쁜 일에는 끼어들지 말라!
그는 자기가 원하는 모든 것을 할 수 있음이다.
4 왕의 말에는 권위가 있으니,
누가 그에게 '당신이 무엇을 합니까!'라고 말하겠는가?
5 명령을 지키는 자는 나쁜 일을 겪지 않으니,
현자의 마음은 때와 질서를 안다."

6 참으로 모든 일에는 때와 질서가 있다.
그럼에도 사람의 불행은 그에게 무겁게 닥친다.
7 이는 앞으로 어떻게 될지 그가 알지 못함이다.
앞으로 어떻게 될지 누가 그에게 알려줄 수 있겠는가?
8 바람을 통제하여 바람을 멈출 수 있는 사람은 없다.
죽음의 날을 통제할 수 있는 사람도 없다.
전쟁에서는 면제가 없고,
악이 자기 주인을 구하지 못한다.
9 내가 이 모든 것을 살펴보면서,
해 아래서 행해지는 모든 일에

---

62) 일반적으로 "내가 (말하니)"로 번역한다. 그러나 אֲנִי를 BHS와 같이 אֵת로 교정한다.
63) 혹은 "왕의 말에 유의하라"고 번역할 수 있다.

내 마음을 기울였다.
사람이 사람을 지배하는 때는
자신에게 불행이 된다.[64]

이 문단이 통일된 연합체인가에 대해 주석가들 사이에 많은 논란이 있다.[65] 1절상과 1절하는 "현자"와 "지혜"라는 주제어로 연결되어 통일체를 이룬다. 그리고 1절의 주제어인 "지혜"가 이 단락을 7:23-24절이나 25절과 연결시키는 동시에, 2-9절의 지혜를 다루는 문단과 연결시킨다(특히 5절을 참조). 9절의 "내가 살펴보았다"는 표현은 일반적으로 새 문단의 시작을 알리지만(참조 7:15, 23, 25; 8:10, 16; 9:1, 11, 13), 이어서 10절에 "내가 살펴보았다"는 말이 나오기 때문에 9절을 1-8절에 대한 결론으로 이해해야 할 것이다. 1-9절은 "지혜"와 "때와 질서"의 주제어로 연관된 통일된 단락이다.

우리는 1-9절의 단락을 지혜를 칭송하는 1-5절과 그에 대한 전도자의 비판적인 주석을 다루는 6-9절의 두 부분으로 나눌 수 있다.[66]

지혜에 대한 칭송(1-5절)
- 누가 현자인가?(1절)
- 왕 앞에서의 현자(2-4절)
- 현자에 대한 결론(5절)

지혜에 대한 비판(6-9절)
- 지혜의 한계(6-8절)
- 지혜의 한계에 대한 결론(9절)

전도자는 **1-5절**에서 지혜의 교훈을 인용하는데, 1절은 지혜가 최고라

---

64) 혹은 "사람이 사람을 지배하여, 자신에게 불행이 되는 때가 있다."고 번역할 수 있다.
65) 참조 Krüger, *Kohelet*, 273쪽(각주 1).
66) 참조 Krüger, *Kohelet*, 274쪽; Schönberger, *Kohelet,* 2004, 413쪽.

는 수사적 질문이고, 2-5절은 왕 앞에서 지혜롭게 행동하는 현자의 모습이다. 현자는 모든 일에 "때와 질서"를 알기 때문에, 때에 알맞게 행동을 하여 나쁜 일을 피할 수 있다. 왕은 절대적인 권력을 가지기 때문에 그 앞에서 지혜롭게 행동해야 한다(2-4절). 현자는 "때와 질서"를 잘 알기 때문에(5절), 왕 앞에서 머물러 있을 때와 물러나야 할 때를 적절하게 판단한다.

6-9절은 이런 지혜의 교훈에 대한 전도자의 비판적인 주석이다. 전도자는 "때"와 "질서"라는 1-5절의 주제어를 그대로 사용한다. 모든 일에 합당한 "때와 질서"가 있는 것이 사실이다(6절상). 그럼에도 사람이 "때와 질서"를 분별하지 못해 불행에 직면할 수 있다(6절하). 사람들이 미래를 알 수 없어 "때"를 분별할 수 없기 때문이다(7절). 그리고 때를 분별한다 해도 어쩔 수 없이 그런 상황에 던져지는 때도 있다(8절). 이런 경우 지혜도 아무 소용이 없는 법이다. 사람이 "때나 질서"를 마음대로 조정할 수 없기 때문에, 어떤 지혜도 무기력한 불행한 때가 있는 법이다(9절; 참조 3:1-9).

1절[현자에 대한 칭송] 현자는 어떤 것도 "해석할 줄" 아는 사람이라고 수사적 의문문으로 찬양한다(1절상). 지혜에 있어서는 그 누구도 현자와 비교할 수 없다는 말이다(참조 출 15:11; 신 33:26, 29; 시 18:31). 지혜는 사람의 얼굴을 빛나게 하고, 굳은 얼굴도 부드럽게 바꿔준다(1절하).[67] 이것은 지혜가 최고라는 칭송의 말이다.

현자의 "때와 질서"에 대한 해석능력은 구약에서 중요한 역할을 한다. 우리는 이런 능력을 요셉(창 40-41장)과 다니엘(단 2; 4; 5; 7장)에게서 볼

---

67) 1절하에서 יְשֻׁנֶּא(pu)를 יְשַׁנֶּא(pi)로 읽으면, "권력(עֹז)이 그의 얼굴을 변하게 한다." 고 번역된다. 그러면 이 구절은 "지혜"와 "권력"을 대조시키는 말이 된다. 지혜는 사람의 얼굴을 "빛나게" 하지만, 권력은 그의 얼굴을 "변하게(흉하게)" 만든다는 것이다. 권력보다도 지혜가 뛰어남을 강조하는 말이다.

수 있다. 이들은 그 당시 통치자들에게 크게 칭송받았다(창 41:38-39; 단 2:46-49). 요셉이나 다니엘이나 그들이 가진 해석의 능력은 하나님이 주신 것이었다(창 41:38-39; 단 2:47; 참조 창40:8; 41:16; 단 2:18-19, 21-23, 27-28, 47). 1절은 하나님이 주신 무엇과도 비교할 수 없는 지혜에 대한 칭송의 말이다(참조 단 2:20-23).

2절[왕의 명령을 지켜라] "왕의 명령(피 פִּי)을 지켜라(쉐모르 שְׁמוֹר)" (2절상)는 말은 "왕의 말에 유의하라"는 말로도 번역된다. 전자는 왕의 명령은 반드시 따라야 한다는 권고의 말이고(참조 잠 24:12), 후자는 왕의 말에 유의해서, 즉 왕의 안색을 살펴서 잘 처신해야 한다는 교훈의 말이다(참조 10:4).

2절상의 권고의 이유는 "하나님의 맹세이기 때문이다(2절하)." "하나님의 맹세"는 하나님이 왕에게 주신 맹세(하나님이 주어)나 하나님께 한 맹세(하나님이 목적어)의 두 가지로 이해된다. 첫 번째는 하나님이 왕조에게 정통성을 주었다는 의미이고(참조 삼하 7:14-16; 시 89:4; 110:4), 두 번째는 하나님 앞에서 왕에게 충성하겠다고 한 맹세를 의미한다.

2절상과 2절하의 관계는 크게 두 가지로 이해할 수 있다. 첫째는 2절하의 버알(וְעַל)을 "그리고 ... 때문이다"로 번역하여 2절상에 대한 이유로 해석하는 것이다. 둘째는 "그러나 ...에 반하는(against) 것이다"로 번역하여 2절상과 상반되는 구절로 이해하는 것이다. 그러면 왕의 명령을 지키는 것은 하나님께 드린 맹세에 위반된다고 해석할 수 있다. 대체로 전자로 번역하나, 두 가지 다 가능성을 가진다.

3절상[왕 앞에서의 지혜로운 행동] 왕 앞에서 조급히(바할 בָּהַל) 물러나서는 안 된다. 여기서 바할(בָּהַל)은 "서두르다"와 "놀라다"의 두 가지 의미를 갖는다. 전자의 경우 왕 앞에서 물러날 때는 서두르지 마라는 의미를 갖고, 후자의 경우 왕 앞에서 놀라지 말고 물러가라는 의미를 갖는다. 전자는 왕 앞에서의 침착한 태도를 권고하는 말이고(참조 10:4), 후자는 왕을 두려워말고 과감하게 물러나라는 말로 해석된다. 그 이유는 왕이 아니라 하나님께만 충성을 맹세했기 때문이다(참조 2절하).

"나쁜 일(다바르 라 דָּבָר רָע)에 끼어들지(서지) 말라"는 말은 "악한 말(דָּבָר רָע)에 머무르지 말라"는 말로도 번역된다. 전자는 어떤 나쁜 일이 생길 경우, 거기에 머물러서 끼어들지 말고 왕 앞에서 물러나라는 말이고, 후자는 왕이 심기가 불편해 악한 말을 하는 경우 눈치를 봐서 조용히 물러나라는 교훈의 말로 이해할 수 있다.

이같이 다양하게 번역 가능한 2-3절은 크게 두 가지로 해석할 수 있다.[68]

첫째는 하나님 앞에서 왕에게 충성하겠다고 맹세했기 때문에, 왕의 명령에 복종해야 한다. 그리고 왕에게서 서둘러 떠나지(왕을 버리지) 말고, 나쁜 일에도 참견하지 말라는 의미이다. 둘째는 하나님께만 충성을 맹세했기 때문에, 왕의 명령을 지키되 하나님에게 한 충성을 우선시하라는 의미이다. 따라서 왕 앞에서 물러나는 것을 두려워말고, 나쁜 일에는 머물러서 (도와주지) 말라는 의미이다.

이 구절이 다양하게 해석될 수 있는 것은, 전도자가 지혜로운 행동의 모호성을 의도적으로 나타내려는 것 같다.[69] 아마도 현자들이 성공하기 위해 왕 앞에서 취하는 기회주의적인 행동을 폄하하여 묘사하는 것 같다. 현자들은 어떤 상황에서도 자신들이 지혜를 발휘하여 "때와 질서"를 조절하는 주인공이라고 생각하지만, 그러나 그들은 절대 권력을 가진 왕 앞에서는 노리개에 불과할 뿐이다. 그들은 기본적인 질서에 충실하고, 그 질서를 지혜로 잘 판단하면 된다고 생각하지만, 그 기본질서는 다양한 상황에서 나타나기 때문에 현자에게 기회주의적인 태도를 취하게 만든다.

---

68) 다양한 해석의 가능성에 대해 "Krüger, *Kohelet*, 276-78쪽"을 참조하라.

69) Krüger, *Kohelet*, 278쪽.

3절하-4절[왕은 절대 권력자] 이 구절은 왜 왕 앞에서 지혜롭게 행동해야 하는지(2-3절상)에 대한 이유를 제공한다. 그 이유는 왕은 절대적인 권위를 가진 자라는 것이다. 왕의 절대적인 권력이 수사적 의문문으로 강조되며(4절), 절대적인 지혜를 가진 현자와 대비된다(1절). 왕은 자기가 원하는 대로 무엇이든지 할 수 있는 존재이며(3절하), 왕의 말에는 절대적인 권위가 있기 때문에 아무도 그의 말을 비판할 수 없다. 왕의 말에는 무조건 순종해야 한다. 이런 절대 권력의 왕 앞에서 현자가 과연 "때와 질서"를 분별하여 모든 상황을 조종하는 주인공이 될 수 있을까? 전도자는 여기서 사람의 지혜의 한계성을 예고해준다.

5절[현자는 "때와 질서"를 분별함] 3절하-4절이 왕의 절대 권력에 대한 말인 반면에, 5절은 그런 왕 앞에서 지혜롭게 행동할 줄 아는 현자에 대한 말이다. 명령(미츠바 מִצְוָה)[70]을 지키는 자는 나쁜 일을 겪지[71] 않는다. 이 말은 왕 앞에서의 지혜로운 행동을 권고하는 2-3절상과 대응된다. 현자는 절대 권력의 왕 앞에서 조급히 물러서거나 나쁜 일에 끼어들지 않고, 왕의 명령을 잘 지켜서 재앙을 겪지 않는다는 말이다. 현자가 가진 지혜를 칭송하는 말이다. 현자가 이렇게 행동할 수 있는 것은 "때와 질서(에트 부미슈파트 עֵת וּמִשְׁפָּט)"를 분별할 줄 알기 때문이다. 에트(עֵת)는 "때, 기회"의 의미를 갖는데, 사람이 살면서 그때마다 닥치는 상황을 의미한다. 그리고 미슈파트(מִשְׁפָּט)는 "정의, 판결, 심판"과 같은 법적인 의미를 갖기도 하고, 또 조화로운 사회의 "질서"를 의미하기도 하며, 사람이 취하는 "제도, 방법"이란 의미도 갖는다. 두 단어는 한 쌍으로(Hendiadyoin) 사용

---

70) 왕의 명령으로 이해한다. 크뤼거는 "하나님의 계명"의 가능성도 열어놓으나(Krüger, *Kohelet*, 279쪽), 미헬은 현자의 계명(가르침)이라고 주장한다(Michel, *Untersuchungen*, 96쪽).

71) יֵדַע דָּבָר רָע(5절상)은 "나쁜 일을 알다"나 "나쁜 일을 경험하다"의 두 가지로 번역할 수 있다. 결과를 서술하는 후자가 합당한 것 같다.

되면서 적절한 "때/기회"와 올바른 "질서/방법"의 의미를 갖는다.[72] 현자는 닥치는 상황마다 그 질서와 방법을 잘 분별하여 적절하게 대처하는 능력을 가진 자라는 것이다.

전도자가 6-9절에서 1-5절의 주제어를 다시 사용하며 비판적인 주석을 한다. 전도자는 "알다/겪다"(야다 יָדַע, 5절과 7절)와 "권력"(쉴톤 שִׁלְטוֹן 4절과 8-9절)이란 말로 두 단락을 연결시킨다. 전도자가 여기서는 "현자"와 "왕"이 아니라, "일반사람"(6절하, 8절상, 9절하)에 대해 얘기한다.[73] 전도자는 지혜가 다양하고 또 겪는 상황들도 다양한데, 과연 다양한 상황에서 지혜가 작동하는가라는 의문을 제기한다. 현자들이 지혜로 분별했던 "때와 질서"(5절)를 과연 일반 사람들도 분별할 수 있는가(6절)라는 것이 전도자의 핵심적인 주제가 된다.

6-7절[사람은 "때와 질서"를 분별하지 못함] 6-7절에서 네 개의 키(כִּי) 문장이 나타나는데, 8절의 네 개의 부정문과 대응된다. 모든 일에 "때와 질서"가 있는 것이 사실이지만(6절상; 참조 3:1, 17), 일반사람은 왕과 달리(3절하) 이런 상황을 통제할 수 있는 능력이 없다(참조 5절하). 따라서 불행이[74] 일반사람에게는 무겁게/크게 닥치게 된다(6절하). 사람에게 닥치는 불행의 무거움에 비추어 볼 때, "때와 질서"를 안다는(5절하) 현자의 주장은 모순에 빠지게 된다. 현자는 사람이 "불행을 겪지 않을 수 있다."고 말하나, 사람에게 "불행은 크고/무겁게 닥친다."

7절은 6절하에 대한 이유를 제공한다. 사람에게 불행이 무겁게 닥치는 이유는 사람이 앞일을 알 수 없고, 또 아무도 앞일에 대해 가르쳐줄 수 없기 때문이다. 현자는 모든 상황에서 "때와 질서"를 파악하여 대처하면

---

72) Krüger, *Kohelet*, 279쪽; Michel, *Untersuchungen*, 96쪽.

73) Krüger, *Kohelet*, 280쪽.

74) רָעָה(라아)는 "불행"이나 "악함"의 두 가지 의미를 가지나 전자의 의미가 합당하다 (참조 Krüger, *Kohelet*, 281쪽).

불행을 겪지 않는다고 가르치지만, 그러나 어느 누구에게도 그런 지혜가 없다는 것이다. 누구에게도 미래에 닥칠 일을 미리 알고 대처할 수 있는 능력과 지혜는 없다(참조 3:22; 6:12).[75)]

8절[사람은 상황을 통제하는 능력이 없음] 6-7절이 현자의 지혜를 칭송하는 말(1, 5절)에 대한 비판이라면, 8절은 왕의 절대권력(3절하-4절)에 대한 비판의 말이다. 아무도 바람을 통제하거나 죽음의 날을 통제할 수 있는 능력은 없다. 이것은 절대적인 권력을 가진 왕에게도 마찬가지이다. 절대 권력의 왕이라도 "바람"을[76)] 마음대로 할 수 없고, 또 자신의 "생명"이나 신하들의 "생명"도 마음대로 조정할 수 있는 능력이 없다(참조 3:2-8).

왕의 무능력은 전쟁의 날에 더 확실하게 드러난다. 일반적인 사람과 같이 왕도 전쟁에서 예외가 되지 못한다. 전쟁이 일어나면 그 불행한 상황에 왕도 똑같이 휘말릴 수밖에 없다. 절대 권력을 가진 왕도 일반적인 사람과 똑같게 된다. 그리고 "악이 자기 주인도 구하지 못한다." 여기서 악이 무엇을 의미하는지 불분명하다. 아마도 전쟁과 관련된 악한 일인 것 같다. 그렇다면 절대 권력을 가진 왕이(3절하-4절) 신하들에게 무조건적인 충성을 요구하며 왕(주인)을 구하라는 부당한 명령도 자기 생명을 구하지 못한다는 말로 이해할 수 있다. 한편 이것은 왕이 전쟁의 상황에서 도망치는 악을 범해도 그것이 자신의 생명을 구하지 못한다는 말로도 이해할 수 있다. 일반사람이나 절대 권력의 왕이나 "바람", "죽음", "전쟁"과 같이 어떤 영향력도 발휘할 수 없는 영역이 있다는 것이다. 이것은 사람의 능력의 한계성을 드러내는 말이다.

---

75) 하나님이 지혜를 주신 요셉이나 다니엘에게나 가능할 것이다(창 41:25, 28; 단 2:28-29).

76) רוּחַ를 "분노"로 번역할 수도 있다(참조 Michel, *Untersuchungen*, 97쪽).

9절[사람은 닥치는 불행을 피하지 못함] 9절은 위의 말들에 대한 최종 결론이다. 전도자는 "이 모든 것"을 살펴보면서 해아래서 행해지는 모든 일에 대해 결론을 내린다. 전도자는 9절에서 "때(5, 6절)", "권력(4, 8절)", "사람(1, 6, 8절)", "나쁜/불행(3, 5, 6절)"이라는 말을 다시 사용한다.[77] 전도자의 결론은 "사람이 사람을 지배하는 불행한 때가 있다"는 것이다.

사람은 "바람"이나 "죽음"이나 "전쟁"을 통제할 수 있는 능력이 없다. 그러나 사람이 사람에게 권력을 행사하여 지배하는 불행한 때는 있다. 현자는 지혜를 가지고 "때와 질서"를 분별하면 다가오는 불행을 미연에 막을 수 있다고 말한다. 그러나 현실에서는 사람이 사람을 지배하여 해를 끼치는 그런 때가 있다. 사람은 이런 때를 한탄하지만 어쩔 수 없이 받아들여야 한다(참조 4:1-3). 현자는 현실에서 불행을 막을 수 있다고 말하지만, 그러나 전도자가 보는 현실은 오히려 정반대일 때가 많다. 그렇다면 사람이 지혜를 가지고 불행을 피할 수 있다는 현자의 가르침은 현실에서는 몽상에 불과할 때가 있는 것이다.

2.3. 지혜보다 하나님 경외(8:10-15)

10 다음과 같은 것을 나는 살펴보았다.
악인들은 장사되어[78] 무덤에 들어가지만,
올바로 행한 자들은[79] 성소로부터 쫓겨나고,
성읍에서 잊어진다.[80]

---

77) 참조 Schönberger, *Kohelet*, 2012, 193쪽.

78) קִבֵּר(장사하다)를 קֵרֵב(다가가다)로 교정하여, "악인들이 다가와서 성소에 들어왔다가, 그들이 다시 성소에서 나간다."로 번역하기도 한다(참조 Michel, *Untersuchungen*, 217-20쪽).

79) כֵּן(켄)은 "이같이", "올바로"의 의미를 갖는다. 여기서는 후자로 번역하여, 악인과 대조되는 "의인"을 의미한다(참조 Michel, *Untersuchungen*, 218쪽).

80) 몇 히브리사본은 וְיִשְׁתַּבְּחוּ로 읽는다(참조 LXX). 따라서 "그들은 성읍에서 이같이 한 일을 자랑한다."로 번역하기도 한다.

이것도 역시 헛되다.
11 악한 일에 대한 판결이 속히 시행되지 않기 때문에,
그러므로 인생들이 악을 행하려는 마음으로 가득 찼다.
12 죄인이 백번 악을 행하고도 장수한다.
그럼에도 나는 역시 하나님을 경외하는 자들,
그의 앞에서 두려워하는 자들이 잘된다는 것을 안다.
13 악인은 잘되지 않으리니,
그림자같이 장수하지 못할 것이다.
그가 하나님 앞에서 두려워하지 않음이다.
14 땅위에서 행해지는 헛된 일이 있으니,
악을 행한 자들처럼 되는 의인들이 있고,
의를 행한 자들처럼 되는 악인들이 있다.
나는 이것도 역시 헛되다고 말한다.
15 내가 즐거움을 칭송하니,
먹고, 마시고, 즐거워하는 것보다
해 아래서 사람에게 더 좋은 것은 없다.
하나님이 해 아래서 그에게 주신 평생 동안
즐거움이 수고가운데 그와 동행할 것이다.

10절의 "나는 살펴보았다"는 말이 앞문단과 연결시켜주는 동시에, 새로운 문단이 시작된다는 것을 보여준다. 10-15절의 단락은 형식적으로나 내용적으로 그 구성이 비교적 명확하다. 10절과 14절의 "헛되다"는 말이 일차적인 결론을 말해주고, 12절하의 "내가 안다"는 말이 새로운 시작을 말해준다.

인과응보의 헛된 경우(10절)

  시행되지 않는 인과응보(11-12절상)

  인과응보는 반드시 시행됨(12절하-13절)

인과응보의 헛된 경우(14절)

결론: 행복을 누려라(15절)

10절과 14절은 세상에서 인과보응의 법칙이 시행되지 않는 헛된 경우(경험)들을 관찰한다. 인과응보가 제 때에 시행되지 않고, 악을 행하는 죄인들이 오히려 장수하기 때문에, 사람들의 마음이 악으로 가득 찼다(11절-12절상). 사람이 악을 행해도 징벌이 즉시 시행되지 않고 예외적인 경우가 많기 때문에, 사람들이 악을 행하기를 두려워하지 않는다. 그러나 전도자는 세상에서 인과응보가 제대로 시행되지 않아도, 하나님의 인과응보의 통치에 대해 확실한 믿음을 고백한다(12절하-13절). 결론적으로 전도자는 이런 헛된 일이 일어나는 현실 속에서 하나님이 주신 행복을 누릴 것을 권고한다(15절). 행복은 인과응보를 기대하는 불확실한 미래에서가 아니라, 하나님이 선물로 주신 현실에서 "먹고, 마시고, 즐거워하는" 데 있는 것이기 때문이다.

10절[인과응보의 헛된 경우] 10절은 전도서에서 해석하기 어려운 본문 중 하나이다. 이 구절은 악인이 잘되고 의인이 망한다는 인과응보의 법칙에 반대되는 경험을 서술한다. "악인들은 장사되어 무덤에 가지만, 올바로 행하는 의인들은 성소에서 쫓겨나고 성읍에서 잊어진다."는 것이다. 구약에서(다른 문화에서도 마찬가지) 장사되는 것은 인생에서 최종영예를 얻는 것이다. 반대로 장사되지 못하는 것은 그의 존재가 완전히 파멸되고 잊어지는 것이다(참조 왕하 9:37).[81)]

악인은 죽어서도 장사되는 영예를 누리지만, 올바로 행하는 의인들은 오히려 성소에서 쫓겨나 하나님에게서 멀어지고 성읍에서 잊어지는 존재가 된다. 성소에서도 의인이 인정받지 못하면(참조 시 15; 24:3-5) 사회정의의 중심이 흔들리는 것이다(참조 3:16; 사 1:10-17; 암 4:4-5; 5:21-24).[82)] 세상에서 공의가 인과응보대로 시행되지 않는 불합리한 경우의 예이다. 전도자는 "이것도 역시 헛되다"고 부정적인 결론을 내린다.

---

81) Schönberger, *Kohelet*, 2012, 194-95쪽.

82) Krüger, *Kohelet*, 286쪽.

11-12절상[시행되지 않는 인과응보] 11절은 인과응보가 제대로 시행되지 않을 때 사람들의 의식에 어떤 영향을 주는가를 설명한다. 사람들은 악한 일에 대한 심판이 즉시 시행되지 않기 때문에, 악에 대해 불감증을 갖게 된다. 그리고 이런 도덕적인 의식의 변화는 악에 대한 불감증 뿐 아니라, 악을 마음껏 저지르게 하는 원동력이 되기도 한다. 사람들 가운데 악을 행하는 것에 대한 두려움이 사라지고, 심지어 악을 행하려는 용기와 즐거움이 커지게 된다.

세상에서 인과응보의 통치가 완전히 사라진 것은 아니다. 단지 악이나 의에 대해 긴 시간을 두고 보응이 시행될 뿐이다. 만일 하나님께서 악행에 대해 즉시 보응하신다면 사람에게 큰 경각심은 주겠지만, 세상에서 죄를 짓지 않는 사람은 없기 때문에(참조 7:20), 이런 인과응보의 심판은 결국 사람을 뿌리 뽑는 결과를 가져올 것이다.[83)]

"죄인이 백번 악을 행하고도 장수한다(12절상)."는 말도 인과응보를 완전히 부정하는 것이 아니다. 이 말도 인과응보의 법칙에서 예외가 있다는 것을 보여준다. 모든 죄인이 백 번 악을 행하고도 다 장수하는 것은 아니다. 단지 그런 경우가 있을 수 있다는 말이다. 인과응보의 징벌이 즉시 시행되지 않기 때문에(11절상), 그리고 그 법칙에 예외처럼 보이는 경우가 있기 때문에(12절상), 사람들이 점점 악을 무서워 않고 과감하게 악을 행하게 된다(11절하).

12절하-13절[인과응보는 반드시 시행됨] 전도자는 인과응보의 법칙이 그대로 시행된다는 것을 주장한다. 이 말이 인과응보가 제대로 시행되지 않는다는 이전의 말과 모순되는 것은 아니다. 많은 사람들이 12절하-13절의 말을 인과응보의 통치를 주장하는 "정통주의자"들의 첨가로 이해한

---

83) Krüger, *Kohelet*, 286쪽.

다.[84] 그러나 이 말이 14절 바로 뒤가 아니라, 14절 바로 앞에 나온다는 것을 주목해야 한다. 이것은 12절하-13절의 말이 인과응보에 대한 전도자의 최종결론이 아니라는 것을 보여준다. 우리는 이 단락이 전도서의 전형적인 서술형식인 "...하기는 하나, 그러나...하다(zwar...aber)"의 형식으로 서술된 것으로 보아야 한다. 이 세상에서 인과응보에 예외가 있는 경우들이 있으나(zwar), 그러나(aber) 인과응보의 통치는 그대로 시행된다는 말이다. 이것이 인과응보에 대한 전도자의 최종적인 입장이다.

여기서 "잘된다(יִהְיֶה־טּוֹב)"와 "잘되지 않는다(טוֹב לֹא־יִהְיֶה)"에 대한 번역이 문제가 된다. 특히 비슷한 말을 두 번 반복하는 것이 인상적이다. 일반적으로 이 말을 "잘될 것이다", "잘되지 못할 것이다"라고 번역하여 인과응보의 결과를 나타내는 말로 이해한다. 그러나 이것은 인과응보에 대한 전도자의 전체 사상과 잘 맞지 않는다. 따라서 이 말을 직역하여 "맞다(is good)" 또는 "맞지 않다(is not good)"로 번역하여, 인과응보의 결과가 아닌 가치판단에 대한 말로 이해하는 것이 전도자의 사상에 더 부합한다.[85] 사람이 하나님을 경외하는 것은 미래에 받을 보상 때문이 아니라, 그것이 창조주 하나님 앞에 당연한 것이기 때문이다(참조 3:14).

악인이 장수하지 못하는 징벌을 받기 때문에 악을 행하지 않는 것이 아니라, 악을 행하는 것은 하나님 앞에 당연히 옳지 않는 일이기 때문이다. 이로서 선악에 행동근거가 인과응보 때문이 아니라, 하나님 앞에서 옳은가 옳지 않은가의 도덕적인 판단기준으로 제시된다. 악인이 죄를 범하고도 장수하는 경우가 있지만(12절상), 악인의 범죄는 옳지 않은 것이며 그림자처럼 장수하지 못하게 된다고(13절) 전도자가 주석을 한다. 두말이 서로 모순되는 것이 아니다. 13절하는 12절상의 예외의 경우에 대한 전도

---

84) Krüger, *Kohelet*, 287쪽.
85) Krüger, *Kohelet*, 288쪽.

자 자신의 입장이다. 사람은 원래 그림자처럼 없어지는 존재로(참조 6:12), 악인이 장수한다 해도(12절상), 그림자처럼 없어지는 인생에 불과한 것이다(13절하).

14절[인과응보의 헛된 경우] 전도자는 14절에서 다시 한 번 인과응보의 헛된 경우를 관찰한다(참조 10절). 전도자는 악인이 의인처럼 잘되고, 의인은 악인처럼 못되는 경우를 살펴본다. 세상에서 인과응보가 제대로 시행되지 않고(10, 14절), 또 인과응보에 예외적인 경우들이 있는 것 같아도(11절-12절상), 하나님께서 인과응보의 법칙대로 통치하신다는 것이 전도자의 확신이다(12절하-13절). 하나님은 사람의 행위대로 보응하시지만(시 62:12), 언제나 그런 것은 아니다. 그런데 이런 인과응보가 헛되이 "땅위에서 행해지는" 것은 그것이 사람을 위한 것임을 간접적으로 보여준다. 하나님이 악에 대해 즉시 징벌하신다면 그것을 견딜 사람이 땅위에 없기 때문이다. 인과응보의 유예는 하나님이 사람들에게 주시는 또 한 번의 기회인 것이다.

15절[행복을 누리라는 결론의 말] 세상에서 불의가 판치고 하나님의 공의가 죽은 것 같을 때, 전도자는 역설적으로 세상에서 즐거움(행복)을 누릴 것을 권고한다. 전도자는 "먹고, 마시고, 즐거워하는" 것이 해 아래 세상에서 사는 사람에게 가장 좋은 것이라고 말한다(참조 3:12-13, 22; 5:18-19). "행복을 누리는 것"(15절)과 "하나님을 경외하는 것"은 둘 다 "좋은 것"이며 "옳은 것"이다(is good). 따라서 두 개념은 서로 대치되지 않고 밀접한 관계를 갖는다(참조 7:14; 11:9-12:1).

하나님이 주신 때를 합당한 것으로 받아들이는 것이 하나님을 경외하는 것이다(참조 3:10-15). "때와 질서"는 사람이 알 수 있는 지혜의 영역이 아니라, 하나님이 주신 것을 받아들이는 하나님의 경외에 속한 것이다. 전도자는 사람의 불완전한 지혜를 의지하기보다 하나님을 경외하라고 말한다. 하나님을 경외하는 것은 하나님이 주신 현실을 선물로 인정하는 것이며, 미래의 보상을 기대하기보다 현재의 삶에서 누리는 것이다. 전도자는 하나님을 경외하며 현실을 인정하는 사람은 그 생애 가운데 수고가 있을지라도 즐거움이 평생 동행할 것이라고 말한다.

전도자가 여기서 인과응보 자체를 부정하는 것은 아니다. 단지 인과응보의 법칙이 사람에게 윤리나 경건의 동기가 되는 것을 비판할 뿐이다. 하나님을 경외하고 의를 행하는 것은 그 자체로 가치를 갖는 것이지, 보상을 받는다는 면에서 가치가 있는 것은 아니다. 보상을 바라고 선을 행하는 것은 올바른 하나님 경외가 아니다. 이런 면에서 전도자는 현실의 삶 속에서 기쁨과 행복을 누리는 것이 가장 좋은 것이라고 강조한다. 하나님을 경외하는 것이 삶 가운데 이런 행복을 누리게 해주기 때문이다.

2.4. 불완전한 지혜(8:16-17)

16 내가 내 마음을 쏟아 지혜를 깨닫고,
땅 위에서 행해지는 일을 살펴보았다.
밤이나 낮이나 자기 눈을 감고
잠을 청하지 않았다.
17 나는 하나님이 하신 모든 일을 살펴보았다.
사람은 해 아래서 행해지는 일을 알아낼 수 없다.
사람이 아무리 찾으려고 애써도 알아낼 수 없다.
현자가 안다고 말을 할지라도,
실제로 그가 알아낼 수는 없다.

16-17절은 독립적인 통일체를 이룬다. 지혜의 한계라는 주제는 이 문단 앞에서나(참조 6:10-12; 7:13-14, 23-24; 8:7) 뒤에서나 여러 번 언급된다(참조 9:1, 5, 11-12 등). 전도자는 지혜의 능력을 주장하는 사람들에게 사람의 지혜에는 한계가 있다고 하나님이 하시는 일에 근거해서 비판한다(17절; 참조 3:11).

16절[불철주야 지혜를 탐구함] 이 구절은 전도자의 지혜에 대한 탐구의 자세를 나타내는 것으로 볼 수도 있고, 또 지혜를 탐구하는 현자들의 일반적인 학문에 대한 열정의 말로도 볼 수 있다. 전도자는 비판대상이 되는 현자들의 정체를 분명하게 언급한다. 그들은 땅 위에서 행해지는 모든 일을 지혜로 알아낼 수 있다고 주장하는 현자들이다. 따라서 전도자의 논점은 지혜가 만능이라는 이들의 주장을 비판하는 것이다.

17절[현자도 하나님의 일은 알 수 없음] 우리가 16절을 현자들이 불철주야 지혜로 탐구하는 열정으로 본다면, 17절은 그런 노력도 무의미함을 보여준다. 사람이 하나님의 일을 알아내는데 한계가 있기 때문에(참조 3:11), 현자가 아무리 노력한다 해도 알아낼 수 없기 때문이다. 사람이 해 아래서 행해지는 것을 실제로 알아낼 수 없다는 말은(17절), 인과응보가 예외 없이 시행된다는 전통적인 지혜를 비판할 뿐 아니라(참조 7:15-17; 8:10-14), 사후의 보상을 기대하고 살라는 교훈이나(참조 7:1-6), 지혜의 분별력을 가지고 성공적인 삶을 누릴 수 있다는 생각(참조 8:1-5) 등 모두에 비판적인 입장을 나타낸다.

제 6 장

죽음과 행복(9:1-12:7)

우리가 다섯 부분으로 나눠 살펴보는 전도서의 본문 중 마지막 다섯째 부분에 도달했다. “2장 소득에 대한 문제(1:3-3:22)” 에서 솔로몬 왕으로 나오는 전도자가 사람이 해 아래서 수고하여 소득을 얻을 수 있는가라는 문제를 시험한다. 그 결과 사람이 영원한 “소득” 은 얻을 수 없으며, 단지 하나님께서 현실이라는 “몫” 을 선물로 주신 것을 깨닫는다. 전도자는 영원을 추구하거나 미래를 기대하기보다, 하나님이 주신 현실에서 행복을 누리는 것이 가장 좋은 것이라는 결론을 내린다.

“**3장 행복**: 왕이냐 하나님이냐?(4:1-5:10)” 에서는 “압제”, “시기”, “동료” 의 문제가 행복한 삶의 전제가 되지만, 왕을 통한 정치적인 제도보다 하나님을 올바르게 섬기는 것이 행복의 관건이라는 것을 살펴보았다. “4장 재산과 행복(5:11-6:9)” 에서는 사람에게 재산이 없다는 것은 부정적인 것이며, 만일 누릴 수 있는 재산이 있다면, 그것을 하나님의 선물로 알고 누려야한다는 것을 살펴보았다. 우리의 행복한 삶을 위해서는 재산이 필요하며, 재산이 없어서 행복을 누리지 못하거나, 재산이 있어도 누리지 못하는 것은, 바람직한 경우가 아니라는 것을 살펴보았다.

“**5장 지혜와 행복**(6:10-8:17)” 에서는 지혜가 있으면 행복한 삶을 살 수 있다는 전통적인 지혜의 가르침에 대한 전도자의 비판을 살펴보았다. 하나님이 하시는 일에 비할 때 사람의 지혜는 한계가 있고 불완전한 것이다. 사람이 지혜를 의지하기보다 하나님을 경외하는 것이 행복을 보장해준다.

지혜는 현실보다 다 나은 미래를 추구하는 관념적인 태도이나, 하나님 경외는 현실을 하나님이 주신 선물로 인식하고 실제적으로 행복을 누리는 태도를 말한다.

이제 본문의 마지막 부분인 "6장 죽음과 지혜(9:1-12:7)"에 도달했다. 전도자는 이 부분에서 동심원 구조를 통해 사람이 죽기 전에 현실에서 적극적인 활동을 통해 행복을 누릴 것을 강조한다.[1)]

1. 죽기 전에 행복을 누려라(9:1-10)
   2. 보장할 수 없는 성공(9:11-12)
      3. 지혜가 무능력한 경우들(9:13-10:20)
         3.1. 무시당하는 가난한 자의 지혜(9:13-16)
         3.2. 조그만 어리석음보다 약한 지혜(9:17-10:1)
         3.3. 분별력이 없는 미련한자(10:2-3)
         3.4. 권력자의 실수보다 약한 지혜(10:4-7)
         3.5. 써보지도 못한 무익한 지혜(10:8-11)
         3.6. 미련한자는 말이 많음(10:12-14)
         3.7. 어리석은 자의 피곤한 말(10:15-20)
   4. 예측할 수 없는 성공(11:1-8)
5. 죽기 전에 행복을 누려라(11:9-12:7)

전도자는 사람은 죽을 수밖에 없는 존재임을 깨닫고 미래보다 이 세상에서 적극적으로 행복을 누릴 것을 권고한다(9:1-10; 11:9-12:7). 사람의 능력이 언제나 성공을 보장하는 것이 아니고(9:11-12), 또 성공을 정확하게 예측할 수도 없기 때문에(11:1-10), 성공이 행복을 좌우하는 조건이 될 수 없다. 오히려 성공에 대한 예측이 불확실하기 때문에, 현실에서 적극적

1) 참조 Krüger, *Kohelet*, 295쪽; Schönberger, *Kohelet*, 2012, 204쪽.

인 활동을 통해 자기 행복을 이뤄나가야 한다. 왜냐하면 사람의 지혜가 어떨 때는 어리석음보다 약하여 성공에 아무런 능력도 발휘하지 못하기 때문이다(9:13-10:20). 이같이 우리의 현실에서 성공이 불확실하기 때문에 성공의 여부가 행복을 좌우하는 조건이 될 수 없다. 전도자는 결론적으로 이 세상에서 죽기 전에(특히 젊을 때) "먹고, 마시고, 즐거움"을 누리는 것이 가장 행복한 것이라고 말한다(9:7-10; 11:9-10).

1. 죽기 전에 행복을 누려라(9:1-10)

1 내가 이 모든 것을 내 마음에 두고,
이 모든 말을 시험해보았다.
"의인들과 현자들, 곧 그들의 하는 일은
하나님의 손에 달려있다."는 것이다.
사람은 사랑일지 미움일지 알지 못하니,
둘 다 모두 그들 앞에서[2] 가능하다.
2 모든 사람에게 둘 다 가능하다.
의인이든지 악인이든지, 혹은 선인이든지,
정결한 자든지 부정한 자든지,
제사를 드리는 자든지 제사를 안 드리는 자든지,
누구에게나 똑같은 운명이 닥친다.
즉 선인이 악인과 같고,
맹세하는 자가 맹세를 두려워하는 자와 같다.
3 해 아래서 행해지는 모든 것 중에 이것이 불행이니,

2) 9절하는 번역하기 까다롭기 때문에 다양한 번역들이 가능하다. 여기서 그들은 "사람"이나, "사랑과 미움"이나, "의인들이나 현자들"을 모두 받을 수 있으나, 아마도 일반적인 사람을 가리키는 것 같다. 그리고 "그들 앞에"라는 말은 시간적으로 미래가 아니라 과거를 가리킨다. 미래는 히브리어에서 "...뒤"란 말을 쓰기 때문이다. 그러나 여기서는 시간보다 공간적인 현실을 가리킨다.

모든 사람에게 같은 운명이 닥친다는 것이다.
또한 인생들의 마음은 악으로 가득 차있고,
그들은 사는 동안 마음에 우둔함을 품고 있다가,
그 후에는 죽은 자들에게로 합류하게 된다.
4 누구든지 살아있는 자들에 속하면 소망이 있다.
살아있는 개가 죽은 사자보다 낫기 때문이다.
5 살아있는 자들은 자기가 죽는다는 것을 알지만,
죽은 자들은 아무 것도 모른다.
그들에게는 더 이상 어떤 보상도 없으니,
그들에 대한 기억이 사라졌기 때문이다.
6 그들의 사랑도, 미움도, 질투도 오래 전에 사라졌으니,
그들에게는 해 아래서 행해지는 모든 것에
더 이상 어떤 몫도 영원히 없을 것이다.

7 너는 가서 즐겁게 너의 빵을 먹고,
행복한 마음으로 네 포도주를 마셔라!
하나님은 이미 오래 전부터 너의 이런 일을 기뻐하신다.
8 언제나 너의 옷을 하얗게 빨고,
네 머리에 기름을 모자라게 마라!
9 너는 사라져버릴 네 평생 동안,
곧 그분이 해 아래서 네게 주신,
사라질 평생 동안,
사랑하는 아내와 함께 삶을 누려라!
이것이 네가 해 아래서 애쓰는 너의 수고,
곧 너의 삶에 대한 몫이기 때문이다.
10 네 손이 하려는 모든 것을
네 힘을 다해서 하라!
네가 가게 될 스올에는
활동도, 추론도, 지식도, 지혜도 없기 때문이다.

1-10절의 문단은 7절에 직접명령이 나오면서 앞부분과 구별된다. 내용적으로도 1-6절은 사람의 죽음에 대해, 7-10절은 현실의 삶에 대한 주제를 말한다. 따라서 이 문단은 1-6절과 7-10절의 두 부분으로 나뉜다.

1-6절은 산자와 죽은 자를 대조하면서 다양한 사람들에 대한 차이를 상대화시킨다. 죽음이 모든 사람에게 임한다는 관점에서 현자나 어리석은 자, 의인이나 악인, 정결한 자나 부정한 자 등, 지식이나 도덕, 심지어 종교적인 면에서 차이가 있는 사람들도 다 똑같게 된다. 물론 죽음으로 사람들의 질적 차이가 완전히 없어지는 것은 아니지만, 그것이 현실의 삶을 좌우하는 절대적인 요소는 될 수 없다.

7-10절은 기쁨과 즐거움을 삶에서 가장 좋은 것으로 표현하던 전도자의 생각(3:12-13,22; 5:17-18; 8:15)과 맥락을 같이 한다. 전도자는 직접명령으로 살았을 때 행복을 누리라고 권하는데(7-9절), 죽음 후에는 삶에서 누리던 모든 행위들이 불가능하기 때문이다(10절).

1절["하나님의 손에 달려있다"는 말에 대한 전도자의 시험] 전도자는 "의인들과 현자들의 하는 일이 하나님의 손에 달려있다(1절상)."는 전통적인 교훈의 말을 시험해본다. 이 말은 해석에 많은 어려움을 준다.[3] "의인들과 현자들의 일이 하나님의 손에 있다"는 말의 의미가 무엇인가? 여기서 하나님의 손에 있다는 말이, 의인들의 "운명"에 대한 말인지 아니면 "행위"에 대한 말인지 불분명하다.

만일 운명에 대한 말이라면, 이것은 하나님이 의인들과 현자들을 그 손으로 보호하신다는 말일 것이다. 반면에 행위에 대한 말이라면 의인들과 현자들의 행위에 대해 하나님께서 보상해주신다는 약속의 말일 것이다. 하나님은 의인들과 현자들의 선한 행위가 그냥 사라지지 않도록 반드시

---

3) 미헬은 1절과 2절에 나오는 첫 세 단어(הַכֹּל כַּאֲשֶׁר לַכֹּל)가 해석에 극도로 어려움을 준다고 말한다(Michel, *Untersuchungen*, 166쪽).

챙겨서 보상해주신다는 말이다. 미헬은 이 말은 "인용으로[4], 하나님이 의인들을 현재 보호하신다는 의미가 아니라, 그들의 행위에 대해 사후에 보상해 주신다."는 기대의 말이라고 주장한다.[5] 그런데 이런 해석의 모호성은 아마도 전도자가 그 당시 사람들과 토론하면서 본문에 새로운 의미를 부여하는 과정에서 생긴 것 같다.[6]

"사람이 사랑일지 미움일지 알지 못한다(1절하)."는 말은 사람의 인식 능력의 한계성을 강조하는 말이다. 그런데 이 구절을 1절상과 연결시키면, 의인이나 현자의 "행위"나 그들의 "운명"에 대한 말로 읽을 수 있다. 첫째 경우 "사랑과 미움"에 대한 "의인이나 현자"의 인식으로 이해할 수 있다. 의인이나 현자나 자신이 하는 행위에 대한 이해가 없어서, 자기들이 하는 행위가 사랑인지 미움인지 알지 못한다는 말이다. 반면에 둘째 경우 "사랑과 미움"을 의인과 현자에 대한 하나님의 태도로 이해할 수 있다. 사람은 언제 어떻게 하나님이 사랑하거나 미워하시는지, 하나님이 하신 일이 분명히 드러나기까지 알지 못한다는 것이다.[7]

우리는 1절하의 말을 1절상의 일반적인 교훈의 말에 대한 전도자의 주석으로 읽을 수 있다. 의인과 현자의 일을 하나님이 직접 챙겨주신다는 말에 대해, 전도자는 사람이 그것에 대해 전혀 알 수 없다고 말한다. 여기서 "그들 앞에서"를 어떻게 해석할지 다양하다. "그들 앞에"를 시간적으로 이해하면, 사람은 자신의 과거에[8] 대해 하나님이 사랑을 주셨는지 미

---

4) 미헬은 "솔로몬의 지혜서 3:1-3"을 예로 든다(Michel, *Untersuchungen*, 180쪽).

5) Michel, *Untersuchungen*, 172쪽.

6) Krüger, *Kohelet*, 301쪽.

7) Krüger, *Kohelet*, 301쪽.

8) 많은 주석가들이 "그들 앞에(לִפְנֵיהֶם)"를 미래를 가리키는 말로 해석한다. 그러나 이 말은 히브리어에서 과거를 지칭하는 말이다(참조 Michel, *Untersuchungen*, 217-20쪽). 히브리어에서 미래를 나타내는 말은 "뒤(אַחֲרֵי)"이다.

움을 보이셨는지 전혀 알지 못한다는 말이 된다. 반면에 이 말을 공간적으로 이해하면(참조 창 13:9; 24:51; 34:10; 대하 14:7)[9], 사람은 자신들 앞에 지금 하나님의 사랑이 있는지 미움이 있는지 알 수 없다는 말이 된다. 아마도 후자의 의미가 더 합당할 것이다.

이 구절이 "의인과 현자"의 행위와 그 결과에 대한 말인지 분명치 않지만, 하여튼 기계적인 인과응보의 법칙에 의문을 제기하는 것은 확실하다. 사람들은 의인들과 현자들은 하나님의 사랑을 받을 것이라고 생각한다. 그리고 하나님이 그런 행위에 대해 보상을 해주실 것이라고 말한다. 그러나 전도자는 하나님이 지금 사랑을 베푸시는지 미움을 보이시는지 사람이 알 수 없다고 말한다. 왜냐하면 둘 다(사랑과 미움) 사람들 앞에서 가능하기 때문이다. 하나님의 사랑은 사람의 행위에 의존하는 것이 아니라, 하나님의 주권적인 결정에 달린 것이기 때문이다(참조 2:24-26). 사람은 의인이든지 현자이든지 자신의 행위에 대해 하나님이 어떻게 반응하실지 알 수 없기 때문에, 인과응보의 법칙을 자신의 행위의 기초로 삼는데 문제가 야기된다.

2절[모두 똑같은 운명] 전도자는 "모든 사람에게 모두"(הַכֹּל כַּאֲשֶׁר לַכֹּל)[10], 즉 모든 사람에게 하나님의 "사랑과 미움" 둘 다 가능하다고 말한다.[11] 그러면서 모든 사람이 똑같다는 근거로 사람이 같은 운명을 맞이하는 것을 예로 든다. 의인이든지(혹은 선인이든지) 악인이든지, 정결한 자든지 부정한 자든지, 제사를 드리는 자든지 제사를 안 드리는 자든지, 누구에게나 똑같은 운명이 닥친다. 여기에는 어떤 사람도 예외가 없다. 사람에게 닥치는 "똑같은 운명(מִקְרֶה אֶחָד)"은 누구에게나 닥치는 죽음을 의

9) 참조 Michel, *Untersuchungen*, 182쪽.

10) 다양한 해석에 대해, "Michel, *Untersuchungen*, 174쪽"을 참조하라.

11) 미헬이나 크뤼거나 모든 사람에게 닥치는 "운명(죽음)"을 가리키는 말로 이해한다. 그러나 1절하와 연관하여 "모두"를 "사랑과 미움" 모두(둘 다)로 이해한다.

미한다(참조 2:14-15; 3:19). 선인과 악인이나, 맹세하는 자나 맹세를 두려워하는 자나 똑같은 운명을 경험하게 된다. 이로서 하나님 앞에서는 도덕적이고 종교적인 차이가 상대화되고, 인과응보의 보상에 어떤 영향력도 끼치지 못하게 된다.

3절[모두 같은 운명을 맞이하는 것은 불행한 일] 전도자는 "해 아래서 행해지는 모든 것 중에 이것이 불행이니, 모든 사람에게 같은 운명이 닥친다는 것이다"고 말한다. 모든 사람이 예외 없이 다 죽는 것은 사실이나, 죽은 후에 하나님의 보상이 어떨지는 사람이 알 수 없다. 사후에 대한 무지가 모두 죽음을 맞이해야하는 사람들에게 불행한 일이 된다.[12] 따라서 한편으로는 사람들이 마음에 악을 품고 살게 된다. 사후의 심판에 대한 의식이 없기 때문에 마음껏 악을 행하는 것이다(참조 7:17). 다른 한편으로는 사람이 사후 보상의 (헛된) 기대를 가지고 우둔한 마음으로 살아간다. 그러나 마지막에는 모두 죽은 자들에게 합류하지만, 사후에 어떻게 될지는 아무도 모른다.

사람의 인생에 대한 전도자의 말은 창세기에 나오는 사람의 모습과 유사하다. 하나님은 세상을 좋게 창조하셨지만(창 1-2), 사람의 죄 때문에 그 마음에 악이 자리 잡게 되었다(창 3장). 그래서 사람들은 마음이 악으로 차있는 상태에서 살아가다(창 6:5; 8:21), 죄의 심판인 죽음의 운명을 똑같이 맞이하게 된다(참조 창 3:19, 22-24; 전 3:19-21). 이렇게 미래의 운명에 대한 무지 속에서 모두 죽음을 맞이하는 것은 사람에게 불행한 일이다.

4절[산개가 죽은 사자보다 낫다] 4절은 죽음을 부정적으로 묘사하며, 죽기 전의 삶이 모든 사람에게 긍정적인 가치를 갖는다고 말한다. "살아있는 개가 죽은 사자보다 낫다(4절하)"는 말은 그 당시의 속담을 인용하는 것 같다.[13] 이스라엘과 고대근동에서 개는 가장 미천하게 여겨지는 동물

---

12) Schönberger, *Kohelet*, 2012, 209쪽.

중 하나였다(참조 삼상 24:14; 삼하 3:8; 16:9; 잠 26:11; 마 15:26). 반면에 사자는 왕을 상징하는 동물로 동물 중에 가장 뛰어난 위치를 가졌다(참조 창 49:9; 잠 19:12; 28:1; 렘 25:38).[14] 그런데 이런 사자라도 죽었다면 살아있는 미천한 개보다 못하다. 이 말은 삶이 죽음보다 얼마나 귀중한 가치를 갖는지 아이러니하게 강조한다.

5-6절[죽은 자들에게는 어떤 보상이나 기억도 없다] 살아있는 자는 죽는다는 것을 알지만, 죽은 자는 아무 것도 알지 못한다는 말은 두 종류의 사람을 아이러니하게 비교하는 말이 아니다. 살아있는 사람은 자신의 삶을 계속 영위할 수 있지만, 죽은 자들은 삶에 아무영역도 남아있지 않다는 말이다. 죽은 자들은 자신의 삶을 영위할 수 있는 기회가 더 이상 없기 때문이다. 이것이 죽은 자들에게는 더 이상 "보상(사카르 שָׂכָר)"도 없고, 그들에 대한 "기억"도 사라졌다는 말로 표현된다. 전도자는 살아있는 자가 죽은 자보다 낫다는 것을 강조하기 위해 "보상", "기억"이라는 말을 사용한다.

죽은 자들은 사람들의 기억에서 사라지고 어떤 보상도 없지만, 그러나 산자에게는 보상이 있다(참조 4:9). 여기서 전도자는 산자들이 죽은 자보다 더 갖는 보상을 "몫(헬렉 חֵלֶק)"이라는 단어로 표현한다. 산자들이 죽은 자들에 비해 갖게 되는 몫은 "사랑, 미움, 질투" 등의 삶에서 일어나는 희로애락과 같은 것이다. 이런 것들은 죽은 자들이 결코 공유할 수 없는 것들로, 사람이 살아서 활동함을 증명하는 감정들이다. 죽은 자는 해아래서 살아가는 삶에 어떤 몫도 없지만, 산자들에게는 기쁨과 즐거움 등 행복에 대한 삶의 몫이 기다린다(3:22; 5:17-18; 9:9). 반면에 죽은 자들은 "사랑도 미움도 질투도" 다 사라짐으로 삶의 영역과 완전히 단절된다.

---

13) 참조 채은하, *전도서에 나타난 속담의 수사학적 기능 연구*, 한국학술정보 2008, 157-166쪽.

14) Krüger, *Kohelet*, 305쪽.

7-9절[하나님이 몫으로 주신 삶을 누려라] 전도자는 "빵을 먹고", "포도주를 마시며" "즐겁고 행복한 마음"을 가지라고 권고한다. 이것이 하나님이 원래부터 기뻐하시는 일이기 때문이다(7절). 전도자는 "먹고 마심", "즐거움과 행복"이란 주제로 이전에 했던 말을 반복한다(참조 3:12-13; 5:17-18; 8:15). "행복한 마음으로(בְלֶב־טוֹב)"는 직역하면 "좋은 마음으로"인데, 즐겁고 기분 좋게 지내는 것을 의미한다(참조 11:9).

전도자는 "옷을 하얗게 빨고", "머리에 기름을 넉넉히 바를 것"을 권고한다(8절). 7절의 행복한 삶의 서술에 대한 또 다른 모습이다. 전도자는 "언제나(בְּכָל־עֵת)" 이렇게 하라고 권하는데, 아마도 일상생활에서 언제나 누리는 행복을 묘사하는 것 같다.[15] 빵과 포도주는 매일 먹는 일상의 양식이다(참조 창 14:18; 삿 19:19; 애 2:12; 시 104:15-16). 그리고 포도주는 사람을 즐겁게 해주는 기호식품이다(전 2:3; 10:19; 암 9:14; 시 4:9; 104:16). 흰 옷은 뜨거운 기후에서 애용하는 일상 옷이고, 기름은 햇빛으로부터 피부의 건조를 막는 화장품의 역할을 한다. 여기서 전도자가 권하는 것들은 사람들이 일상생활에서 평범하게 영위하는 것들로, 전도자는 언제나 기분 좋게 행복을 누리고 살 것을 권고한다.

전도자는 또한 "사랑하는 아내와 함께 삶을 누리라"고 말한다. 이것은 여인을 폄하하는 일반적인 말과 대조된다(참조 7:26). 여기서 여인(잇샤 אִשָּׁה)이 아내를 가리키는지 분명치 않지만, "네 평생 동안"이란 말이 아내인 것을 암시해준다.[16] 그런데 사람의 생애와 연관되어 "사라져버릴/사라질"이라는 말이 두 번 사용된다. 전도자는 사람의 생애는 반드시 끝난다는 것을 강조한다. 사람은 반드시 죽음을 맞이하기 때문에, 죽기 전에 평생 동안 사랑하는 아내와 행복한 삶을 함께 하라는 것이다.

이것이 신실한 부부관계를 요구하는 말로 이해할 수도 있다. 그러나 사

---

15) Krüger, *Kohelet*, 307쪽.

16) 참조 민영진, *전도서/아가*, 197쪽.

람이 이런 삶을 살아야 하는 이유는 그것이 하나님이 사람에게 주신 "몫"이기 때문이다. 하나님이 우리에게 몫으로 주신 삶에는 많은 수고가 있을 수 있다. 그러나 해 아래서의 행복은 수고와 밀접한 관계를 갖는다. 수고 없는 행복은 있을 수 없기 때문이다. 이런 수고스러운 삶도 하나님이 몫으로 주신 것이고, 사람들은 그 삶을 하나님의 선물로 인정하고 신실하고 행복하게 살아야 할 의무와 권리가 있는 것이다.

10절[최선을 다해 삶을 영위하라] 전도자는 사람이 행복한 삶을 영위하기 위해서(7-9절) 실제로 행동할 것을 요구한다. 그것은 사람이 하는 모든 일에 적극적으로 최선을 다하는 것이다. 사람은 삶에서 필요하고 또 가능한 것이라면 현재 모든 힘을 다해서 해야 한다. 사람의 행위는 인과응보에 따라 미래에 받을 보상에 기초하는 것이 아니다. 사람의 삶은 미래가 아니라 현재가 중요한 것이다(참조 11:1-6).

전도자는 "네 손", "네 힘"이란 말을 통해 사람들의 행위가 "하나님의 손"에 있다는(9:1) 사람들의 말을 간접적으로 비판한다.[17] 우리의 행위와 삶의 잣대는 미래에 받을 보상에 근거하는 것이 아니라, 하나님이 몫으로 주신 삶에서 행복을 누리는가에 달려있다. 전도자는 다시 한 번 "산자"와 "죽은 자"를 대조하며(참조 4-6절), 사람은 죽는 존재이기 때문에 반드시 현실에서 행복을 누릴 것을 강조한다. 사람이 죽어서 갈 스올에는 "활동도 추론도 지식도 지혜도" 없기 때문이다(참조 6절). 전도자는 사후보다 현재 누리는 삶이 얼마나 중요한지 강조한다.

---

17) Krüger, *Kohelet*, 308쪽.

2. 보장할 수 없는 성공(9:11-12)

11 내가 돌이켜 해 아래를 살펴보았다.
빠른 자라고 경주를 이기는 것은 아니며,
용사라고 전쟁을 이기는 것도 아니다.
또 지혜자라고 양식을 얻거나,
또 명철한 자라고 재물을 얻거나,
또 지식인이라고 영예를 얻는 것이 아니다.
때와 기회는 누구나 다 만나기 때문이다.
12 그런데 사람은 자기 때를 알지 못한다.
재앙의 그물에 잡히는 물고기처럼,
새덫에 걸리는 새들처럼,
그것들이 인생들 위에 갑자기 떨어지면,
그들은 재앙의 때에 사로잡히게 된다.

전도자는 사후의 보상을 주장하는 사람들을 비판한 후, 다시 돌이켜(참조 4:1) "해 아래" 세상으로 관심을 돌린다. 전도자는 성공이 능력으로부터 당연히 귀결되는 것이 아니라, "때와 기회"에 달려있음을 명백히 한다. 그런데 사람은 그 "때"가 언제 올지 알지 못한다. 나쁜 "때"가 새 위의 그물처럼 사람에게 갑자기 닥칠 수 있다(참조 3:1-9; 8:1-9). 그렇다면 "능력"이나 "때"의 분별도 사람에게 성공을 보장하지 못한다.

11절[능력이 성공을 보장하는 것은 아님] 9:1-6절에서는 인과응보의 법칙을 모든 사람에게 닥치는 죽음이라는 관점아래 상대화하였다. 그런데 여기서 전도자는 인과응보를 사후가 아니라 삶 속에서 경험할 수 있는 경우들을 예로 들어 설명한다. 전도자는 "때(에트 עֵת)"라는 말을(참조 3:1) "기회(페가 פֶּגַע)"란 말과 함께 사용한다. 사람에게 오는 "때"는 동시에 "기회"가 된다는 것을 말한다.[18] 사람은 "때와 기회"를 잘 잡아야 성공할 수 있다.

이것은 빠른 자가 경주를 이기지 못하고, 용사가 전쟁에 승리하지 못한다는 말이 아니다. 사람이 능력이 있어도 반드시 이긴다는 보장은 없다는 말이다(11절상; 참조 7:15). 인과응보에서는 자신의 행동에 대한 보상을 미래에 기대하지만, 이런 경우에는 그 결과를 즉시 기대한다는 점이 다르다. "의인"이 잘되기 위해 선행을 하지는 않지만, "경주자"나 "용사"는 경주나 전쟁에서 즉각적인 성공을 얻기 위해 행동한다.

"경주자"와 "용사"의 비유는 세 번의 "또(버감 וְגַם)"라는 말을 통해 "현자", "명철한 자", "지식인"과 연결된다. 경주자나 용사의 경우와 마찬가지로 그들이 가진 지식이 삶에서 성공을 보장하는 것은 아니다. 그런데 그들이 성공으로 얻는 것을 "빵", "재물", "영예"로 서술하는데, 이것들은 선생이 학생들에게 성공의 결과물들로 제시하는 것들이다.[19] 여기서 전도자가 드는 예들은 언제나 일어나는 일상적인 예가 아니라 극단적인 경우들이다. 전도자는 극단적인 예들을 통해 인과응보의 원리를 확실하게 설명한다.[20] 전도자는 능력이 성공을 반드시 보장하지 못하는 이유로 "때와 기회는 누구나 만나기 때문이다"고 설명한다.

12절[때는 예고 없이 닥친다] "때와 기회"는 누구나 만난다(11절하; 참조 9:2-3). 때와 기회는 훈련과 교육을 통해 조정할 수 있는 것이 아니다. 선행이 반드시 보상된다는 보장이 없듯이, 전문적인 지식도 반드시 성공을 보장하는 것은 아니다. 더욱이 사람은 미래에 오는 "자기 때"를 알지도 못한다. 그물에 걸리는 물고기처럼, 새덫에 걸리는 새들처럼, 사람에게 불행이 닥치면 재앙의 때에 사로잡히게 된다(참조 11:1-6). 이런 면에서 사

---

18) 행복이나 불행 중 어느 것이 될 수 있다는 면에서는 "우연", 언제나 불행이 된다는 면에서는 "재앙"의 개념을 갖는다(Krüger, *Kohelet*, 310쪽).

19) 크뤼거가 제시하는 시락서 51:23절이하를 참조하라(Krüger, *Kohelet*, 311쪽).

20) Michel, *Untersuchungen*, 263쪽.

람은 동물(물고기나 새)과 별 차이가 없다고 할 수 있다(참조 3:18-20). 여기서 "불행한 때"를 반드시 죽음과 연계할 수는 없다. 능력과 지식과 기회가 반드시 성공을 보장하는 것은 아니기 때문에, 불확실한 미래보다 주어진 현재의 삶에 최선을 다하는 것이 사람의 본분이다.[21)]

3. 지혜가 무능력한 경우들(9:13-10:20)

3.1. 무시당하는 가난한 자의 지혜(9:13-16)

13 **내가 해 아래서 지혜에 대해**
이런 경우도 살펴보았는데,
그것은 내게 중요한 것이었다.
14 **작은 성읍이 있었는데 거기에는 사람이 적었다.**
한 위대한 왕이 거기로 가서, 성을 포위하고는
높은 공성용 보루를 쌓았다.
15 **성에는 가난하지만 지혜로운 사람이 있어서**[22)]**,**
그가 자기 지혜로 그 성을 구원했다.
그러나 한 사람도 이 가난한 사람을 기억하지 못한다.[23)]
16 **그래서 나는 말한다.**
"지혜가 용맹함보다 낫지만,

---

21) 바울은 롬 9:14-18절에서 전도서와 같은 교훈을 말하면서, 자기 운명이 하나님의 손에 달려있다는 사실이 그에게 절망과 고통이 아니라, 오히려 모든 믿음의 근거와 미래의 소망이 된다고 말한다.

22) 혹은 "그가 거기서 가난하지만 지혜로운 사람을 만났는데"로 번역할 수도 있다. מָצָא가 비인칭 주어로(there was/es fand) 사용되기 어렵고 앞 구절의 왕을 주어로 보아야 하기 때문이다. 그러나 둘 사이에 의미차이는 별로 없다.

23) 왕이 쳐들어 왔을 때, 가난하지만 지혜로운 사람이 성을 구할 수 있었는데, 아무도 그를 기억하지 못해 구하지 못했다는 의미로 번역하기도 한다. 그러나 성의 구원이 있었고, 후에 그를 잊어버려 기억하지 못한다는 의미가 더 좋을 것이다.

가난한 자의 지혜는 무시되고,
아무도 그의 말을 듣지 않는다."

본문은 지혜의 약점을 명확히 나타내는 예를 보여준다. 13절은 서론의 역할을 하는데, 전도자가 살펴보았던 지혜에 대한 경우 중 매우 중요한 것임을 밝힌다. 14-15절은 전도자가 관찰했던 경우를 설명한다. 성읍을 지혜로 구원할 만큼 위대한 현자라도 그가 가난하다면 사람에게 무시당할 수 있다는 것이다. 이런 경우 그의 지혜는 사람이 관심을 갖지 않기 때문에 아무 영향력을 발휘할 수 없다. 이런 관찰을 근거로 전도자는 16절에서 지혜에 대한 자신의 교훈을 피력한다. 지혜도 가난한 사람이라면 무시당할 수 있다는 것이다.

13절[전도자가 살펴본 지혜에 대해 중요한 경우] 전도자는 해 아래서 일어나는 지혜에 대해 많은 경우들을 살펴보았다. 그런데 전도자는 "이런 경우도" 있다고 하면서, 자기가 보기에 중요한 것(큰 것)이라고 말한다. 전도자는 죽기 전에 행복을 누리라고 권했는데(1-10절), 사람들은 행복이 성공과 밀접한 관계가 있다고 생각한다. 성공하기 위해서는 "때와 기회"를 분별하는 지혜가 필요하다. 그런데 지혜가 언제나 성공을 보장하는가? 전도자는 이에 대해 부정적인 견해를 보이면서(11-12절), 지혜가 아무 역할도 못하는 경우들을 살펴본다. 전도자는 그 중에서 첫 번째 예를 본문에서 기술한다.

14-15절[가난한 자의 지혜는 무시당함] 전도자가 심각하게 생각하는 예가 14-15절에 서술된다. 한 위대한 왕이 작은 성읍에 쳐들어가 그 성을 포위했다. 그런데 이 성읍에 가난하지만 지혜로운 사람이 있어서 그의 지혜로 성읍을 구원할 수 있었다. 이런 공적에도 불구하고 이 사람은 가난하기 때문에 사람들에게 잊어지게 된다는 것이다.

그런데 이 말이 이런 현자가 있었다면 좋았을 것이라는 가정법의 말인지 아니면 가난한 현자가 실제로 성읍에 살아서 구원했던 것인지 주석가들 사이에 논란이 있다.[24] 이 구절을 가정법으로 해석하는 근거는 사람들이 가난한 현자의 말을 듣지 않았다(16절)는 것이다.

크뤼거는[25] 이 이야기를 가정법으로 이해하려면, 15절의 첫째 단어인 마차(מָצָא, 발견하다)를 비인칭 주어로 번역하고(there was found), 밀레트(מִלֵּט 구원하다)를 "구할 수 있었을 텐데"의 실제로 일어나지 않은 사건으로 해석해야 한다고 말한다. 그는 둘 다 문법적으로는 가능하지만, 본문의 의미에 맞는 것 같지는 않다고 말한다. 그는 15절의 마차(מָצָא)가 ו-접속사로 14절의 "가서", "포위하고", "쌓았다"의 동사와 바로 연결된다는 점을 들어, 이 동사의 주어도 다른 동사들과 마찬가지로 왕이어야 한다고 주장한다.[26]

우리는 이 이야기를 실제로 일어났던 사건으로 이해해야 할 것이다. 그렇기 때문에 전도자가 살펴본 경우 중에 매우 중요한 사건이 되는 것이다. 이 이야기의 요점은 "가난한 현자"(참조 4:13)가 강력한 왕에게서 성읍을 지킬 수 있었다는 것이다. 그는 성읍을 무기가 아니라(참조 16,18절) "지혜"를 가지고 지켜냈다. 현자가 쳐들어온 왕을 지혜로 설득했는지 아니면 전략을 짜서 왕을 물리쳤는지는 알 수 없다. 이 이야기는 지혜가 왕이나 무기보다 뛰어나다는 지혜에 대한 예찬의 교훈이다(참조 7:19; 잠 16:32; 21:22; 24:5). 이런 교훈적인 이야기는 학교에서 지혜의 능력을 강조하는 예로 사용되었을 것이다.

전도자는 여기서 이야기를 끝내지 않는다. 전도자는 지혜의 능력 뿐 아니라 지혜의 연약함도 함께 관찰한다. 현자는 강력한 왕으로부터 작은 성읍을 구원한 큰 공이 있음에도 불구하고 사람들에게 잊어진다. 이유는 그

---

24) 다양한 학자들의 견해에 대해, "Schönberger, *Kohelet*, 2004, 477쪽"을 참조하라.

25) Krüger, *Kohelet*, 317쪽.

26) 그리고 크뤼거는 현자가 성읍에 있었다는 표현은 מָצָא보다 יֵשׁ가 더 자연스럽다고 말한다.

가 가난하기 때문이다. 사람들은 그의 가난한 외모만 보고 그의 내적인 지혜는 보지 못한 것이다. 물론 여기서 왕이 쳐들어왔을 때, 현자가 가난하기 때문에 무시당했고, 사람들이 그의 말을 듣지 않았다는 해석도 가능하다(참조 16절). 그러나 현자가 왕에게서 성읍을 구원했음에도, 나중에 그가 가난하다는 이유로 사람들에게서 잊어졌다는 의미가 더 합당할 것이다. 어떻게 해석하든지 지혜도 무시당할 수 있다는 지혜의 연약성에 대해 말한다.

16절[가난한 자의 지혜는 무능력함] 전도자는 14-15절의 이야기로부터 지혜의 약함에 대한 결론을 이끌어낸다. 지혜가 용맹함보다 낫기는 하지만(16절상; 참조 14절-15절상), 가난한 자의 지혜는 무시된다(16절하; 참조 15절하). 전도자는 지혜의 "능력"을 확증하는 동시에 상대화시킨다(참조 잠 14:20; 18:23; 19:7). 크뤼거는 본문과 같이 지혜의 능력과 연약성을 동시에 말하는 시락서 13:21-22절을 인용한다.[27]

21 부자가 말을 하면, 많은 사람들이 그를 둘러싸고,
그의 멋없는 말을 아름답다고 칭찬한다!
가난한 자가 말을 하면, 야유의 소리가 높으니,
그가 지혜의 말을 할지라도, 아무도 경청하지 않는다.
22 부자가 말을 하면, 모두가 잠잠하며,
그를 하늘 끝까지 인정한다.
가난한 자가 말을 하면, '그가 도대체 누구냐?'고 물으며,
그가 비틀거리기라도 하면, 그의 발을 걸어 넘어뜨린다.

이 이야기는 지혜서에 나오는 교훈을 위한 이야기이든지 아니면 독자에게 널리 알려진 사건으로 보인다. 아마 지혜서에 나오는 교훈 이야기로 보인다. 여기서 말하고자 하는 바는 지혜만 가지고 성공할 수 없다는 것

27) Krüger, *Kohelet*, 318쪽.

이다. 지혜를 가져도 가난한 사람은 제대로 인정받지 못하기 때문이다. 우리는 여기서 사람은 그의 재산이나 권력에 의해 판단되어서는 안 된다는 반면교훈을 받게 된다(참조 출 23:3; 레 19:15; 신 1:17; 잠 24:23). 우리가 사회에서 흔하게 볼 수 있는 이런 현상을 보며 과연 이것이 올바른가라는 의문이 생긴다. 외모로 사람을 판단해서는 안 된다는 교훈은 신약에서도 나타난다(행 10:34; 롬 2:11; 골 3:25; 약 2:1-9).

3.2. 조그만 어리석음보다 약한 지혜(9:17-10:1)

17 **조용히 들리는 현자의 말이**
어리석은 통치자의 외침보다 낫다.
18 **지혜가 전쟁무기보다 낫지만,**
한 죄인이 좋은 것을 많이 망친다.
10:1 **죽은 파리들이 잘 섞은 향유를 악취와 거품 나게 만드니,**
조그만 어리석음이 지혜와 명예보다 영향력이 더 크다.

13-16절에서 다루어진 지혜의 약함이란 주제가 다시 다루어진다. 이 단락은 "통치자"(17절)와 "무기"(18절)란 말로 13-15절의 이야기와 연결된다. 전도자는 17절에서 지혜를 칭송하는 전통적인 교훈을 인용한다. 18절은 이런 교훈의 말을 인정하면서(18절상) 동시에 상대화시킨다(18절하). 그러나 18절이 전도자 자신의 말인지 인용인지 분명치 않다. 아마도 지혜 예찬에 대한 전도자의 비판적인 주석으로 여겨진다. 10:1절상은 9:18절하의 주석에 대해 구체적인 예를 들어 설명하는 것이고, 10:1절하는 그것에 대한 전도자의 주석이다. 1절상은 전통적인 지혜의 말로 원래 교훈을 정결하게 지키라는 말이었을 것이다. 그러나 전도자는 이 말을 1절하의 주석을 통해 지혜의 연약함을 보여주는 말로 사용한다.[28]

---

28) 참조 Michel, *Untersuchungen*, 264쪽.

17절[통치자의 외침보다 나은 현자의 말] "통치자(모쉘 מוֹשֵׁל)"는 왕 뿐 아니라 다스리는 관리들을 가리키는 다양한 말로 사용된다. "외침(저아카 זְעָקָה)"은 일반적으로는 도움이나 경고를 외치는 말로 사용되는데, 여기서는 왕의 권위 있는 소집명령으로 이해된다. 그런데 현자의 조용한 말이 통치자의 외치는 소리보다 더 능력이 있다. 이것은 지혜를 예찬하는 전통적인 교훈의 말이다. 가난한 현자가 위대한 왕보다 더 힘이 있어 성읍을 구했다는 말과 맥락을 같이 한다(참조 9:14-15절상).

17절을 16절과 비교할 때 서로 모순되는 것처럼 보인다. 현자의 말이 큰 힘을 발휘하기도 하지만(17절), 현자의 말이 무시되기도(16절) 하기 때문이다. 전도자는 여기서 지혜의 양면성을 말한다. 지혜가 언제나 능력이 있는 것은 아니며, 또 언제나 무시되는 것도 아니다. 지혜란 세상에서 능력을 가진 덕목이지만, 그러나 가난한 자의 지혜는 무시되기도 한다. 크뤼거는 이것을 지혜의 '능력'과 '연약성' 사이의 긴장으로 이해해야한다고 말한다.[29] 지혜가 사람에게 성공과 행복을 가져다주는 중요한 것이지만, 언제나 성공을 보장할 수 있는 절대적인 지혜는 없는 법이다.

18절[한 죄인이 지혜를 망친다] 전도자가 가난의 관점에서 지혜의 연약성에 대해 말했다면(13-16절), 이제는 한 죄인을 통해 일어나는 지혜의 연약성에 대해 서술한다. 전도자는 지혜가 무기보다 "낫다(토바 טוֹבָה)"는 것을 인정한다(18절상; 참조 16절상). 그러나 한 죄인의 작은 실수나 잘못이 많은 "좋은 것(토바 טוֹבָה)"을 망칠 수 있다(18절하). 지혜가 사람에게 무시당해 무능력하기도 하지만(15절하-16절), 한 사람의 잘못으로 물거품이 되어버리기도 한다. 그렇다면 무기보다 강력한 지혜가 아무 능력도 발휘하지 못하는 때가 있는 법이다.

---

29) Krüger, *Kohelet*, 319쪽.

10:1절[조그만 어리석음이 지혜보다 영향력이 큼] 1절상은 18절하의 경우를 향유 섞는 자의 예를 들어 설명한다(참조 삼상 8:13; 느 3:8). 향유 만드는 자들은 비싸고 좋은 재료를 섞어 고급향유를 만든다. 그러나 실수하여 죽은 파리들이 함께 들어가면 향유를 썩게 하여 악취와 거품이 나게 할 수 있다. 파리는 아무 가치도 없는 것이지만, 이렇게 보잘 것 없는 작은 것이 값비싼 향유 전체를 망칠 수 있다. 아마도 이 말은 원래 순수한 가르침을 잘못된 것들로부터 지켜야 한다는 전통적인 지혜의 말이었던 것 같다.[30]

전도자는 이런 교훈으로부터 지혜의 연약성에 대한 결론을 도출한다. 한 사람의 어리석음이 죽은 파리와 같이 좋은 것을 다 부패시킬 수 있듯이(1절상), 조그만 어리석음이 지혜와 명예보다 더 영향력이 있을 수 있다(1절하). 성공과 행복을 보장해주는 큰 능력의 지혜가(참조 잠 10:14; 26:1-12; 욥 5:2) 파리같이 하찮은 것과 조그만 어리석음에 아무 힘도 발휘하지 못할 수 있다는 것이다.[31]

3.3. 분별력이 없는 미련한자(10:2-3)

2 **"현자의 마음은 오른쪽으로,**
어리석은 자의 마음은 왼쪽으로 향한다."
3 **미련한자도 길을 가지만,**
그는 마음(분별력)이 모자라,
모든 사람에게 미련한자라고 말한다.[32]

---

30) Michel, *Untersuchungen*, 264-65쪽.

31) 크뤼거는 지혜는 다수가 듣고 따라야 힘이 있고, 또 한 사람의 잘못이 모든 것을 망칠 수 있다면, 다수의 적은 어리석음이 현자들보다 더 영향력이 센 것이라는 결론을 내린다. 따라서 이 교훈은 소수의 엘리트 교육보다 다수의 광범위한 교육이 필요하다는 교훈으로 해석한다(Krüger, *Kohelet*, 320쪽).

32) 혹은 "모든 사람에게 자기의 어리석음을 말한다."로 번역할 수 있다.

전도자가 어리석은 자에 대해 2절과 3절에서 각각 다른 용어를 사용한다는 것이 이 문단을 이해하는데 중요하다. 전도자가 2절에서는 "어리석은 자(커실 כְּסִיל)"로 부르는 반면에 3절에서는 "미련한자(사칼 סָכָל)로 부른다.[33] 이를 통해 2절은 전도자가 전통적인 지혜의 교훈을 인용하는 것이고, 3절은 어리석은 자의 교훈에 대한 전도자의 주석이라는 것을 엿볼 수 있다.[34]

2절[현자와 어리석은 자] 현자와 어리석은 자에 대한 전통적인 교훈의 말을 인용한다. 구약에서 "오른쪽"은 바르고 좋은 방향, "왼쪽"은 틀리고 나쁜 방향을 가리킨다. 현자는 마음(분별력)을 가지고 올바른 방향으로 가지만, 어리석은 자는 마음(분별력)을 가지고 나쁜 길로 간다. 현자나 어리석은 자나 둘 다 분별력(마음)은 가지고 있다. 그러나 현자와 어리석은 자의 차이는 분별력을 서로 다르게 사용한다는 것이다. 현자는 좋은 마음(분별력)을 가지고 올바르게 판단하나, 어리석은 자는 나쁜 마음(분별력)을 가지고 틀리게 판단한다는 것이다. 사람은 좋은(올바른) 분별력을 가져야 바른 길을 가게 된다는 전통적인 교훈의 말이다.

3절[미련한자에 대한 주석] 2절의 교훈에 대한 전도자의 주석이다. 전도자는 미련한자도 길을 가지만 그에게는 원래 마음(분별력)이 결여된다고 말한다. 미련한자도 현자와 마찬가지로 길을 간다. 그러나 미련한자는 어느 길을 가든지 분별력이 결여됐기 때문에, 모든 사람에게 자기가 미련한 자라고 말한다. 2절에서는 어리석은 자의 분별력이 그를 잘못 인도했다고 한다면, 전도자는 3절에서 미련한자는 분별력 자체가 없는 사람이라고 교정한다.

---

33) 커실(כְּסִיל)은 "교육받지 못한 자/어리석은 자"의 의미를 갖는데 전도서에서 18번 사용된다(2:14, 15, 16[2x]; 4:5, 13, 17; 5:2, 3; 6:8; 7:4, 5, 6, 9; 9:17; 10:2, 12, 15). 반면에 사칼(סָכָל)은 "바보/어리석은 자"의 의미로 전도서에서 4번 사용된다(2:19; 7:17; 10:3[2x]).

3절하의 히브리어 본문은 두 가지 번역의 가능성을 제공한다. 첫째는 미련한자는 모든 사람이 어리석다고 말한다. 둘째는 미련한자는 모든 사람에게 자기가 미련하다고 말한다(자기의 미련함을 말한다)는 것이다.[35] 전도자는 두 가지 해석을 다 의도하는 것 같다. 먼저 미련한자는 모든 사람을 미련한자로 여기며, 남의 말(현자의 말도)에 전혀 귀를 기울이지 않는 사람이다. 둘째로 미련한자의 이런 태도는 의도적이 아닐지라도, 자기의 어리석음을 만방에 드러내는 결과를 가져온다.

전도자는 전통적인 교훈을 인용하여(2절) 주석하기 때문에 후자의 해석이 더 합당해 보인다. 현자나 어리석은 자나 다 분별력이 있다는 전통적인 교훈의 말에(2절), 전도자는 미련한자는 어느 길을 가든지, 마음(분별력)이 없기 때문에, 자기가 미련하다는 것을 보여준다(3절)고 말한다. 전도자는 7:15-18절에서 현자와 미련한자에 대해 언급한다. 지혜가 넘치는 현자는 인과응보가 시행되지 않는 현실을 보고 경악한다(7:16). 반면에 미련한자[36]는 인과응보가 시행되지 않는 현실을 보며 마음껏 악을 행한다(7:17). 전도자는 이에 대해 현자나 미련한자보다 하나님을 경외하는 자가 되라고 말한다(7:18).

전도자는 현자와 어리석은 자를 구별하는 전통적인 지혜에 하나님을 경외하는 자라는 새로운 종류의 범주를 제공한다(참조 3:15; 5:7; 7:18; 8:12 ;12:13).[37] 하나님을 경외하는 자는 지혜로는 하나님에 대해 알 수 없음을 깨닫고(1:13-15; 3:11; 7:24; 8:17 등), 하나님이 주신 현실을 선물로 알고 받아들이는 자들이다(3:12-13, 22; 5:18-19; 7:14; 9:9). 전도자가 보기에 하나님을 경외하는 자가 실제로 지혜로운 자이다.

---

34) 참조 Schönberger, *Kohelet*, 2012, 230-31쪽; Michel, *Untersuchungen*, 265쪽.

35) 개역개정은 후자로 번역한다.

36) 10:3절의 미련한자와 같은 단어이다.

37) 참조 Schönberger, *Kohelet*, 2012, 230-31쪽.

3.4. 권력자의 실수보다 약한 지혜(10:4-7)

4 "만일 통치자의 화가 네게 솟구쳐도,
너는 네 자리를 떠나지 마라!
침착함이 큰 잘못들을 막을 수 있기 때문이다."
5 내가 해 아래서 본 불행이 있으니,
권력자가 행하는 실수 같은 것이다.
6 어리석은 자가 높은 자리에 임명되고,
부자가 낮은 자리에 앉는다.
7 나는 종들이 말을 타고 가는 것과
고관들이 종들처럼 땅위를 걷는 것을 보았다.

4절은 전통적인 지혜의 교훈을 인용하는 것이고, 5-7절은 이런 교훈에 대한 전도자의 주석이다.[38] 서술의 형식으로도 4절은 부정명령형이고 5절은 "내가 보다"의 형식으로 서로 구별된다.[39] 4절은 진노하는 왕에 대해 성공적으로 대처하는 방법을 가르치는 전통적인 지혜의 교훈이고, 5-7절은 어리석은 통치자가 작은 실수라도 하면 모든 것을 망칠 수 있으며, 이럴 때 지혜가 아무 도움도 되지 못한다는 전도자의 주석이다.

4절[진노하는 통치자 앞에서 침착하라] 지혜의 교훈은 통치자가 진노할 때 그 자리를 떠나지 말라고 가르친다. 침착함이 큰 잘못을 예방할 수 있기 때문이다(참조 잠 16:14).[40] 이 말은 다양하게 해석될 수 있다. 먼저 "통치자"는 왕으로부터 대제사장이나 고위 관리까지 다양한 계급을 포함

---

38) Michel, *Untersuchungen*, 197쪽.

39) 참조 Krüger, *Kohelet*, 321쪽.

40) 이런 교훈은 "큰 자의 마음에 드는 자는 불의를 화해시킬 수 있다(시락서 20:28)"는 말이나, "분노하는 상관에게 답변하지 말고, 네 자신을 멀리하라. 그가 누구에게 독한 말을 하거든, 달콤한 말을 해서 그의 마음을 진정시켜라("아니의 교훈", 애굽의 지혜서)."는 말과 유사하다(참조 Krüger, *Kohelet*, 323쪽; Michel, *Qohelet*, 162쪽).

하는 말이다(참조 9:17). 여기서는 절대 권력을 가진 왕으로 생각할 수 있다(참조 8:4). 그리고 통치자가 화를 내는 이유가 분명치 않고, "네 자리"를 떠나지 말라는 말에서 "자리"란 말도 다양하게 해석된다.

"네 자리를 떠나지 마라"는 말은 먼저 통치자와 갈등이 생겼을 때 자신의 입장이나 주장을 굽히지 말라는 말로 이해할 수 있다(참조 단 3:6). 둘째는 통치자와 갈등이 생겼을 때 자신의 직분을 버리지 말라는 말로도 이해할 수 있다. 마지막으로 통치자와 갈등이 생겼을 때 자신의 직분을 잃지 않도록 조심해서 처신하라는 말로도 이해할 수 있다. 통치자 앞에서의 지혜로운 행동을 가르치는 이 구절은 다양한 해석을 가능케 하는데, 관리들의 기회주의 적인 태도를 나타내는 것 같다(참조 8:2-3).[41]

"네 자리를 떠나지 마라(4절상)"는 이유는 "침착함이 큰 잘못들을 막을 수 있기 때문이다(4절하). "큰 잘못들"은 통치자가 범하는 잘못뿐 아니라, 통치자의 진노를 받는 사람의 잘못과도 연관될 수 있다. 사람의 침착함이 통치자의 더 큰 잘못을 막을 수도 있고, 자기가 스스로 범하는 더 큰 잘못을 예방할 수도 있다. 하여튼 이 말은 진노한 통치자 앞에서 사람이 어떻게 행동해야할지를 가르치는 교훈의 말로, "네 자리를 떠나지 말라"는 말의 다양한 해석과 연관된다. 먼저 우리는 잘못 때문에 통치자가 진노했을 때 침착하게 행동하여 더 큰 잘못을 예방하라는 교훈의 말로 이해할 수 있다. 둘째로 통치자에게 직언하여 그가 진노했을 때, 자기주장을 굽히지 말고 침착하게 행동하여, 통치자가 더 이상 큰 잘못을 범하지 말게 하라는 격려의 말로도 이해할 수 있다(참조 잠 25:15).[42]

5절[권력자의 실수 같은 불행한 일] 4절이 통치자 앞에서 현명한 처신을 교훈하는 말이라면, 5-7절은 전도자가 관찰한 불행한 경우들을 언급하

41) Krüger, *Kohelet*, 322쪽.

42) 참조 Schönberger, *Kohelet*, 2012, 233쪽.

며, 교훈의 말에 대해 자신의 견해를 밝힌다. 전도자는 4절의 교훈을 권력자들도 실수할 때가 많다는 논증을 통해 새로운 차원으로 끌고 간다. 전도자는 권력자가 범하는 실수를 "쉐가가(שְׁגָגָה)"라는 종교적인 용어로 표현한다(참조 5:6). 이것은 4절하의 "큰 잘못들"과 대조시키기 위한 것으로 보인다. 다시 말해 통치자의 "작은" 실수가 사회적인 "큰" 혼란을 야기할 수 있다는 말이다. 현자는 침착함이 큰 잘못을 막을 수 있다고 말하지만(4절), 통치자의 작은 실수조차 사회적인 큰 혼란을 야기한다면(5절), 어떻게 통치자의 "큰 잘못"을 막을 수 있겠냐는 의문이 제기된다.

6-7절[혼란한 사회] 전도자는 권력자의 실수가 야기할 수 있는 사회질서의 혼란에 대한 예를 든다. 어리석은 자들이 높은 자리에 임명되고, 부자들이 낮은 자리로 떨어져 무시당한다(6절). 종들은 말을 타고 다니나, 고관들은 종처럼 걸어 다닌다(7절). 어리석은 자가 높은 자리에 올라간다면, 지혜의 교훈에 매우 나쁜 예가 된다(참조 잠 30:21-23). 지혜의 교훈은 어리석은 자는 성공하지 못한다고 가르치기 때문이다. 그런데 "어리석은 자"에 "현자"가 아니라 "부자"가 대조된다. 현자 대신에 부자를 대조시키는 것은 전도자가 지혜와 부의 상관관계를 비판적으로 보기 때문이다(참조 4:13; 9:15-16). 세상에서는 부자를 높은 사람으로 인정한다. 어리석은 자와 부자, 종과 고관이 뒤바뀌는 것은 사회질서에 격변이 일어난 것을 의미한다. 권력자(왕)가 사회 질서를 유지하지 못하는 무능력을 나타낸다. 통치자(왕)는 절대 권력을 가지기 때문에 작은 실수로도 사회적 큰 혼란이 야기될 수 있다.

통치자 앞에서 침착하게 행동하면 큰 잘못을 막을 수 있다는 지혜의 교훈에(4절), 권력자의 작은 실수가 사회적인 큰 혼란을 야기할 수 있으니, 지혜로운 처신이 언제나 성공을 보장할 수 없다는 것이 전도자의 비판이다(5-7절). 이것은 역설적으로 왕 앞에서 기회주의적인 태도보다 자신의 소신을 굽히지 말라는 격려의 말로도 이해할 수 있다. 이런 다양한 해석은 4절의 태도가 다양하게 해석될 수 있기 때문인데, 하여튼 전도자는 지혜의 행동이 권력자의 작은 실수보다 미약할 수 있음을 지적한다.

3.5. 써보지도 못한 무익한 지혜(10:8-11)

8 "구덩이를 파는 자는 거기에 빠질 수 있고,
담을 허무는 자는 뱀에게 물릴 수 있다.
9 돌을 깨내는 자는 돌에 다칠 수 있고,
장작을 패는 자는 장작의 위험에 빠질 수 있다.
10 쇠가 무뎌졌는데도,
날을 갈지 않는다면,
더 많은 힘이 든다.
지혜를 제대로 써야 소득이 있다."
11 뱀이 주문을 외기도 전에 물어버린다면,
주문을 외는 자에게 소득이 없다.

전도자는 지혜가 반드시 성공을 보장하는 것은 아니라는 것을(4-7절), 지혜의 교훈들에 대한 다양한 예를 들며 논증을 이어간다. 이 단락은 8-10절과 11절의 두 부분으로 나뉜다.[43] 8-10절은 사람이 소득을 얻으려면 지혜를 잘 사용해야 한다는 일반적인 교훈의 말이다. 반면에 11절은 사람이 지혜를 쓸 겨를도 없이 불행이 닥치는 경우가 있는데, 이럴 때는 소득에 대한 보장이 없다는 전도자의 말이다.

8-9절[일할 때 조심해야 한다] "구덩이를 파는 자는 거기에 빠질 수 있다(8절상)"는 말은 인과응보에 대한 말로 보인다. 다른 사람을 빠뜨리기 위해 구덩이를 판자가 스스로 거기에 빠진다는 말은 지혜서에서 자주 나

43) 참조 Michel, *Untersuchungen*, 107-08쪽.

오기 때문이다(참조 잠 26:27; 28:10; 시 7:15; 9:15; 35:7-8; 57:6). 그런데 이 말이 여기서는 어떤 일을 할 때 닥치는 위험에 대해 조심하라는 말로 사용된다.[44] 8절하-9절이 이런 의미를 갖기 때문이다. 8절하-9절은 악에 대한 인과응보의 징계가 아니라,[45] 실제로 어떤 일을 할 때 닥치는 위험에 대비하라는 말이다.[46] 담을 허물 때 뱀에 물리지 않도록 조심하고(참조 암 5:19), 돌을 깰 때 돌조각에 다치지 않도록 조심하며, 장작을 팰 때 나뭇조각에 맞지 않도록 조심해야 한다. 사람이 일을 할 때 생각 없이 덤비지 말고, 그 일이 내포하는 위험에 지혜로 대비해야 한다는 교훈의 말이다.

10절[지혜를 잘 써야 소득이 있다] 9절이 돌을 깨거나 나무를 팰 때 오는 위험에 대한 말이라면, 10절은 날을 갈지 않았을 때 오는 힘의 낭비에 대한 말이다. 아마도 도끼로 장작을 패는 경우를(9절하) 예로 드는 것 같다. 장작을 팰 때 도끼날이 무디면 힘이 더 들뿐 아니라 위험하기도 하다. 그래서 도끼날을 날카롭게 잘 갈아서 사용해야 한다. 쓸데없는 힘의 낭비나 위험을 피하기 위해서는 지혜를 잘 사용해야한다(10절하). 지혜를 잘 써야 소득이 있다는 말이 8-10절의 결론의 역할을 한다. 사람이 무슨 일을 하든지 지혜를 잘 사용해야 소득(성공)이 있다는 것이다. 이 말들은 사람이 무슨 일을 하기 전에 지혜로 잘 대비하고 준비하라는 교훈의 말이다.[47]

11절[지혜를 써보지도 못하는 경우 소득이 없음] 11절은 위와 반대의 경우를 말한다. 사람이 지혜를 사용하기도 전에 들이닥치는 위험이 있다. 따라서 이 구절은 8-10절의 지혜를 제대로 사용하라는 교훈에 대해 비판

---

44) Schönberger, *Kohelet*, 2012, 237쪽.

45) 참조 Lohfink, *Kohelet*, 76쪽.

46) Lauha, *Kohelet*, 187쪽; Longman, *Ecclesiastes*, 244쪽.

47) Michel, *Untersuchungen*, 107쪽.

적인 역할을 한다. 아마도 8-10절의 지혜를 잘 사용하면 소득이 있다는 일반적인 교훈에 대한 전도자의 주석으로 보인다.[48]

"주문을 외는 자"는 혀의 주인으로 표현되는데,[49] 말로 뱀을 부리는 사람인 것 같다(참조 시 58:5; 렘 8:17). 그런데 뱀을 부리기도 전에, 뱀이 먼저 그 사람을 물어버리면, 뱀을 부리는 능력이 그에게 무슨 소용이 있는가? 사람이 어떤 기술과 능력, 즉 지혜를 갖춰도 항상 소득(성공)이 보장되는 것은 아니다. 작은 실수라도 사고를 부를 수 있기 때문에, 어떤 일을 하기 전에 준비를 잘해야 한다는 교훈에 대해(8-10절), 전도자는 아무리 준비해도 예상치 못하게 사고가 일어난다면(11절) 그 지혜도 어쩔 수 없는 것이라고 말한다(참조 9:11).

3.6. 미련한자는 말이 많음(10:12-14)

12 **"현자의 입의 말은 은혜가 되나,**
어리석은 자의 입술은 그것을 삼켜버린다.
13 **그의 입의 말의 시작은 미련함이며,**
그의 입의 끝은 심각한 우둔함이다."
14 **미련한 자는 말이 많다.**
사람은 앞으로 어떻게 될지 알지 못한다.
자기 미래가 어떻게 될지 누가 알려줄 수 있겠는가?

12-13절은 형식과 내용면에서 전도자가 전통적인 지혜서에서 인용한 말이다(참조 10:21, 32; 15:2, 7).[50] 전도자는 현자의 말과 어리석은 자의 말을 극단적으로 대조시킨다. 그리고 14절에서 전도자는 자신의 방식대로

---

48) Michel은 전도자가 교훈의 말을 인용하여 비판하는 것이라고 말한다(*Untersuchungen*, 108쪽). 그러나 11절이 8-10절에 대한 비판이라면 전도자의 말로 보는 것이 좋다.

49) 개역개정은 "술객"으로 번역한다.

50) Michel, *Untersuchungen*, 266쪽; Krüger, *Kohelet*, 329쪽.

51) 이 말에 대한 주석을 단다. 전도자는 미련한 자는 미래(사후)에 대해 많은 말을 하는 사람이라고 새로운 정의를 내린다.[52] 이같이 사람이 알 수 없는 미래에 대해 많은 말을 하는 사람은 자신을 어리석은 자라고 선전하는 것이다.

12절[현자의 말과 어리석은 자의 말] 현자의 말은 은혜가 되지만, 어리석은 자의 말은 자신을 삼켜버린다. 이 말은 전형적인 인과응보에 대한 교훈으로 이해할 수 있다. 현자의 말은 자신에게 은혜로 돌아오고, 어리석은 자의 말은 자신을 삼키는 말이 되어 돌아온다는 것이다. 그런데 12절 하의 "그(누 נּוּ)"는 어리석은 자 "자신"이나 현자의 "은혜"를 받을 수 있다. 어리석은 자의 말은 자신을 멸망시키기도 하지만, 현자의 말이 주는 은혜를 없애버릴 수도 있다는 두 가지 해석이 가능하다. 전자는 인과응보의 교훈을 말해주고, 후자는 지혜의 연약함에 대한 말이다. 지금까지 지혜의 연약성에 대해 말하는 맥락에서 볼 때(9:13-10:7) 후자의 해석에 더 개연성이 있다.[53]

13절[미련함으로 시작하여 우둔함으로 끝나는 말] 그의 입의 말은 미련함으로 시작하여, 심각한 우둔함으로 끝난다고 말한다. 문맥으로 볼 때 이 말은 12절의 어리석은 자에 해당되는 말이다. 그러나 문법적으로 볼 때, 이 말은 어리석은 자 뿐 아니라 현자에게도 해당될 수 있다. 전도자는 의도적으로 현자와 어리석은 자를 명확하게 구분하지 않는다. 전도자는 현자가 어리석은 자가 될 수 있다는 사실을 14절에서 보여준다.

14절[미련한자는 말이 많음] 전도자는 12-13절의 어리석은 자의 정의에 대해 14절에서 자신만의 정의를 내린다. 전도자는 우선 어리석은 자를

---

51) Lohfink, *Kohelet*, 77쪽.

52) Schönberger, *Kohelet*, 2012, 239쪽.

53) 참조 Krüger, *Kohelet*, 329쪽.

말이 많은 미련한자로 정의한다.[54] 미련한자들은 끝없이 많은 말을 한다(14절상). 그런데 미련한자들이 하는 말은 사람이 알 수 없는 미래에 대한 말들이다(14절하; 참조 3:11; 6:12; 7:14; 8:7,17; 9:12). 이들은 사람이 앞으로 어떻게 될지, 미래가 어떻게 전개될지에 대해 많은 말로 설명하는 자들이다. 이로서 우리는 전도자가 말하는 미련한자들이 미래에 대한 교훈을 주는 현자들이라는 것을 알 수 있다(참조 8:17). 여기서 현자들이 전도자에 의해 미련한자로 다시 정의된다. 왜냐하면 이들은 알 수 없는 미래(사후)에 대해 아는 것처럼 많은 교훈을 말하기 때문이다. 그러나 하나님을 경외하는 자들은 사람이 알 수 없는 영역에 대해 말을 적게 한다(참조 5:2, 3, 7).

3.7. 어리석은 자의 피곤한 말(10:15-20)

15 어리석은 자들이 다음같이 가르치는[55] 수고는
성에 갈 줄도 모르는 자까지 피곤케 한다.
16 "왕이 어린아이고,
고관들이 아침부터 잔치하는 나라여,
네게 화가 있을 것이다!
17 왕이 고귀한 귀족이고,
고관들이 취하지 않고 용사답게
제 때에 식사하는 나라여,
네게 복이 있을 것이다!
18 게으르면 서까래가 내려앉고,
두 손이 태만하면 집이 샌다.
19 웃기 위해 음식을 하는 것이고,
포도주가 삶을 즐겁게 하며,
돈이 모든 해답을 준다.

---

54) 10:3절과 같이 סָכָל(미련한자)이라는 단어를 쓴다.

20 **네 생각으로도 왕을 욕하지 말고,**
네 침실에서도 부자를 욕하지 마라!
하늘의 새가 소리를 나르고,
날짐승이 말을 전하기 때문이다."

15절은 내용으로나 문맥으로나 해석하기에 많은 어려움을 준다.[56] 그리고 16-20절의 말들은 전통적인 지혜의 교훈들로 전도자의 독특한 사상이 눈에 띄지 않는다. 많은 주석가들처럼 16-20절을 독립된 단락으로 읽으면 전도자의 특별한 특징을 읽어내기 어렵다.[57] 따라서 미헬처럼 15절을 전도자의 말로 이해하고, 16-20절을 전도자가 자기의 말을 설명하기 위해 전통적인 지혜의 교훈을 인용하는 것으로 해석한다.[58]

전도자는 어리석은 자들의 (가르치는) 수고가 성에 갈 줄도 모르는 무능한 자들까지 피곤케 한다고 말한다(15절). 전도자는 16-20절에서 어리석은 자들(현자들)이 가르치는 말들을 인용하는데, 이 말들은 너무나 당연한 말이기 때문에 오히려 피곤한 잔소리가 된다. 전도자는 이전에 현자가 알 수 없는 것을 너무 많이 말하기 때문에 미련한자라고 했는데(12-13절), 이제는 현자가 너무 당연한 교훈들을 말하기 때문에(16-20절) 어리석은 자라고 부르며 한탄한다(15절).

15절[어리석은 자들의 피곤케 하는 수고] "이 단락은 내용이나 문맥에

---

55) 문맥이 어렵다. 16-20절의 말들은 일반적인 지혜의 말들로 전도자의 특성을 보이지 않는다. 그래서 15절을 16-20절과 연결시켜 어리석은 자들이 하는 교훈의 말들로 본다. 누구에게나 지극히 당연한 지혜의 말들은(16-20절) 어리석은 자까지 피곤하게 만든다(15절)는 의미로 해석한다.

56) 15절의 문장과 내용 분석을 위해, "Michel, *Untersuchungen*, 242-44쪽"을 참조하라.

57) 15절을 12-14절의 결론으로 이해한다; 참조 Krüger, *Kohelet*, 330쪽; Schönberger, *Kohelet*, 2012, 243쪽.

58) Michel, *Untersuchungen*, 266-67쪽.

서 대부분의 주석가들에게 최대의 어려움을 주는 곳이다."[59] 특히 "성읍에 갈 줄도 모른다."는 말의 의미가 무엇인지 불분명하다. 왜냐하면 이 말의 용례가 우리에게 알려져 있지 않기 때문이다. 쇤베르거는 이 말이 이집트의 표현을 본 딴 말로 "목적지에 도달할 줄 모른다(sein Ziel nicht erreichen)."는 의미라고 말한다.[60]

여기서 성읍은 목적지를 상징한다. 그렇다면 이 말은 성읍과 같이 분명하게 보이는 목적지에도 도달할 줄 모르는 무능한 자를 의미한다. 우리 속담에 "낫 놓고 기역자도 모른다."는 말과 유사할 것이다. 그런데 어리석은 자들이 하는 수고가 무엇인가? 그들의 수고는 16-20절과 연결하여 볼 때 가르치는 수고로 이해된다. 어리석은 자들이 남을 가르치는 수고는 성읍에 갈 줄도 모르는 사람, 즉 전혀 무식하고 무능한 사람조차 피곤케 한다는 말이다.

16-20절[피곤케 하는 교훈들] 이 구절들은 어리석은 자들(현자들)이 가르치는, 그러나 너무나도 당연하여 피곤케 하는 말들이다. 16-17절은 왕에게 통치자로서의 올바른 행동을 교훈하는 전통적인 지혜격언임을 보여준다. 16절은 왕은 어리고 신하들은 아침부터 잔치하는 희락에 빠진 타락한 나라를 가리킨다(참조 사 5:11, 20-22). 반면에 17절은 그와 반대의 나라를 보여주는데, 왕은 귀족 같이 위엄이 있고, 신하들은 술에 취하지 않고 용사처럼 제때에 식사한다(참조 잠 31:4-5). 기강이 잡힌 이런 견고한 나라는 복이 있을 것이다. 왕에 대한 이런 단순한 격언은 전도자의 사상과 어울리지 않는다(참조 4:13-16; 5:7-9).

"게으르면 집이 망하게 된다."는 18절이(참조 잠 6:6-11) 여기서 어떤 역할을 하는지 불분명하다. "집"이 "나라"를 상징하는 것으로 볼 수 있

---

59) Michel, *Untersuchungen*, 266쪽.

60) Schönberger, *Kohelet*, 2012, 242-43쪽; Krüger, *Kohelet*, 330쪽, 각주 44.

다.[61] 그러면 이 말은 16절에 대한 비판의 말이 된다. 흥청망청 잔치만 하는 것은 게으름을 상징하기 때문이다. 그러나 여기서 전도자가 다양한 교훈들을 독립적으로 나열하는 것처럼 보인다.

19절은 먹고 마시는 것을 웃고 즐기기 위한 것이라고 말한다. 이 말은 16-17절의 잔치하는 모습과 연관되는 것처럼 보이는데, 둘 중 어떤 태도와 관련되는지 불분명하다. 이 말도 독립적인 교훈의 말로 보인다. 전도자는 먹고 마시는 것을 긍정적으로 표현한다(3:12-13, 22; 5:18-20; 8:15; 9:7). 그러나 19절은 먹고 마시는 것을 하나님의 선물이 아니라, "돈"이 제공해 준다고 말한다. 따라서 이 말은 우리에게 세속적인 격언의 느낌을 준다. 이런 세속적인 태도는 전도자에게 이질적이다.

20절은 생각으로나 침실에서나, 즉 아주 비밀스럽고 은밀한 곳일지라도 왕이나 부자를 욕하지 말라는 교훈의 말이다(참조 왕하 6:12). 하늘의 새가 그 비밀을 전달하기 때문이다. 이 말은 "낮말은 새가 듣고 밤 말은 쥐가 듣는다."는 우리 속담과 유사하다. 절대로 남의 욕을 하지 마라! 특히 권력을 가진 자를 욕하면 반드시 재앙이 닥치게 된다는 경고의 말이다.

우리가 15절을 어리석은 자의 가르치는 수고(16-20절)에 대한 서론으로 이해할 때, 전도자가 전통적인 교훈을 아무 주석도 없이 나열하는 것을 피하게 한다. 16-20절의 교훈의 말은 당연히 맞는 말이지만, 성읍에 들어갈 줄도 모르는 무능한자조차 피곤케 한다. 옳은 말이라고 언제나 좋은 것은 아니며, 오히려 그 말이 너무 뻔해서 피곤케 하는 잔소리가 될 수 있는 법이다.

---

61) Krüger, *Kohelet*, 332쪽.

4. 예측할 수 없는 성공(11:1-8)

1 너의 빵을 물위에 던져라!
오랜 후에 네가 그것을 찾을 것이다.
2 몫을 일곱이나 여덟으로 나눠라!
너는 어떤 불행이 땅에 일어날지 알지 못한다.
3 만일 구름이 가득 차면, 땅에 비를 퍼부을 것이다.
만일 나무가 남쪽이나 북쪽으로 쓰러지면,
나무는 자기가 쓰러진 곳에 그대로 있다.
4 바람만 관찰하는 자는 씨를 뿌리지 못하고,
구름만 바라보는 자는 추수하지 못할 것이다.
5 바람이 어느 길로 불지 네가 알지 못하고,
임신한 뱃속의 뼈에 대해 네가 알지 못하듯이,
너는 모든 것을 지으시는 하나님의 일을 알지 못한다.
6 너는 아침에 씨를 뿌리고,
저녁에도 네 손을 쉬지 마라!
어느 것이 잘 자라게 될지,
이것인지 저것인지,
아니면 둘 다 똑같이 잘될지
네가 알지 못하기 때문이다.
7 빛은 달콤한 것이니,
눈으로 해를 본다면 좋은 일이다.
8 사람이 많은 햇수를 산다면,
사는 모든 날 동안 즐거워야 한다.
그리고 어둠의 날들을 기억해야 하니,
그 날들이 길 것이기 때문이다.
오는 모든 것은 사라진다.[62)]

---

62) 직역하면 "헛되다(הֶבֶל)" 이다.

1-8절은 1-2절, 3절, 4절, 5절, 6절, 7-8절의 6부분으로 나뉘는데, 내용적으로 동심원 구조를 이룬다.[63)]

행동하라는 명령(1-2절)

마음대로 할 수 없는 미래(3절),

지나친 예측에 대한 경고(4절),

예측할 수 없는 미래(5절)

행동하라는 명령(6절)

행동에 대한 이유(7-8절)

전도자는 적극적으로 행동해야 할 것을 농부의 비유로 설명한다. 이 문단에서 "구름"(3, 4절), "바람"(4, 5절), "씨 뿌리다"(4, 6절)란 말이 서로 연관되며, 전도자가 농사의 경우를 예로 들어 적극적인 행동을 권고한다. 전도자가 행동을 촉구하는 근거는 사람이 앞으로 어떻게 될지 알지 못하기(2, 5[2x], 6절) 때문이다.

전도자는 사람이 미래의 성공을 예측할 수 없기 때문에, 미래의 불확실성에 입각하여 행동하라고 말한다(1-6절). 미래가 불확실하기 때문에 사람은 확실해질 때까지 아무 일도 안하고 계산만 할 수 있다(4-5절). 그러나 사람이 아무 일도 안 해도 어떤 일이든지 일어나는 법이고, 또 사람은 그것을 바꿀 수 있는 능력도 없다(3절). 따라서 전도자는 미래가 불확실하기 때문에 적극적으로 이런 일이나 저런 일이나 다 시도하라고 말한다(6절). 왜냐하면 사람이 해를 보고 사는 날이 너무 아름답고, 곧 어둠의 날이 올 것이기 때문이다(7-8절). 이런 면에서 사람은 아름다운 인생을 계산만하며 허송세월할 수 없다. 이런 것이 사람이 죽기 전에 이 삶에서 행복을 누려야 한다(11:9-12:7)고 주장하는 근거가 된다.

---

63) 참조 Schönberger, *Kohelet*, 2004, 509쪽; Schönberger, *Kohelet*, 2012, 250쪽.

1-2절[과감하게 행동하라] "네 빵을 물위에 던져라"는 말의 다른 용례가 없기 때문에 정확한 의미를 이해하기 어렵다.[64] 그리고 "몫을 일곱이나 여덟으로 나눠라"는 말도 다양하게 해석된다. 우리는 1-2절의 해석을 크게 세 가지로 나눠볼 수 있다.[65]

첫째로 1-2절의 두 명령을 사업할 때 재산을 다루는 방법과 연결시킨다. "빵을 물에 던져라(1절상)"는 말은 위험한 해상무역을 가리키는 것으로(참조 사 18:2; 잠 31:14), "몫을 일곱이나 여덟으로 나눠라(2절상)"는 말은, 사업이 실패할 때 재산을 단번에 잃지 않도록 다양하게 투자하라는 말로 이해한다. 그러면 이 명령은 "과감하게 사업하라. 그러나 투자는 다양하게 하여 위험을 분산하라"는 말로 해석할 수 있다. 그러나 이런 해석의 문제점은 빵이 무역물품으로 사용된 예가 없고, 무역은 물품을 다시 찾는 것이 아니라 물물교환을 통해 이익을 남긴다는 점이다.

둘째로 두 구절을 서로 반대의 결과를 가져오는 행동으로 이해할 수 있다. 빵을 물위에 던지는 무모한 행동이 그것을 다시 찾게 되는 경우도 있고(1절), 몫을 일곱이나 여덟로 나누는 현명한 행동이 재앙으로 다가올 수도 있다(2절). 사람이 무모해도 성공할 수 있고, 아무리 조심해도 실패할 수 있다는 말이다. 이렇게 해석하려면 1절하와 2절하의 "키(כִּי)"를 "왜냐하면"이라는 이유가 아니라, "그럼에도"라는 대조의 의미로 번역해야 한다.[66] 그러나 이런 해석에는 개연성이 적다. 전도서에서 명령형 다음에 나오는 "키"는 대부분 이유로 사용되기 때문이다.

마지막으로 이 말은 탈굼이 보여주듯이 전통적으로 "구제행위"로 해석되었다. 빵을 물에 던지는 것은 무모한 일처럼 보인다. 그러나 구제는 무모하고 의미 없는 일이 아니다. 구제가 이득을 기대하고 하는 것은 아니지만, 오랜 후에 그 빵이 구제한 사람에게 되돌아올 수 있기 때문이다. 다

---

64) Michel, *Untersuchungen*, 267쪽.

65) 참조 Krüger, *Kohelet*, 339-40쪽.

66) 미헬이 이렇게 해석한다(Michel, *Untersuchungen*, 207-08쪽).

른 사람을 구제하면 오랜 후에 자기가 다시 구제받을 수도 있다.[67]

1절을 구제의 명령으로 이해하면, 2절은 많은 사람을 구제하라는 명령이다. 일곱이나 여덟은 공동체를 가리키는 말로(참조 4:9-12), 될수록 많이 구제하라는 말이다. 사람은 불행이 어떻게 올지 알지 못한다. 따라서 불행에 빠진 자를 도와주면 자신도 불행에 빠질 때 도움을 받을 수 있다. 그러나 이 말이 구제가 반드시 도움을 보장한다는 말은 아니다. 빵을 물에 던진 사람이 그것을 오랜 후에야 발견하기 때문이다. 미래란 불확실하여(2절; 참조 7:12, 14; 8:7; 9:12; 10:14), 언젠가 불행에 빠질 수도 있기 때문에, 불행한 사람을 구제하는 것이 자신에게도 의미 없는 일은 아닐 것이다(참조 잠 11:24-25; 14:21; 19:17; 28:8, 27; 눅 16:1-9).

세 번째 해석에 개연성이 있다.[68] 2절에서 나누는 대상이 "자본"이 아니라 "몫"이기 때문이다. 전도서에서 몫은 하나님이 주신 선물로 삶의 즐거움과 행복을 의미한다(참조 5:18-19; 9:6, 9). 하나님이 주신 선물은 자신이 누릴 뿐만 아니라, 다른 사람도 누릴 수 있도록 나눠야 한다. 이것이 하나님의 뜻이다. "관대하게 나누는 것이 자기만 행복을 누리는 것을 방지해준다. 전도서가 말하는 행복은(Carpe diem) 자신만 사랑하는 것이 아니라 다른 사람도 같이 사랑하는 것이기 때문이다."[69]

3절[미래는 마음대로 할 수 없음] 구름이 가득 차면 비가 오고, 나무는 쓰러진 곳에 그대로 있다는 말은 당연한 것처럼 보인다. 이것은 자연법칙은 바꿀 수 없고, 자연현상은 통제할 수 없다는 말이다. 구름이 차면 당연히 비가 오는 것이고, 사람이 그 비를 막을 수 없다. 나무가 어느 쪽으로

---

67) 크뤼거는 이와 비슷한 격언으로, 이집트의 Anch-Scheschonki의 가르침을 예로 든다: "선행을 하고 그것을 강에 던져라! 물이 마르면 네가 다시 찾게 될 것이다." (Krüger, *Kohelet*, 340쪽, 각주 6).

68) 참조 브라운, *전도서*, 170-171쪽.

69) Schönberger, *Kohelet*, 2012, 251쪽.

쓰러지든지 사람이 그 방향을 미리 통제할 수는 없다. 사람이 앞일을 예측할 수도 없지만, 예측할지라도 그것을 막거나 통제할 수 없다. 앞일에 대한 사람의 무능력을 서술하는 말이다.

4절[계산만 하고 행동하지 않음] 4절은 3절에 대한 비판으로 보인다. 미래를 예측하려는 노력이 오히려 현재의 실행을 방해하기 때문이다. 탈굼은 "마술이나 점술을 찾는 자는 결코 선을 실행하지 못하고, 별을 관측하는 자는 소득을 얻지 못한다."고 말하며 점술이나 별점과 같은 미래예측기술에 대해 비판한다.[70] 그러나 본문은 농부가 파종과 추수의 적기만 기다리며 바람과 구름만 관찰하는 태도를 비판한다. 미래를 예측할 수 없지만, 예측하더라도 확실한 결과를 보장할 수 없고, 또 농부가 적기를 놓칠 수도 있다. 이같이 미래는 예측할 수 없기 때문에 언제나 모험적으로 행동할 수밖에 없다. 농부가 적기만 계산하고 파종하지 않으면 추수도 할 수 없지만, 과감하게 때를 맞춰 파종하면 추수를 기대할 수 있다.

5절[미래는 알 수 없음] 사람은 근본적으로 미래를 예측할 수 없다. 전도자는 이것을 예를 들어 강조하며 신학적으로 서술한다. 먼저 사람은 바람이 어디로 불지 예측할 수 없다(참조 1:6; 8:8). 그리고 모태에서 뼈가 생성되는 과정, 즉 사람이 생기는 과정도 알 수 없다(참조 시 139:13-16; 욥 10:11-12). 그 당시에는 아기가 나와 봐야 태에서 사람이 자란 것을 알았다. 전도자는 바람의 운행과 아기의 생성을 하나님의 일로 서술한다. 사람은 하나님의 일을 알 수 없고, 미래에 대해 예측할 수 없다(참조 6:12; 7:14; 10:14). 따라서 미래를 예측하려는 시도는 실패할 수밖에 없고, 예측한 후에 행동하려는 시도도 불가능하다.

---

70) Krüger, *Kohelet*, 343쪽.

6절[과감하게 행동하라] 사람이 미래를 예측할 수 없다는 사실이 행동을 저해하지 않고 오히려 과감한 행동을 독려한다. 이 말이 아침부터 저녁까지 씨를 뿌리며 쉬지 않고 일하라는 말은 아니다. 이것인지 저것인지 아니면 둘 다 잘될지 그 결과를 알 수 없기 때문에, 너무 계산만하지 말고 과감하게 실행하라는 말이다. 본문은 사람이 적기를 알 수 없다고는 말하지 않는다. 단지 아침에 뿌린 씨가 잘될지, 저녁에 뿌린 씨가 잘될지, 아니면 둘 다 잘될지 그 가능성을 알 수 없다고 말한다.[71] 전도자는 불확실성을 최소화하기 위해, 정확한 때를 예측만 하고 실행하지 못하는 태도를 비판한다.

7-8절[삶은 소중한 것이다] "빛"이나 "해"를 보는 것은 삶을 비유하는 말로(참조 6:5; 7:11), 7절은 삶을 긍정적으로 예찬하는 말이다(참조 9:4-10). 삶이란 성공여부에 관계없이(6절), 죽음의 긴 날이 올 것이기 때문에(8절) 달콤하고 좋은 것이다. 8절의 해석은 "즐거워하다(이스마흐 יִשְׂמָח)"와 "기억하다(이즈코르 וְיִזְכֹּר)"를 어떻게 이해하느냐에 달려있다.

첫째로 둘 다 소망형(jussive)으로 해석하면, 노년에도 인생을 즐거워하고, 다가오는 죽음도 함께 생각하라는 명령의 말이 된다. 후자가 전자의 이유가 된다. 둘째는 전자는 미완료형의 서술문으로, 후자는 소망형의 명령으로 해석하는 것이다. 그러면 노인이 장수를 즐거워하지만, 동시에 죽음도 함께 생각하는 균형 잡힌 시각을 가지라는 말이다. 셋째는 둘 다 미완료형의 서술문으로 이해하는 것이다. 사람이 장수할 때 즐거워하고, 동시에 죽음의 날도 기억한다는 말이다. 여기서도 후자가 전자의 이유가 된다. 이중에서 죽음이 삶의 즐거움의 근거가 되는 첫째나 셋째의 해석이 더 합당하다.

---

71) 탈굼은 "씨 뿌리는 것"을 성관계와 아이를 낳는 것으로 "아침"과 "저녁"을 청년과 노인의 때로 해석한다(Krüger, *Kohelet*, 344쪽).

7-8절은 사람이 삶에서 과감하게 행동해야하는(1-6절) 이유를 제공해준다. 사람이 많은 햇수를 살아 장수해도 어둠의 긴 날, 곧 죽음의 날이 기다리고 있다. 어둠의 날에 비교할 때 빛과 해를 보는 밝은 삶은 사람에게 달콤하고 아름다운 것이다. 따라서 사람이 빛을 보는 삶을 영위하는 동안, 즐거움과 행복을 위해 최선을 다해 살아야 한다. 미래(사후)를 예측하며 현재의 삶에서 행복을 유보하는 행위는 옳지 않다.

5. 죽기 전에 행복을 누려라(11:9-12:7)

9 **젊은이여, 네 젊음을 즐기고,**
젊은 날 동안 네 마음을 행복하게 하라!
너는 네 마음에 따른 길에서 행하고,
네 눈이 보는 현실가운데 행하라![72]
그리고[73] **이 모든 것으로 하나님이 너를**
재판정으로 데려가신다는 것을 알아라!
10 **네 마음에서 근심을 없애버리고,**
네 육신에서 나쁜 것을 멀리하라!
젊음과 검은 머리는 지나가기 때문이다.
12:1 **너는 불행한 날들이 오기 전에,**
"내게 더 이상 낙이 없다"고 말하는 때가 이르기 전에,
곧 네가 젊을 때 너의 창조주를 기억하라!

72) 일반적으로 "너는 네 마음이 원하는 길로 행하고, 네 눈이 보는 대로 행하라!"로 번역한다. 그러나 이런 번역은 젊은이에게 방종을 허락하는 것처럼 보여, 특히 민 15:39와 대치된다. "마음"을 "이성, 분별력"으로, "눈이 보는 것"을 "현실"로 이해한다.

73) "그러나"로 많이 번역한다. 하나님이 삶의 자유를 허락하지만, 그러나 심판을 염두에 두라는 말은 이율배반적으로 들린다. 젊은이는 분별력과 현실성을 가지고 삶을 살아야 하고, 이런 삶을 제대로 살았는지 하나님이 나중에 재판하신다는 의미로 번역한다.

2 해와 빛과 달과 별들이 어두워지기 전에,
비온 후 구름이 되돌아오기 전에,
3 그 날에 집의 파수꾼들이 덜덜 떨고,
힘센 남자들이 구부러지며,
맷돌질하는 여인들이 적어져서 일을 멈추고,
창으로 보는 것들이 침침해지며,
4 길로 난 문들이 닫히고,
맷돌질하는 소리가 약해질 때,
새들의 소리에도 일어나고,[74)]
노래의 딸들이 모두 약해질 것이다.
5 또한 사람이 높은 곳을 두려워하고,
길 가는데 두려움이 있을 것이다.
아몬드나무가 만발하고,
메뚜기가 힘들게 움직이며,
풍조목이 터져 없어질 것이다.
이는 사람이 영원의 집으로 가고,
곡하는 자들이 길에서 돌아다님이다.
6 은줄이 끊어지고,
금 그릇이 부서지며,
우물의 두레박이 깨지고,
도르래가 부서져 우물에 빠지기 전에,
7 흙먼지가 원래 있던 땅으로 돌아가고,
영이 자신을 주신 하나님께 돌아가기 전에 기억하라!

이 문단은 크게 11:9-10절과 12:1-7절의 두 부분으로 나눌 수 있다.[75)]

---

74) 혹은 "소리가 새처럼 높아지고"로 번역할 수도 있다.

75) 이 부분의 구성에 대해, "Schönberger, *Kohelet*, 2004, 525-26쪽; Schönberger, *Kohelet*, 2012, 258-59쪽"을 참조하라.

전도자는 두 부분에서 다 젊은이에게 권고를 하는데, 전자에서는 젊을 때 행복을 누릴 것을 권하고, 후자에서는 젊을 때, 곧 늙어죽기 전에 창조주 하나님을 기억할 것을 권고한다.

1) 젊을 때 행복을 누려라(11:9-10)
　　젊음을 누려라(9절상)
　　　　분별력(마음)을 가지고 행하라(9절중)
　　　　　　하나님의 심판을 알아라(9절하)
　　　　생각(마음)에서 근심을 버려라(10절상)
　　젊음은 지나간다(10절하)
2) 창조주를 기억하라(12:1-7)
　　젊을 때 창조주를 기억하라(12:1)
　　　　노년의 모습(12:2-5)
　　죽기 전에 창조주를 기억하라(12:6-7)

전도자는 젊을 때 행복을 누리라고 권고한다(11:9-10). 젊음은 지나가고 다시 오지 않기 때문이다. 젊은이는 하나님이 주신 현실 속에서 분별력을 가지고 행하고, 마음에서 근심을 멀리하고 몸에서 나쁜 것을 멀리하고 살아야 한다. 하나님이 이런 삶을 살았는지 나중에 심판하실 것이다. 젊음과 행복을 누리라는 것은 하나님의 명령이다.

젊은이는 젊을 때 창조주 하나님을 기억해야 한다(12:1-7). 하나님이 젊음과 삶을 주신 창조주라는 것을 마음에 기억해야 한다. 젊은이는 창조주 하나님을 기억하며 행복한 삶을 누리도록 현실에서 애써야 한다(12:1-2). 왜냐하면 젊음은 지나가고, 노년이 되면 누리고 싶어도 누릴 힘이 없기 때문이다(12:3-5). 결국 사람은 육체가 무너지고 영원의 집(죽음)으로 가는 존재이니, 그 전에 하나님이 주신 삶을 마음껏 누려야 한다(12:6-7).

9절[젊음과 행복을 누려라] 전도자는 젊은이(바후르 בָּחוּר)[76]에게 젊음을 즐기고, 젊은 날 동안 마음을 행복하게 하라고 권고한다. 전도자가 현실 속에서 기쁨과 행복을 누리라는 말은 이 외에도 여러 번 나온다(참조 3:12-13, 22; 5:18-20; 8:15와 9:7-10). 그런데 여기서 "마음에 따른 길에서(버다르케 립버카 בְּדַרְכֵי לִבְּךָ)"와 "눈의 봄에서(버마르에 에네카 בְּמַרְאֵי עֵינֶיךָ)" 행하라는 말의 의미가 무엇인가? 이 말을 마음이 원하는 대로, 눈이 보는 대로 행하라고 이해하면, 특히 민 15:39절의 방종을 금지하는 명령과 대조된다. 민 15:39에서 이스라엘 백성은 옷에 술을 달고, 그 술을 볼 때마다 하나님의 계명을 기억하고, "마음과 눈을 따라" 음행에 빠지지 말라고 명령하기 때문이다.

우리는 9절의 말이 젊은이에게 방종을 허락하는 말로 이해하기 어렵다. 전도서에서 마음은 사물을 올바로 판단하는 "분별력"으로 사용되며(8:5; 10:2-3; 참조 1:13,16,17; 2:10; 7:7, 21-22, 25; 8:9,16 등), 또 "눈으로 보는 것"은 현실에서 누리는 것을 나타내기 때문이다(6:9; 11:7).[77] 우리는 이런 맥락에서 "눈의 봄에서"를 "눈에 보이는 현실에서"로 의역한다. 전도자가 젊은이에게 마음과 눈이 원하는 대로 마음껏 살라는 것이 아니라, 젊음을 누리되 분별력을 가지고 행하고, 하나님이 주신 현실 가운데서 행복을 누리라는 것이다.

9절하의 "그러나(ו) 이 모든 것으로 하나님이 재판정으로 데려가실 것을 알라"는 말은 많은 주석가들이 자유주의적인 생각을 교정하는 정통주의자들(제2 추기자, 참조 12:12-14)의 첨가로 이해한다. 전도자의 말이 젊은이에게 도덕과 예절을 버리고 마음껏 방종하여 살라는 말로 오해를 불러일으킬 수 있기 때문이다. 그러나 만일 이렇게 해석하여 젊은이에게 마음

---

76) 충분히 성장하여 성인이 된 그러나 아직 미혼인 사람을 지칭한다. 잠언이 미성년자인 "아들"에게 주는 교훈이라면, 전도서는 성년이 된 "젊은이"와 지혜에 대해 비판적으로 토론하는 책이라고 할 수 있다.

77) 참조 Schönberger, *Kohelet*, 2012, 261쪽.

껏 살아보되 심판을 염두에 두라고 한다면 병 주고 약주는 것 같은 인상을 준다. 우리는 전도자가 "분별력"을 가지고(9절중) 창조주 하나님 앞에서(12:1) 행하라는 문맥에서 볼 때, 이 말을 마음껏 젊은이에게 살아보라고 방종을 권장하는 말로 이해하기 어렵다.

우리는 9절하를 9절상의 젊음과 행복을 누리라는 말을 더욱 강조하는 말로 이해할 수 있다.[78] 우리가 9절하의 첫 단어인 "ו"를 "그러나"가 아닌 "그리고"로 번역하면, 9절하는 9절중과 대조가 아닌 강조의 관계를 갖게 된다.[79] 전도자는 젊은이들에게 젊을 때 행복을 누릴 것을 권고하면서, "그리고" 하나님이 이런 행복한 삶을 누렸는지 재판정에서 심판하신다는 것을 알라고 말한다. 죄 없는 사람은 없기 때문에 하나님의 심판에서 벗어날 수 있는 사람은 아무도 없다(참조 3:17; 7:20). 그러나 하나님이 주신 젊음을 누리지 못한 자는 하나님이 재판정에서 그 잘못을 물을 것이다. 하나님의 심판을 새로운 차원에서 해석하는 전도자의 특성을 보여준다.

10절[마음의 근심과 육신의 나쁜 것을 멀리하라] 9절을 이어받으며, 마음에서 근심과 육신에서 나쁜 것을 멀리하라는 권고가 이어진다. 전도서에서 근심은 다양하게 사용된다. 근심은 부정적인 것이며(1:18), 피할 수 없는 것이기도 하다(2:23). 반면에 근심은 긍정적이기도 한데, 외적으로는(인상) 나빠도 내적으로는(마음) 좋기 때문이다(7:3). 본문은 근심을 어리석은 자들의 특징이며(7:9) 행복을 저해하는 부정적인 것(5:17)으로 말한다. 젊은이는 마음을 상하게 하는 근심 뿐 아니라 육신에 해가 되는 나쁜 것을 멀리해야한다. 왜냐하면 젊음, 곧 검은머리는 "헛되기(지나가기)" 때문이다. 젊음이 "헛되다"는 말은 젊음이 늙음에 비해 부정적이라는 의미가 아니라, 젊음은 사라져 없어진다는 의미이다. 전도자는 젊음은 사라지기 때문에 행복의 누림을 미래로 미루지 말 것을 강조한다.

---

78) Schönberger, *Kohelet*, 2012, 261쪽.

79) Krüger, *Kohelet*, 337, 347-48쪽; 참조 브라운, *전도서*, 175쪽.

12:1절[젊을 때 창조주를 기억하라] 전도서에서 처음으로 하나님을 창조주로 부른다. 창조주를 기억하라는 말은 우선 자신이 피조물인 것과, 따라서 인생이 헛되다(사라진다)는 것을(12:7) 인식하라는 말이다. 그러나 전도서 마지막에 이 말을 하는 것은 하나님이 사람을 좋게 만드셨고(7:29), 그에게 생명과(5:17; 8:15; 9:9) 재산과(5:18; 6:2) 즐거움을(5:19-20; 9:8) 주셨다는 것을 함께 기억하라는 말이다.[80] 이런 면에서 창조주를 기억하라는 말은 하나님의 피조물로서의 허무함을 기억하기보다, 하나님이 선물로 주신 기쁨과 행복을 기억하라는 말이다.

전도자는 젊음 이후의 때, 즉 노년의 때를 "불행하고 더 이상 낙이 없는 때"로 말한다. 노년을 낙이 없고 불행한 날들이라고 하는 것은 늙으면 삶을 누릴 수 없다는 말이 아니다. 이것은 젊은이에게 행복을 미래로 미루지 말고 "현재, 젊을 때" 즐기라는 말이다(참조 11:10). 노년의 때가 불행해서가 아니라, 젊음이 지나 미래로 갈수록 행복에 대한 가능성이 점점 줄어들고, 젊을 때 놓친 행복을 노년에 만회할 수 있다는 보장이 없기 때문이다.[81]

2-5절[노년의 모습] 일반적으로 "해와 빛"은 낮과 생명을 "달과 별"은 밤과 죽음을 상징한다(2절상). 그리고 "비온 후 구름이 되돌아오는 것"은 팔레스타인의 날씨를 보여준다(2절하). 팔레스타인에서는 비온 후 하늘이 파랗게 된다. 그런데 다시 하늘에 구름이 끼면, 해나 빛이나 달이나 별이나 모두 어두워지게 된다. "자연의 일반적인 순환과정(해가 뜨고 지고, 하늘에 비구름이 끼고 다시 맑아지고)이 종말에 이르는 것이다."[82] 이제 하늘이 모두 어두워지듯이 인생이 저물고 어두운 죽음의 날에 이르게 된다(참조

---

80) Krüger, *Kohelet*, 349쪽.

81) 참조 Krüger, *Kohelet*, 353쪽.

82) Schönberger, *Kohelet*, 2012, 264쪽.

11:8).

구약은 하늘에 구름이 덮여 모든 빛을 잃는 것을 하나님의 심판의 날이라고 묘사한다(사 13:9-10; 겔 32:7; 암 5:18-20; 8:9; 참조 잠 4:18-19; 13:9; 욥 18:5-6, 18; 38:15).[83] 전도자는 젊은이들에게 하나님의 심판이 있음을 알라고 했다(11:9). 여기서도 마찬가지로 젊은이가 늙어 죽음에 이르고, 하나님의 심판대에 서게 된다고 말한다. 전도자는 젊은이에게 창조주를 기억하라고 했는데(1절), 하나님이 사람에게 젊음을 주셨을 뿐 아니라, 젊음이 지나면 죽어 심판대에 선다는 사실을 아울러 인식하라는 것이다. 우리는 하나님이 우리에게 삶과 젊음을 주신 뜻이 무엇인지 깨닫고, 죽음에 이르기 전에 창조주 하나님의 뜻대로 행복을 누리며 영광을 돌려야 한다(참조 렘 13:16).

3-4절에는 죽음에 임박한 노년의 모습을 비유하는 풍유(allegory)가 나온다.[84] "집"은 사람의 몸을 상징한다(참조 욥 4:19; 사38:12).[85] 먼저 "파수꾼"은 손과 팔을 상징하며, 노년에 손과 팔을 덜덜 떠는 모습을 나타낸다. "힘센 남자"는 다리를 상징하는데, 노년에 다리가 약해지고 구부러진 모습을 나타낸다. "맷돌질하는 여인"은 이빨을 상징하며, 노년에 이가 빠져 잘 씹지 못하는 모습을 나타낸다. "창으로 보는 것들"은 눈을 상징하며, 노년에 시력이 약해져 잘 보지 못하는 모습을 나타낸다.

"길로 난 문"은 귀를 상징하며, 노년에 귀가 어두워져 듣지 못하는 모습을 나타낸다. "맷돌질 하는 소리"는 목소리를 상징하며, 젊을 때 우렁찼던 소리가 노년에 약해진 모습을 나타낸다. 한편 노년에는 새들의 소리에도 일어난다. 노년에 아침잠이 없는 모습을 나타낸다.[86] 그리고 "노래

---

83) 참조 Schönberger, *Kohelet*, 2012, 264쪽; Krüger, *Kohelet*, 353쪽.

84) Michel, *Qohelet*, 1988, 167쪽; Schönberger, *Kohelet*, 2012, 265-66쪽.

85) Krüger, *Kohelet*, 354쪽.

86) "소리가 새처럼 높아지고"로도 번역할 수 있는데, 굵던 목소리가 노년에 얇아진 것을 나타낸다. 그러나 이 해석은 "목소리가 약해진다."는 이전의 말과 중복되는 약점

의 딸들"은 노랫소리를 상징하는데, 노년에 소리가 약해져 노래를 잘 부르지 못하는 모습을 나타낸다.

5절도 노년의 모습을 서술한다. 사람이 늙으면 높은 곳을 두려워한다. 젊은 때는 높은 곳에서 쉽게 뛰어내리는데 늙으면 조금만 높아도 다리가 후들거린다. 균형을 잡는 몸의 기능이 현저하게 떨어졌기 때문이다. 그리고 길을 가는데도 두려움이 있다. 여기서 길은 걷는 길을 의미하기도 하지만, 벌인 사업이나 일을 의미하기도 한다. 젊은 때는 자신 있던 일들이 노년에는 두려움으로 다가온다.

5절하의 풍유는 다양하게 해석될 수 있다. 쇤베르거는 이것이 팔레스타인의 계절변화를 나타내는 것으로 해석한다.[87] 초봄(1/2월)에는 아몬드나무가 만발하고, 초여름(4월)에는 풀이 자라 메뚜기가 기어 다니고, 한여름에는 풍조목(caper)의 열매가 완전히 익어 터진다. 그리고 다시 겨울이 온다. 이것은 인생의 과정을 상징하는데 이때 죽음을 맞이하는 것이라고 말한다.

그러나 우리는 5절도 4절처럼 노년의 모습을 나타내는 것으로 해석하는 것이 합당하다. 만발한 아몬드나무는 백발을, 기어 다니는 메뚜기는 노년에 힘들게 걷는 모습을, 풍조목의 열매[88]가 터지는 것은 원욕(성욕, 식욕, 의욕 등)이 사라짐을 상징한다. 죽음에 임박한 전형적인 노년의 모습니다. 이 후에 사람은 "영원의 집(무덤, 참조 시 49:11)"으로 가고, 곡하는 자들은 길에서 그를 애도하며 다닌다.

6-7절[죽기 전에 기억하라] 6절은 비유를 통해 사람에게 닥치는 죽음을 상징적으로 묘사한다. 6절은 "...전에(아드 עַד)"로 시작되는데, **עַד**로 시

이 있다.

87) Schönberger, *Kohelet*, 2012, 266쪽.

88) 음식의 향신료로 사용되며, 사람에게 원기를 주는 역할을 한다.

작하는 2절처럼 1절과 연관되었다는 것을 보여준다. 전도자는 인생을 은줄과 금 그릇에 비유한다. 이것은 값비싼 등잔을 상징하는데(참조 슥 4:2-3),[89] 인생도 값비싼 존재임을 말해준다. 금 등잔은 은줄에 매달려 있는데, 줄이 끊어지면 등잔도 함께 부서진다. 등잔불이 꺼지면 집(몸)이 어두워지는데, 이것도 사람의 죽음을 상징한다. 우물에 매달린 도르래가 썩어 부서지면 두레박도 함께 깨지게 된다. 역시 사람의 죽음을 상징하며, 사람이 더 이상 일할 수 없는 상태가 된 것을 말해준다.

7절은 창세기의 인간창조의 이야기와 연관된다. 하나님은 사람을 흙먼지(아파르 עָפָר)로 빚으시고, 생기(호흡)를 그 코에 불어넣어 만드셨다(창 2:7). 따라서 사람이 죽으면 다시 흙먼지로 돌아가고(창 3:19; 전 3:20), 영(호흡)은 그것을 주신 하나님께 다시 돌아가게 된다(참조 시 104:29).

---

89) Schönberger, *Kohelet*, 2012, 267쪽.

제 7장

1. 주제어 (12:8)[1]

8 전도자가 말한다.
"헛된 중 가장 헛되니, 모든 것이 헛되다."

이 구절은 우리의 시선을 전도서의 앞부분으로 인도한다. 이 말은 1:2절과 함께 전도서의 틀을 이루며 결어의 역할을 한다. 그런데 1:2절과 비교할 때 약간 단축된 형태로 반복된다. 전도서의 본문(1:3-12:7)의 결론으로서, 이 말은 사람이 하는 모든 것이 헛되다고 말한다. 사람 자체가 헛되어 사라지는 존재이며, 사람의 확신이나 소망도 확실하지 않다는 말이다. 그러나 이 말이 인생자체가 "의미 없다"고 말하는 것은 아니다. 인생의 참된 의미는 하나님이 주신 현실의 가능성 안에서 행복을 누리는데 있기 때문이다. 전도자는 1:2절을 말미에 반복하면서 전도서를 이런 관점에서 새롭게 읽고 생각하게 만든다.[2]

---

1) 참조 1:2절과 함께 전도서의 틀을 이룬다.
2) Schönberger, *Kohelet*, 2012, 269쪽.

2. 첫째 추기: 전도자는 현자였다(12:9-11)

9 **추기.**
전도자는 현자였는데,
계속해서 백성에게 지식을 가르치며,
많은 잠언들을 심사하고, 연구하고, 편집했다.
10 **전도자는 맘에 드는 말들을 찾으려했고,**
진리의 말들을 바르게 기록했다.
11 **지혜로운 자들의 말은 채찍 같고,**
수집된 잠언들은[3] **박힌 못과 같다.**
이것들은 한 목자에게서 주어졌다.

이 단락(12:9-14)은 전도서의 표제(1:1)와 대응되는 것으로 볼 수 있다. 전도자가 어떤 사람인지 소개하고 있기 때문이다. 전도자를 3인칭으로 말하는 다른 부분(1:2와 12:8; 참조 7:27)과 같이 전도자가 3인칭으로 언급된다. 우리는 "전도자" 외에 전도서의 "편집자"가 있다는 것을 본다. 전도서는 전도자와 편집자가 모여 한 저자를 이룬다.

9-10절[전도자는 현자] 전도자는 스스로 현자라고 소개한다(9절). 이로서 전도서의 본문(1:3-12:7)의 저자가 현자로서 "편집자"였던 것이 드러난다. 전도자는 누구보다도 지혜에 뛰어난 "왕"으로 소개되었는데(1:16; 참조 2:15), 후에 그는 지혜의 추구에 실패한 현자로 고백한다(7:23; 참조 8:16-17). 전도자는 자신의 지혜에 한계가 있다는 것을 깨닫는다.

전도자는 백성에게 지식을 가르치는 교사였다(9절). 그는 백성 전체를 상대로 지식을 전달했다.[4] 그 당시 평민들에게 지식을 전달하는 것은 대

---

3) 직역하면 "수집의 주인들"이다. "수집된 글들"을 의미하거나, 수집하는 당사자인 "편집자들"을 가리킬 수 있다.

단히 획기적인 일이었다. 그래서 여기에 분명하게 명기하는 것이다.[5] 전도자는 잠언들을 새로 쓰기보다, 전통적으로 내려오는 잠언들을 연구하고 편집했다. 전도자의 작업은 세 단계로 구분된다. 그는 전통적인 잠언들의 중요성을 심사하고(이젠 אִזֵּן)[6], 연구하고, 편집했다.[7] 한편 전도자는 "마음에 드는 말들"을 찾으려했고, "진리의 말들"을 기록했다(10절). 여기서 "마음에 드는 말들"과 "진리의 말들"이 동의어인지, 아니면 마음에 드는 말들에서 진리의 말들을 선별한 것인지 분명치 않다.[8]

11절[잠언의 기능] 11절부터 전도자를 소개하는 말이 아니다. 전도자는 "현자"로(9절), 잠언을 연구하고 편집한 사람이었다(10절). 11절은 전도자가 연구하는 격언들이 전통적인 현자의 말뿐 아니라, 자신의 말(수집된 잠언들)도 해당된다는 것을 보여준다. "현자들의 말"을 채찍에 비유하고, "수집된 잠언들"을 "박힌 못"에 비유하는데 이해하기 쉽지 않다. 아마도 농부가 "채찍(막대기)"을 가지고 소를 몰듯이, 현자가 채찍 같은 말을 가지고 사람을 가르치는 것을 유추해본다. 채찍은 자극하는 기능을 한다. 현자의 말이 채찍처럼 사람의 생각을 자극한다. 그러나 채찍이 사람에게 상처를 줄 수도 있다. 못은 견고하게 하는 기능을 한다. 수집된 잠언들을 "박힌 못"에 비유하는 것은 그 가르침이 흔들리지 않고 견고하다는 것을 보여준다. 그러나 이것이 박힌 못처럼 경직된 도그마에 빠지게 할 수도 있다. "이것들은 한 목자에게서 주어졌다." 여기서 목자는 "하나님"이나 지혜의 왕인 "솔로몬"을 의미할 수 있다.

---

4) Krüger, *Kohelet*, 367쪽; 반면에 "Schönberger, *Kohelet*, 2012, 270쪽"는 전도자가 소수의 엘리트와 백성에게 지식을 전달했다고 말한다.

5) Schönberger, *Kohelet*, 2012, 271쪽.

6) 이 말은 "듣다"란 의미도 갖는다. 전도자가 잠언들을 잘 듣고 평가했다는 의미이다(참조 잠 1:5).

7) תִּקֵּן은 "곧게 하다"란 의미를 갖는다. 잠언들을 바로 잡으며 편집했다는 의미이다.

8) Krüger, *Kohelet*, 368쪽.

3. 둘째 추기: 하나님을 경외하라(12:12-14)

12 **이것들 외의 추기.**
내 아들아, 정신 차려라!
많은 책을 쓰는 것은 끝이 없고,
많은 공부는 육신을 피곤케 한다.
13 **모든 일의 결론을 들어보자.**
"너는 하나님을 경외하고,
그분의 계명을 지켜라!
이것이 모든 사람의 본분이다."
14 **하나님이 모든 일, 곧 선하든지 악하든지**
숨겨진 모든 것까지 재판정에 가져가실 것이다.

12절[학문은 힘든 것] 잠언 1-9장처럼 학생들을 "내 아들"이라고 부르는 전형적인 단어를 사용한다. 그는 학생에게 "정신 차려라"고 말하며, 책을 쓰는 것과 공부하는 것의 어려움에 대해 경고한다. 이것은 책을 쓰거나 공부하는데 너무 욕심내지 말라는 경고의 말이나, 집필과 연구에 끝없이 힘을 쏟아야 하는 현자의 길을 가려는 학생에게 주는 경고의 말로 이해할 수 있다.9) 그러나 이 말의 참된 의미는 다른 책들은 읽고 공부할 필요가 없다는 전도서에 대한 찬양의 말일 것이다.10) 본질적인 "진리의 말"은 전도서에 다 기록되었기 때문이다.

13-14절[하나님을 경외하라] "모든 일의 결론을 들어보자"는 말은 전도서가 끝난다는 말로 이해된다.11) 그리고 "하나님을 경외하고 그분의

9) Krüger, *Kohelet*, 370쪽.
10) Schönberger, *Kohelet*, 2012, 273-74쪽.
11) Krüger, *Kohelet*, 371쪽.

계명을 지켜라!"는 말은 전도서의 교훈을 편집자가 요약하는 말이다(참조 3:14; 5:7; 7:18; 8:12-13). 이 말은 모세가 이스라엘 백성들을 모아놓고 매 칠년마다 율법을 듣고 여호와 경외를 배우라는 말을 연상시킨다(신 31:9-13).[12] 편집자는 하나님 경외를 계명 준수와 연결시키며 토라의 전통에 선다. 이로서 전도자의 하나님 경외를 전통적인 교훈과 연결시킨다. 하나님은 모든 일, 숨겨진 일까지 재판정으로 가져가시는 분이다(참조 욥 14:3). 편집자는 전통적인 심판의 교훈을 전도자가 말하는 하나님의 심판(참조 11:9)과 연결시킨다.

12) Schönberger, *Kohelet*, 2012, 273쪽.

전도서 참고문헌

주석

Crenshaw, James L., *Ecclesiastes*, A Commentary(OTL), Philadelphia 1987.

Delitzsch, Franz, *Hoheslied und Koheleth*, Leipzig 1875.

Fox, Michael V., *A Time to Tear Down and a Time to Build Up. A Rereading of Ecclesiastes*, Grand Rapids-Cambridge 1999.

Galling, Kurt, Der Prediger: *Die Fünf Megillot*(HAT 1,18), Tübingen ^{2}1969.

Gordis, Robert, *Kohelet - The Man and his World. A Study of Ecclesiastes*, New York 1951(^{3}1968).

Hertzberg, Hans Wilhelm, *Der Prediger*(KAT XVII, 4), Güttersloh 1963.

Hitzig, Ferdinand, *Der Prediger Salomo's*(KEH AT VII), Leipzig 1847.

Krüger, Thomas, *Kohelet(Prediger)*(BK XIX-Sonerband), Neukirchen-Vluyn 2000.

______, *Qohelet,* Augusburg Fortress 2004).

Lauha, Aarre, *Kohelet*(BK XIX), Neukirchen-Vluyn 1978.

Loader, James A., *Ecclesiastes*. A practical Commentary, Grand Rapids 1986.

Lohfink, Norbert, *Kohelet*(NEB), Würzburg 1980(^{4}1993).

Lohfink, Norbert(tr. Sean McEvenue), *Qohelet*. A Continental Commentary, Minneapolis 2003.

Longman III, Tremper, *The Book of Ecclesiastes*(NICOT), Grand Rapids - Cambridge 1998.

Murphy, Roland E., *Ecclesiastes*(WBC 23A), Dallas 1992.

(= 머피, R.E., *전도서*, 솔로몬 2008).

Schwienhorst-Schönberger, Ludger, *Kohelet*(HTKAT), Herder 2004(^{2}2011).

Birnbaum, Elisabeth/Schwienhorst-Schönberger, Ludger, *Das Buch Kohelet*, Stuttgart 2012.

Seow, Choon Leong, *Ecclesiastes. A New Translation with Introduction and Commentary*(AB 18C), New York 1997.

Whybray, Roger Norman, *Ecclesiastes*(NCBC), Grand Rapids - London 1989.

Zimmerli, Walter, *Das Buch des Predigers Salomo*(ATD 16/1,2), Göttingen 1962(^{3}1980).

(= 침멀리, W., *전도서*, 한국신학연구소 1992).

데이빗슨, R, *전도서 아가*, 기독교문사, 1987.
카일, C. F, *전도서 아가*, 기독교문화사, 1987.
글렌, 도날드 R, *전도서 아가*, 두란노서원, 1989.
김희보, *구약전도서주해*, 총신대학교출판부, 1998.
김기령, *평신도를 위한 전도서 주석*, 한들출판사, 2005.
브라운, 윌리엄 P., *전도서*(현대성서주석), 한국장로교출판사, 2006.
김영진, *삶의 의미를 찾아서*, 이레서원, 2008.
이성훈, *전도서 어떻게 설교할 것인가?* 두란노아카데미, 2009.
민영진, *전도서/아가*(대한기독교서회 창립 100주년 기념 20), 대한기독교서회, 2009.
이학재, *덧없고 덧없다 전도서 주석*, 영성네트워크, 2013.

단행본

Ellermeier, Friedrich, *Qohelet I, 1. Untersuchungen zum Buche Qohelet*, Herzberg 1967(Diss. Göttingen 1965).
Jastrow, Morris, A Gentle Cynic. *Being a Translation of the Book of Koheleth Commonly Known as Ecclesiastes, its Origin, Growth and Interpretation*, Philadelphia-London 1919 (repr. New York 1972).
Johnson, Robert Franklin, *A Form Critical Ananlysis of the Sayings in the Book of Ecclesiastes*, Diss. Emory University 1973.
Loretz, Oswald, *Qohelet und der Alte Orient. Untersuchungen zu Stil und theologischer Thematik des Buches Qohelet*, Freiburg 1964.
Michel, Diethelm, *Qohelet*(EdF 259), Darmstadt 1988.
Michel, Diethelm, *Untersuchungen zur Eigenart des Buches Qohelet.* Mit einem Anhang von Reinhard G. Lehmann: Bibliographie zu Qohelet(BZAW 183), Berlin-New York 1989.
Rad, Gerhard von, Weisheit in Israel, Neukirchen 1970(31985).
Whitley, Charles F., *Kohelet. His Language and Thought*, Berlin 1979 (BZAW 148).

카이저, 월터 C., *숭고한 삶: 전도서 강해*, 생명의 말씀사 1992(2판).
박상훈, *일의 결국을 다 들었으니*(전도서 강해설교), 여일사 1999.
장일선, *삶을 위한 지혜*(히브리 지혜문학연구), 대한기독교서회 2000(2002).
김성수, *해 아래는 새 것이 없나니*, 마음샘 2005.

이종곤, *전도서(말씀의 틀 주해시리즈)*, 말씀과 만남 2006.
채은하, *전도서에 나타난 속담의 수사학적 기능 연구*, 한국학술정보 2008.
장빈, *코헬렛: 전도서 읽는 시간*, 홍림 2012.
시드니 그레이다누스(전의우 옮김), *전도서의 그리스도 어떻게 설교할 것인가*, 포이에마 2012.

논문

Castellino, George R., *Qohelet and his Wisdom*, CBQ 30(1968), 15-28쪽.
Crenshaw, James L., *The Eternal Gospel(Eccl. 3:11)*, in: Essays in Old Testament Ethics(FS J.P. Hyatt), New York 1974, 23-55쪽.
Ellermeier, Friedrich, *Die Entmachtung der Weisheit im Denken Qohelets. Zu Text und Auslegung von Qoh. 6,7-9*, ZThK 60(1963), 1-20쪽.
Forman, Charles C., *The Pessimism of Ecclesiastes*, JSSt 3(1958), 336-343쪽.
Fox, Michael V., *Frame Narrative and Composition in the Book of Qohelet*, HUCA 48(1977), 83-106쪽.
Galling, Kurt, *Kohelet-Studien*, ZAW 50(1932), 276-299쪽.
Galling, Kurt, *Stand und Aufgabe der Kohelet-Forschung*, ThR. NF 6(1934), 355-373쪽.
Galling, Kurt, *Das Rätsel der Zeit im Urteil Kohelets(Koh 3,1-15)*, ZThK 58(1961), 1-15쪽.
Ginsberg, H. Louis, *The Structure and Contents of the Book of Kohelet*, in: Wisdom in Israel and in the Ancient Near East (FS H. H. Lowley) Leiden 1955(VT.S 3), 138-149쪽.
(= A. Altmann(ed.), Biblical and other Studies, Harvard 1963[STLI 1]).
Gordis, Robert, *Quotations in Wisdom Literature*, JQR 30(1939/40), 123-147쪽.
Holm-Nielsen, Svend, *The Book of Ecclesiastes and the Interpretation of it in Jewish and Christian Theology*, ASTI 10(1975/76), 38-96쪽.
Kamentzky, Abraham Schalom, *Das Kohelet-Rätsel*, ZAW 29(1909), 63-69쪽.
Lohfink, Norbert, *War Kohelet ein Frauenfeind? Ein Versuch, die Logik und den Gegenstand von Koh. 7,23-8,1a herauszufinden*, in: La Sagesse de l' Ancien Testament, ed. M. Gilbert, Louvain 1979(BEThL 51), 259-287쪽.
Lohfink, Norbert, *melek, šallît, môšēl bei Kohelet und die Abfassungszeit des Buches*, Bib 62(1982), 535-543쪽.

Michel, Diethelm, *Qohelet-probleme. Überlegungen zu Qoh 8,2-9 und 7,11-14*, ThViat 15(1979/80) 1982, 81-103쪽.

Müller, Hans-Peter, *Wie sprach Qohälät von Gott?*, VT 18(1968), 507-521쪽.

Mulder, J.S.M., *Qohelet's Division and also its Main Point,* in: Von Kanaan bis Kerala(FS J. P. M. van der Ploeg 1979) Kevelaer-Neukirchen 1982(AOAT 211), 149-159쪽.

Polk, Timothy, *The Wisdom of Irony: A Study of Hebel and its Relation to Joy and the Fear of God in Ecclesiastes*, Studia Biblica et Theologica 6(1976), 3-17쪽.

Salters, Robert B., *Qohelet and the Canon,* ET 86(1975), 339-342쪽.

Salters, Robert B., *A Note on the Exegesis of Ecclesiastes 3,15b*, ZAW 88(1976), 419-422쪽.

Staples, W.E., *"Profit" in Ecclesiastes*, JNES 4(1945), 87-96쪽

Whybray, Roger Norman, *The Identification and Use of Quotations in Ecclesiastes*, in: VT.S 32(Congress Volume Vienna 1980), Leiden 1981, 435-451쪽.

Williams, James G., *What Does it Profit a Man?: The Wisdom of Koheleth*, Judaism 20(1971), 179-193쪽.

(= Studies in Ancient Israelite Wisdom, ed. J.L. Crenshaw, New York 1976, 375-389쪽).

Wright, Addison G., *The Riddle of the Sphinx: The Structure of the Book of Qohelet*, CBQ 30(1968), 313-334쪽.

(= Studies in Ancient Israelite Wisdom, ed. J.L. Crenshaw, New York 1976, 245-266쪽).

Wright, Addison G., *The Riddle of the Sphinx Revisited: Numerical Patterns in the Book of Qohelet*, CBQ 42(1980), 38-51쪽.

Zimmerli, Walter, *Das Buch Kohelet - Traktat oder Sentenzensammlung?*, VT 24(1974), 221-230쪽

구덕관, *전도서 연구*(1, 2, 3, 4, 5, 6), 기독교사상(1986,8월/9월/10월/11월/12월 /1987,1월), 대한기독교서회.

최창모, *전도서의 수사적 기능과 헤벨의 상징적 기능에 관한 연구*, 신학사상 104(1999), 112-145쪽.

김이곤, *구약성서에 나타난 '시간' 의 의미*, 말씀과 교회 21(1999), 한국기독교장로회신학연구소, 51-60쪽.

민영진, *게으르다고 다 나쁜 것 아니며 부지런하다고 반드시 좋은 것 아니다(전도서 4:5-6)*, 햇순(2000년 6월), 공동체성서연구원 2000.

채은하, *하나님의 때, 인간의 때(전도서 3:1-15)*, 성경연구(2000년 1월), 한국성경연구원, 58-69쪽.

김이곤, *이제 나는 알았다(전도서 3:9-14)*, 말씀과 교회 34(2003), 한국기독교장로회 신학연구소.

장세훈, *에필로그(Epilogue)로 읽는 전도서*, 교회와 문화 18(2007), 25-44쪽.

강규성, *불확실한 미래와 확실한 죽음에 기로에 서서. 전도서 11:1-12:7에 관한 연구*, 교회와 문화 18(2007), 45-78쪽.

이태훈, *구약의 외국인 복지*, 구약논단 27(2008년 3월), 한국구약학회, 71-74쪽.

이태훈, *전도서에 나타난 이트론의 의미*, 국제신학 11(2009), 127-158쪽.

이태훈, *전도서에 나타난 헬렉의 의미*, 국제신학 12(2010), 7-33쪽.

차준희, *전도서 5장의 신학적 읽기: 주석과 메시지*, 구약논단 36(2010), 116-135쪽.

차준희, *무덤에서 나온 지혜: 전 9장의 주석과 메시지*, 구약논단 37(2010), 196-217쪽.

이태훈, *하나님을 경외하라*, 국제신학 13(2011), 47-69쪽.

배정훈, *전도서에 나타난 잠정적인 지혜*, 구약논단 42(2011), 10-31쪽.

홍성혁, *전도서 속에 나타난 '헤벨'의 아이러니와 그 수사적 기능*, 구약논단, 42(2011), 33-56쪽.

차준희, *전통적 지혜에 대한 비판적 성찰: 전도서 7장의 주석과 신학적 메시지*, 구약논단 42(2011), 57-82쪽.

교리속 종말론

로버트 도일(R. Doyle) 지음
박응규 옮김 · 양장 · 472면 · 그리심

본서는 종말론에 있어서 매우 근본적인 성경적 주제들을 소개함으로 시작한다. 그리고 종말론적 사상이 2세기부터 현재에 이르기까지 어떻게 발전되어 왔는지를 역사적 상황과 조우시키면서 매우 생동감 있게 추적하고 있다.

기독교의 종말론이 다양한 역사적 정황과 철학적 전제들로부터 어떤 영향을 받아 형성되었는지를 분석하면서, 어거스틴, 아퀴나스, 루터, 칼빈, 오웬, 에드워즈, 바르트, 그리고 몰트만과 같은 인물들의 사상을 통해 효과적으로 규명하였다. 인물들과 주요한 종말운동에 집중하면서 본서의 논의를 전개해 나가기 때문에, 무거운 교리적인 내용을 읽으면서 마치 살아있는 사람들과 대화하는 것과 같은 착각을 느끼기도 한다. 그리고 본서는 어렵고 복잡한 종말론적 주제들을 아주 명료한 도표들로 표현함으로써, 읽는 독자들이 인물이나 시대의 종말론적 조감도를 쉽게 이해할 수 있도록 배려하였다.

또한 이 책은 오랜 세월동안 저자가 신학생들에게 신실하게 가르치며 숙고한 가운데 열매 맺은 노고의 결과이기 때문에, 매우 실제적이며 우리의 삶에 적용할 수 있는 질문들에 대한 토의로 자연스럽게 이어질 수 있다. 본서를 읽는 독자들은 말로 형용할 수 없는 감동과 영감을 이 책에서 발견하리라 소망하고 확신한다. 그리고 앞으로 이 책은 기독교 교리, 특히 종말론이 역사적 상황과 맞물리면서 어떻게 형성되고 발전되어 왔는지에 대해 궁금해 하는 목회자들과 신학도들, 그리고 성도들이 반드시 읽어야 하는 필독서로 자리매김 될 것이다.